**EN EL REINO FANTÁSTICO DE LOS APARECIDOS:
ROA BÁRCENA, FUENTES Y PACHECO**

Para María Méndez:

Espero que estas inquisiciones en la literatura fantástica mexicana, aunque alejadas de la Inquisición novohispana, sean de tu interés.

Rafael Olea Franco

SERIE LITERATURA MEXICANA VII

CÁTEDRA
JAIME
TORRES
BODET

CENTRO DE ESTUDIOS LINGÜÍSTICOS Y LITERARIOS

EN EL REINO FANTÁSTICO DE LOS APARECIDOS:
ROA BÁRCENA, FUENTES Y PACHECO

Rafael Olea Franco

EL COLEGIO DE MÉXICO
CONSEJO PARA LA CULTURA Y LAS ARTES DE NUEVO LEÓN

```
M863.409
O1451en
        Olea Franco, Rafael.
            En el reino fantástico de los aparecidos : Roa Bárcena,
        Fuentes y Pacheco / Rafael Olea Franco. -- México, D.F.
        El Colegio de México, Centro de Estudios Lingüísticos y
        Literarios ; Nuevo León, México : Consejo para la Cultura y
        las Artes de Nuevo León, 2004.
            262 p. : il., fot. byn ; 22 cm. -- (Serie Literatura Mexicana ; 7)
            ISBN 968-12-1150-2

            1. Roa Bárcena, José María, 1827-1908 -- Crítica e inter-
        pretación. 2. Fuentes, Carlos, 1928-   . -- Crítica e interpreta-
        ción. 3. Pacheco, José Emilio, 1939-   . -- Crítica e interpreación.
        4. Literatura fantástica -- Historia y crítica.
```

Ilustración: *Límite de círculo IV*, M. C. Escher

Primera edición, 2004

D.R. © El Colegio de México
    Camino al Ajusco 20
    Pedregal de Santa Teresa
    10740 México, D. F.
    www.colmex.mx

D.R. © Consejo para la Cultura y las Artes de Nuevo León
    José Benítez 604
    Col. Obispado
    64060 Monterrey, Nuevo Léon
    www.conarte.org.mx

ISBN 968-12-1150-2

Impreso en México/*Printed in Mexico*

*Para mis dos Leticias:
Dafne y Flor de María*

NOTA

Bajo el seudónimo de Enoch Soames (nombre del personaje y del título del memorable cuento de Max Beerbohm), una versión preliminar de este trabajo obtuvo el Premio Nacional de Ensayo Literario Alfonso Reyes 2003, convocado por el Consejo para la Cultura y las Artes de Nuevo León, Conaculta, la Universidad Autónoma de Nuevo León y el Ayuntamiento de Monterrey. El autor desea agradecer muy sinceramente a estas instituciones su invaluable apoyo a las humanidades en México, así como al jurado anónimo su generosidad y benevolencia al premiar su investigación.

Sabemos que sin adhesión preliminar no hay crítica viable. Como desahogos o vertederos del rencor son más cómodos los epigramas o los simples insultos que, además, no engañan a nadie. La crítica es un vínculo antes que un rechazo. No se trata, claro, de decir que todo está bien. Los hombres nacen fiscales o defensores: personalmente nada me repugna tanto como las funciones policiacas que por definición ha de cumplir la crítica —justicia abstracta como toda justicia. La crítica, en fin, es un género parcial, provisional, hipotético, tan difícil o más que la literatura.

JOSÉ EMILIO PACHECO

ÍNDICE

Presentación   13

El concepto de literatura fantástica   23

La leyenda de la calle de Olmedo:
    de Roa Bárcena a Valle-Arizpe   75

Carlos Fuentes:
    la significación de lo fantástico   135

José Emilio Pacheco:
    el principio de lo fantástico   179

Conclusiones   231

Apéndice   245

Bibliografía general   251

PRESENTACIÓN

Hasta hace todavía pocos años, algunos lectores escépticos dudaban de la existencia de la literatura fantástica dentro de nuestra cultura. Así, por ejemplo, al recibir en 1990 una invitación para participar en un coloquio sobre este tema dentro del mundo hispánico, el escritor Augusto Monterroso se preguntó de inmediato, con su habitual y sutil tono irónico, si había esa variante literaria en México: "[...] yo, ciertamente, conocía la existencia de escritores aislados que habían elaborado fantasías extrañas en algún momento de sus carreras [...] pero mis dudas estribaban más bien en el concepto de «literatura fantástica mexicana» como un bloque, o como algo que se pudiera claramente compartimentar".[1] En efecto, las múltiples anécdotas que se han tejido sobre el punto podrían sintetizarse en esta maliciosa pregunta: ¿es en verdad la literatura fantástica una tendencia ya consolidada en México?; en principio, Monterroso acertaba al apreciar que la presencia de textos fantásticos aislados dentro de una cultura no basta por sí sola para hablar de lo que yo denomino una tradición literaria; es decir, en el fondo él no dudaba de que hubiera obras mexicanas pertenecientes al género, sino de que éste constituyera ya una tradición. Creo que, en última instancia, su escepticismo implicaba una interrogación sustancial que podría formularse en estos términos conceptuales: ¿es en realidad la literatura fantástica una tradición cultural enraizada en México? Planteada así, la pregunta es pertinente, y sin duda merece que se intente responder a ella de una manera estructurada y coherente.

---

[1] Augusto Monterroso, "La literatura fantástica en México", en *El relato fantástico en España e Hispanoamérica*, ed. Enriqueta Morillas Ventura, Sociedad Estatal Quinto Centenario, Madrid, 1991, p. 179.

Éste es el objetivo general de mi libro.[2] Sin embargo, aclaro de entrada que mi trabajo no intenta dilucidar esa duda mediante la búsqueda de una respuesta precisa pero plana, que pretenda encontrar la indefinible fecha exacta en que la literatura fantástica se convirtió en una tradición literaria en México. Tales respuestas son una utopía inútil y limitante (aunque no todas las utopías lo son). En lugar de ello, he preferido tomar tres momentos básicos y representativos de la historia literaria de México para mostrar cómo se ha trabajado el género, desde el siglo XIX hasta ya bien avanzada la segunda mitad del XX. Así pues, para contestar parcialmente el interrogante que he esbozado, exhibiré la irrefutable vigencia de lo fantástico en nuestra literatura, porque considero que una tradición se construye y confirma por medio de la permanencia de los textos, así como de su "uso" por las sucesivas generaciones o incluso por diversas formas artísticas.[3]

Pero quizá la exhibición de la presencia de textos pertenecientes a un género no baste por sí sola para entender cómo se ha convertido éste en una tradición dentro de una literatura nacional específica, ya que, al igual que sucede con cualquier fenómeno cultural, se trata de un proceso muy complejo que obedece a variados factores. Por ello, además de mi interés por analizar los textos seleccionados, lo cual constituye mi objetivo primordial, asumo también un segundo propósito: examinar parcialmente cómo ha sido recibido por los lectores el género, así como describir

---

[2] Aprovecho para agradecer aquí a mis colegas Flora Botton Burlá, Luzelena Gutiérrez de Velasco, Ignacio Díaz Ruiz y Vicente Quirarte el diálogo académico que sostuvimos sobre este texto; espero que en esta versión se hayan asimilado algunos de sus pertinentes comentarios. Asimismo, reconozco la colaboración de Cecilia Salmerón Tellechea, por las eficientes búsquedas bibliográficas (y más).

[3] Si bien la categoría de "uso" no está aún perfectamente conceptualizada (en algunos puntos coincidiría con la de "intertextualidad"), han recurrido a ella con lucidez especialistas como Josefina Ludmer, en *El género gauchesco. Un tratado sobre la patria* (Sudamericana, Buenos Aires, 1988). Para Ludmer, por ejemplo, uno de los rasgos definitorios de la literatura gauchesca es su "uso letrado de la cultura popular" (p. 11); por un lado, el uso que se hace de un género, en este caso el fantástico, tiende a trascender las fronteras verbales de la literatura, y, por otro, su vigencia en el tiempo es una clara prueba de cómo se consolida una tradición.

los "usos" probables de varios escritos codificados dentro de los parámetros de la literatura fantástica (una tradición se fortifica con la asimilación de los objetos culturales). Pienso que si me limitara al estudio independiente de algunos de los más logrados textos fantásticos mexicanos, sólo probaría la presencia del género en nuestra cultura, pero no que éste sea una verdadera tradición. En fin, espero que esta segunda finalidad justifique dos secciones de mi trabajo que podrían parecer meras digresiones; me refiero, en primer lugar, al examen de las distintas versiones (no todas fantásticas) de "La leyenda de la calle de Olmedo" incluidas en el segundo capítulo, así como al estudio de la polémica sobre la pertinencia de lo fantástico en nuestra cultura, la cual se condensó alrededor de la aparición de *Los días enmascarados* (1954), de Carlos Fuentes, y se disolvió en 1962 con su novela *Aura*, aspecto que expongo en el tercer capítulo.

Ahora bien, antes de iniciar la revisión del *corpus* seleccionado, que describiré sucintamente más abajo, en el primer capítulo discuto cuál es el concepto de literatura fantástica del que parto. Está muy lejos de mis intenciones (y seguramente de mis capacidades) la tentación de caer en la falacia de solucionar el problema proponiendo una definición del género; además de que creo que las definiciones son siempre provisionales (y por tanto suelen ser provechosas como punto de partida y no de llegada), hasta la fecha no he encontrado ningún trabajo crítico que resuelva con eficiencia y de manera definitiva el problema de los géneros; por ello deduzco que más que anhelar "resolver" el dilema sobre los límites genéricos, hay que discutirlo para distinguir sus facetas y para revelar la postura crítica que se asume.

De este modo, en el primer capítulo sólo aspiro a discutir de forma concisa el tema, con base en algunos de los más destacados y asequibles trabajos teóricos, los cuales me ayudarán a esbozar el concepto de literatura fantástica del que partirá este ensayo; todo ello desde una perspectiva más funcional que esencialista, pues mi objetivo no es teórico (la discusión del género fantástico) sino práctico (el análisis de textos fantásticos). Por lo tanto la exposición se efectuará en un nivel más bien abstracto y general, es decir, sin recurrir a los textos que estudio, los cuales servirán después para verificar la relativa utilidad analítica de mi propuesta.

En suma, advierto que la concepción del género fantástico descrita en el capítulo inicial no pretende (ni puede) ser aplicable a todas sus variantes culturales o históricas.

En cuanto al *corpus* textual seleccionado, los criterios para su discriminación fueron múltiples. En primer lugar, el material examinado representa, *grosso modo*, la diversidad y la riqueza asumidas por las expresiones verbales fantásticas en México, en un lapso de alrededor de cien años, es decir, del último tercio del siglo XIX al correspondiente del XX. Asimismo, en los textos escogidos se manifiestan los tonos complementarios de la cultura popular y la letrada, pues si bien soy consciente de que la mayoría de ellos pertenece a este último circuito de creación y difusión, no puede negarse la enorme influencia que sobre ellos ha tenido el primero. En cuanto a las probables singularidades del género, las obras escogidas servirán para confirmar que uno de los rasgos distintivos de lo fantástico en México es su estrecha relación con el discurso histórico sobre el país, elemento ausente, por lo menos en el mismo grado, en la riquísima tradición fantástica argentina (de seguro es una cuestión de matices, pero de cualquier manera resulta importante). En fin, podría decir que no realizaré un amplio estudio histórico del género en México, sino tres cortes que pueden resultar representativos (aunque tal vez no sean suficientes para aventurar generalizaciones absolutas sobre el género en México).

Así, en el segundo capítulo analizaré en principio la obra de José María Roa Bárcena (1827-1908), cuyo interés por los argumentos de carácter sobrenatural fue continuo, ya que aparece desde sus primeras leyendas hasta sus cuentos más maduros; en gran medida, él es muy representativo para la constitución del género en México porque, con base en un acervo legendario, logró construir uno de los primeros y mejores relatos fantásticos mexicanos del siglo XIX: "Lanchitas" (1878), el cual, por cierto, sirve para ilustrar el lento (y a veces fallido) trayecto de la leyenda al cuento moderno, en este caso "fantástico". Las repercusiones del texto de Roa Bárcena son visibles en la historia literaria mexicana gracias a las diversas formas encarnadas por su argumento, identificable bajo el nombre global de "La leyenda de la calle de Olmedo" (1882), título de la versión escrita por Vicente Riva

Palacio y Juan de Dios Peza, la cual presenta una variante con un tema paralelo; a partir de estas dos bien logradas versiones decimonónicas, respecto de las cuales no he podido encontrar un antecedente literario directo, ha habido una larga y continua serie de adaptaciones, las cuales han llegado hasta fechas muy recientes (e incluso a los medios audiovisuales); entre ellas destaca la muy famosa de Artemio de Valle-Arizpe, sin duda la más difundida de todas pese a sus deficiencias estructurales. En fin, esta leyenda global ofrece al crítico la oportunidad excepcional de poder percibir cómo un mismo argumento adopta formas verbales distintas, dependiendo de una estética y de una cosmovisión cambiantes; asimismo, resulta apta para comprobar que, por fortuna, el rico legado decimonónico de las denominadas "tradiciones y leyendas" aún está vigente en nuestra cultura (si bien, hay que decirlo, no todas sus expresiones entran en lo fantástico o poseen calidad literaria). En suma, el análisis de las versiones de "La leyenda de la calle de Olmedo", la mayoría derivadas de "Lanchitas", uno de los textos fundacionales de lo fantástico en México, es pertinente para mostrar cómo una de las vertientes originales asumidas por ese género se enlaza con fuerza a una tradición cultural del siglo XIX.

El tercer capítulo tiene un objeto más bien individual que colectivo, pues se centra en una obra de mediados de la centuria pasada: *Los días enmascarados* (1954), de Fuentes, con particular énfasis en "Chac Mool", cuento que considero el más logrado de la colección; juzgo que el primer libro del autor es representativo del género porque, según espero demostrar, constituye una de las mejores expresiones de lo fantástico clásico en el siglo XX, además de ligarse con el fondo legendario decimonónico. Más allá de que ese volumen suscita el interés crítico por su gran nivel literario, merece un lugar privilegiado en nuestra cultura debido a que su primera recepción crítica es central para la consolidación del género en México; en efecto, como expondré en detalle, la exitosa aparición de *Los días enmascarados* fomentó, dentro del contexto del nacionalismo cultural de la época, una estruendosa polémica sobre la pertinencia de la literatura fantástica para el México moderno; como dije, esta polémica se disolvió —aunque no se resolvió— con la difusión de *Aura,* novela corta de Fuentes cuya recepción crítica, resumida al final del capítulo, demuestra con nitidez cómo en la década de 1960 el género es admitido sin debate, por lo que se deja de cuestionar si es apropiado o no para la realidad sociocultural mexicana; por estas razones, me detengo con morosidad en la recepción del primer libro de Fuentes, la cual exhibe una polémica intelectual que merece discutirse, ya que, más allá de los enconos personales del medio literario de la época (similares a los de cualquier otra), representa un momento crucial de la lucha entre dos estéticas contrapuestas tanto en lo artístico como en lo ideológico.

El cuarto capítulo estudia la colección de cuentos mayoritariamente fantásticos de José Emilio Pacheco titulada *El principio del placer* (1972), en la cual se aprecia tanto cierta continuidad con la tradición de Fuentes y sus predecesores, como un alentador aire de renovación que, en última instancia, ha ayudado a que el género siga vigente en pleno arranque del siglo XXI (con modalidades específicas y diferenciadas, obviamente). A mi parecer, a Pacheco corresponde, en cierta medida, el mérito de haber insuflado el gusto por lo fantástico en las nuevas generaciones de lectores, algunos de cuyos miembros se convirtieron después en escritores. El carácter representativo de *El principio del placer* reside en que si bien continúa con la tradición clásica de lo fantástico visible en su antecedente inmediato que es Fuentes, a la vez incursiona en modalidades novedosas del género (lo que algunos críticos han denominado con el dubitativo término de lo "neofantástico"), sin que ello implique, creo, que rompa con su modelo básico de escritura.

Por más bien justificado que esté el corte metodológico de un ensayo (o sea, de acuerdo con sus objetivos específicos), la selección textual implica siempre omisiones involuntarias. En este caso, me hubiera gustado trabajar, además de los textos que he podido incluir, la obra de alguno de los siguientes escritores: Juan José Arreola, Elena Garro o Francisco Tario. No obstante estas omisiones —que yo prefiero ver como postergaciones y compromisos a futuro—, abrigo la íntima esperanza de que las "muestras" de la literatura fantástica en que me baso (no puedo llamarlas de otro modo) ilustren muy bien, aunque de manera discontinua, la presencia del género en México, con lo cual, además, se desmentiría la supuesta rareza del género postulada por Leal en su útil historia del cuento mexicano: "El cuento fantástico , raro en la literatura mexicana —literatura por esencia realista—, es cultivado en nuestros días por un reducido grupo de escritores".[4] Asimismo, debo decir, aunque parezca obvio, que el título del libro es una mera indicación de su contenido y del período global que abarca: de ningún modo se plantea como un trabajo exhaustivo sobre toda la literatura fantástica escrita en México desde Roa Bárcena hasta Pacheco (tarea que, por otra parte, considero imposible de realizar individualmente). Y no sólo porque el abundante número de obras haría ridículo cualquier intento de síntesis, sino porque además de los textos construidos en su totalidad desde una clara intencionalidad fantástica (como sucede con casi todos los aquí seleccionados), habría que pensar en la probable entrada complementaria de algunos otros que tienen un principio dominante y estructurador diferente pero incluyen, en una de sus partes, una veta fantástica con autonomía relativa; un ejemplo de lo que quiero decir se encuentra en *El luto humano* (1943), de José Revueltas, donde hay un relato secundario de origen oral cuya filiación fantástica no ha detectado todavía la crítica, la cual ha estado más interesada, como debía ser, por otras líneas centrales de esta compleja novela.

En fin, espero que las muestras que forman mi corpus, así como sus múltiples repercusiones en la cultura mexicana, prueben fehacientemente que el género fantástico se ha enraizado en nuestra literatura.

En cuanto a los autores incluidos, anhelo contribuir a forjar una imagen literaria suya más completa e inclusiva; aunque por fortuna estamos cada vez más lejos de una afirmación enunciada por Larson al enumerar, hace varios decenios, la larga lista de escritores que hasta entonces habían practicado el género, todavía resuenan ecos de ella: "Despite the established reputation of these authors, literary critics and reviewers tend to regard their work

---

[4] Luis Leal, *Breve historia del cuento mexicano*, Eds. De Andrea, México, 1956, p. 132.

of fantasy and imagination as aberrations to be dismissed out of hand merely because of the subject matter".[5]

Como dije, de seguro esa postura crítica está hoy muy atenuada, por lo que ya nadie se atrevería a juzgar como "aberraciones desechables" los ejercicios de literatura fantástica de algunos de nuestros escritores. Pero aún suele hablarse de esa vertiente creativa como parte de una literatura menor, que por sí sola no bastaría para forjar la reputación de un gran escritor (si no me equivoco, en este prejuicio crítico se apreciarían ecos de la "trascendencia" literaria a cuya búsqueda nos acostumbró el realismo histórico de la novela de la Revolución Mexicana). Por el contrario, con este trabajo deseo demostrar que los autores aquí analizados —en especial Fuentes y Pacheco, pero también Roa Bárcena— merecerían, simplemente por su obra fantástica, un lugar en la historia general de nuestra literatura. Esta certeza debe matizarse, empero, asumiendo la actitud cuidadosa de no incurrir en la hipérbole de elaborar un discurso crítico que convierta a los escritores tratados en meros practicantes del género, en demérito u olvido de su obra total.

Del mismo modo, aclaro que me interesan diversas facetas de los textos seleccionados y no sólo su probable adscripción al género fantástico; desde esta perspectiva, no deseo incurrir en el desliz crítico señalado con certeza por Bozzetto: "El análisis de textos fantásticos se abordaba, hasta hace poco, planteando la cuestión de su pertenencia al «género». Lo demás era considerado como algo secundario. Ello implicaba conceder una gran importancia a la elaboración de una abstracción —en detrimento del análisis de los textos, de los múltiples efectos que producen y de la cuestión de su sentido";[6] espero que además de la posible clasificación de los textos dentro del rubro fantástico, mi estudio de ellos aporte diversos elementos que tiendan a exhibir sus múltiples significados, pues, después de todo, la categorización genérica sólo debería ser un punto de partida.

---

[5] Ross Larson, *Fantasy and imagination in the Mexican narrative*, Arizona State University, Tempe, 1977, p. 103.

[6] Roger Bozzetto, "El sentimiento de lo fantástico y sus efectos", *Quimera*, 2002, núm. 218-219, p. 35.

Ahora bien, todo mi trabajo se funda en un proceso de investigación que he intentado seguir a conciencia, dentro de los límites marcados por la disponibilidad de los materiales bibliográficos y, claro está, por mis propias capacidades intelectuales. Esta postura crítica, que en lugar del llamado ensayo libre (extraordinario en autores con tanto ingenio creativo como Jorge Luis Borges y Octavio Paz), privilegia la información documentada, no obedece a un mero prurito académico, sino a la convicción de que ese método proporciona mayores bases para mis argumentos y, por ende, para la probable convicción de quien consulte estas páginas. Por ello, por ejemplo, he realizado una búsqueda más o menos exhaustiva de la recepción inmediata de *Los días enmascarados*, libro que sirve como elemento catalítico de la cultura mexicana para condensar las preocupaciones y prejuicios sobre el género fantástico; se plantea así una polémica cuya solución tácita define el ulterior uso de lo fantástico en nuestro país, o sea que al abandonarse su cuestionamiento, de alguna forma esta tendencia se legitima. Adelanto, asimismo, que la bibliografía crítica citada es muy desigual en su calidad y cantidad, debido a la naturaleza misma de los temas y autores estudiados; en cuanto a la literatura mexicana del siglo XIX y a la obra de Roa Bárcena, hay pocos materiales críticos que puedan y deban ser consultados, por lo cual me he detenido sobre todo en el examen de los textos; en cambio, la bibliografía sobre Fuentes y Pacheco no sólo es ya ingente y abrumadora, sino que crece día a día, lo cual me ha obligado a sólo acudir a los trabajos que son pertinentes para las obras y temas suyos que me interesan.

A pesar de este punto de partida general de mi ensayo, aspiro más a la difusión que a la erudición; la erudición sin lectores es una caja vacía, sin resonancia de ningún tipo, que corre un riesgo paralelo al que, en su prólogo a *El otro, el mismo*, Borges advertía en relación con el *Finnegans Wake* de Joyce o las *Soledades* de Góngora: convertirse en una simple pieza de museo, si acaso accesible para unos cuantos especialistas.[7] Al principio, no era yo

---

[7] "Los idiomas del hombre son tradiciones que entrañan algo de fatal. Los experimentos individuales son, de hecho, mínimos, salvo cuando el innovador se resigna a labrar un espécimen de museo, un juego destinado a la discusión de

partidario de escribir un apartado de "conclusiones" como cierre de mi trabajo: creía que si el lector no encontraba en él reflexiones que le permitieran deducir algo sobre el género fantástico en México, entonces ninguna sección final lo convencería de que en lo leído había algo que nunca percibió; pensaba también que si los argumentos del ensayista habían sido bien expuestos, las conclusiones eran parte inherente a la lectura misma; no obstante, la diversidad de los textos incluidos, así como el amplio y divergente espectro cultural e histórico al que pertenecen, hicieron imprescindible un apartado final que intentara sintetizar lo que considero haber alcanzado.

Menciono, por último, que mi más profunda esperanza es que las páginas que siguen proporcionen al lector una mejor comprensión global de la literatura fantástica en México, a la cual ojalá pueda volver con ojos renovados que le posibiliten entenderla como un arte de diversión (es decir, diversificación) que construye un universo ficticio que, además de su función estética, puede ayudar a distinguir las quizá inescrutables complejidades de la realidad que nos circunda, pues, como concluyó Borges luego de enlistar los limitados temas del género, el encanto de los cuentos de esta vertiente "reside en el hecho de que, siendo fantásticos, son símbolos de nosotros, de nuestra vida, del universo, de lo inestable y misterioso de nuestra vida..."[8]

---

los historiadores de la literatura o al mero escándalo, como el *Finnegans Wake* o las *Soledades*" (J. L. Borges, "Prólogo" a *El otro, el mismo*, en *Obras completas*, Emecé, Barcelona, 1996, v. 2, p. 235).

[8] J. L. Borges, *La literatura fantástica*, Eds. Culturales Olivetti, Buenos Aires, 1967, p. 19.

EL CONCEPTO DE LITERATURA FANTÁSTICA

> La literatura fantástica es necesario que se lea como literatura fantástica y presupone la literatura realista. Las cosmogonías quizá sean literatura fantástica, pero no fueron escritas como fantásticas y, lo que es más importante, no son leídas como literatura fantástica.
>
> JORGE LUIS BORGES

Uno de los primeros textos reflexivos sobre lo fantástico escritos en Hispanoamérica, el prólogo de Bioy Casares a la famosa *Antología de la literatura fantástica* compilada por Borges, Silvina Ocampo y Bioy Casares, empezaba con esta afirmación generalizante: "Viejas como el miedo, las ficciones fantásticas son anteriores a las letras. Los aparecidos pueblan todas las literaturas…";[1] si bien de seguro la esencia de lo que hoy denominamos con el nombre global de lo fantástico existe desde los orígenes mismos de la literatura, esa práctica cultural que se funda en la palabra, es obvio que una categoría tan vasta y difusa resulta poco útil para la labor crítica de clasificar los materiales verbales de una cultura.[2] Quizá

---

[1] Adolfo Bioy Casares, "Prólogo" a la *Antología de la literatura fantástica*, eds. J. L. Borges, S. Ocampo y A. Bioy Casares, Sudamericana, Buenos Aires, 1940, p. 5.

[2] Sobre la afirmación inicial de Bioy Casares, Gutiérrez Girardot opina que el escritor argentino sucumbe "a esta falacia platónica e intenta poner de relieve los elementos que configuran el arquetipo de la literatura fantástica" ("Literatura fantástica y modernidad en Hispanoamérica", en *El relato fantástico en España e Hispanoamérica*, ed. Enriqueta Morillas Ventura, Sociedad Estatal Quinto Centenario, Madrid, 1991, p. 29).

por ello el propio Bioy Casares, quien firma el prólogo citado, intentaba de inmediato delimitar el término: "Ateniéndonos a Europa y a América, podemos decir: como género más o menos definido, la literatura fantástica aparece en el siglo XIX y en el idioma inglés".[3]

Más allá de que algunos teóricos preferirían ubicar los orígenes del género en Francia durante el siglo XVIII, las dos posibilidades enunciadas por Bioy en 1940 aluden a un problema aún vigente, pues, como dice Ceserani, en la actualidad la discusión del concepto oscila entre dos polos claramente marcados:

> Una de tales tendencias tiende a reducir el campo de acción de lo fantástico y lo identifica únicamente con un género literario, históricamente limitado a algunos textos y escritores del siglo XX [...] La otra tendencia —la dominante, en mi opinión— tiende a ensanchar, a veces de una manera amplísima, el campo de acción de lo fantástico y hacerlo extensible, sin límites históricos, a todo un sector de la producción literaria que abarca confusamente buena parte de otros modos, formas y géneros...[4]

El hecho de que en la actualidad la segunda tendencia sea la dominante me parece peligroso, pues propicia la igualación de textos de muy diversa índole en un rubro, "lo fantástico", generalizante y poco productivo desde el punto de vista epistemológico. A tal grado es patente este problema, que incluso en los años recientes el término "fantástico" ha sido aplicado, contra toda lógica, a textos antiguos que más bien pertenecerían a lo maravilloso, ya que lo fantástico como categoría diferenciada todavía no existía;[5] no parece muy útil un término que agrupe en la misma

---

[3] A. Bioy Casares, "Prólogo", p. 5.

[4] Remo Ceserani, *Lo fantástico*, tr. Juan Díaz de Atauri, Visor, Madrid, 1999, p. 13.

[5] Así sucede, por ejemplo, con una selección de textos de Luciano de Samósata intitulada *Relatos fantásticos* (Mondadori, Madrid, 1991), donde las historias incluidas son más bien de carácter maravilloso; curiosamente, al final de su sugerente introducción, Carlos García Gual remite a "unos pocos artículos recientes de gran interés para la consideración de lo fantástico en Luciano" (p. XXV),

categoría textos tan diversos y tan separados por siglos como los de Luciano y Hoffmann, por ejemplo. Sin duda, resulta más adecuada la perspectiva de buscar la definición de cualquier término crítico dentro de coordenadas históricas y culturales más precisas; por ello, en su germinal libro *Introducción a la literatura fantástica*, referencia clásica obligada de este capítulo, Tzvetan Todorov establece la irrefutable premisa de que los géneros son siempre históricos.

Así pues, respecto de las dos posibilidades enunciadas en el prólogo de Bioy Casares, conviene distinguir desde el principio, como medida preventiva, entre "lo fantástico" como categoría estética global y abstracta (cuyo uso podría ser semejante a los términos de lo cómico, lo trágico, lo lírico, etcétera) y el "género fantástico" en sí, es decir, la variedad específica de textos en los que esa categoría entra como principio dominante y estructurador, la cual está acotada por un período histórico y cultural, según expondré en detalle más abajo. Aclaro entonces que en este capítulo la palabra "fantástico" se referirá siempre al género específico, que también suele denominarse llanamente como "literatura fantástica".

En el ámbito de la cultura occidental (sospecho que en realidad el término "fantástico" sólo es apropiado dentro de estas coordenadas), la proliferación del género se ha producido a partir del siglo XIX, hasta llegar en la centuria pasada a su irrefutable consolidación; en Hispanoamérica ésta se manifiesta con la presencia de escritores cuya obra total se inscribe dentro de este rubro, como demuestran los casos de Bioy Casares en Argentina o de Francisco Tario en México.

De forma casi paralela a este desarrollo creativo, en diversos países se han multiplicado las reflexiones críticas y teóricas sobre el género; pese a ello, hasta ahora ninguna teoría ha elaborado un concepto que defina con certeza qué es la literatura fantástica, o sea, que proporcione una lista comprensiva de cuáles son los rasgos imprescindibles en un texto para generar en el lector el moderno efecto estético que llamamos fantástico. Tal vez esta

---

sin distinguir que dos de los tres ensayos enlistados hablan del carácter maravilloso (y no fantástico) de los textos del autor.

ineptitud teórica se deba a que la diversidad de un género literario es siempre más amplia que cualquier propuesta sintética; pero me parece que esa deficiencia también se origina en un fundamental error de perspectiva: el interés de algunos teóricos por encontrar una formulación única, invariable e incluso transhistórica, que sirva para identificar el corpus de un género que, como cualquier otro, es siempre cambiante en algunos de sus rasgos. En este sentido, cabe recordar que la delimitación de un género literario implica un proceso de abstracción que tiende a enfatizar las características generales del modelo y no las singularidades de cada objeto individual; asimismo, vale la pena mencionar que no existe ninguna obra que por sí sola represente un género, sino que éste se construye idealmente por medio de rasgos extraídos de una multiplicidad de textos que comparten elementos comunes que se consideran básicos y difieren en otros que se juzga secundarios.[6] Por ello pienso que sería mejor plantearse un objetivo teórico práctico y razonable: la delimitación del género y de sus probables variantes dentro de un período y una tradición literaria específicos; además, creo recomendable que esto se haga teniendo siempre en mente un fin práctico —el análisis de un corpus particular— y no como búsqueda de una entelequia inasible.

A esta prevención metodológica debe sumarse la conciencia de la dificultad extrema que surge cuando se intenta acotar y agotar de manera definitiva el género dentro de los parámetros propios de una historia literaria concreta; así sucede con el difundido libro de Todorov, quien restringe de manera absoluta la existencia de lo fantástico a una región y una época: la Europa finisecular del siglo XVIII y de todo el siglo XIX; para él, a partir de *La metamorfosis* de Kafka, el sicoanálisis ha sustituido lo que antes se manifestaba por medio de la literatura fantástica, por lo cual este género ya no

---

[6] Para no complicar en exceso estas reflexiones, no entro en un detalle del cual también suele prescindirse: el hecho de que en su registro de obras consideradas como notables, las historias literarias más bien tienden a privilegiar la inclusión de aquellas que transgreden un género, con lo cual la identificación del modelo general resulta todavía más inasible (si bien para que la transgresión esté en verdad codificada, al mismo tiempo el texto tiene que hacer visible el modelo o género del que disiente o al que parodia).

tendría vigencia; se trata, sin duda, de una afirmación sorprendente, entre otras razones, por algo elemental: la literatura ha expresado siempre conflictos de los que también se han ocupado otras formas del conocimiento, lo cual no ha implicado la desaparición de algunos géneros o temas.

Decretar de forma tajante la cancelación de un género es olvidarse de que, como nos enseñaron los formalistas rusos, los géneros pueden actualizar su vigencia asumiendo otras formas y funciones, con lo cual se revitalizan y cambian; es verdad, pongamos por caso, que la actual novela de aventuras ya no es igual a la del siglo XIX, pero esa modalidad todavía existe en textos cuyo principio dominante y estructurador es la secuencia de las peripecias de un personaje. En suma, ya que, como espero poder demostrar aquí, el género fantástico siguió vigente en el tiempo y en diversas latitudes, sería más pertinente que Todorov asumiera una actitud cautelosa y se limitara a afirmar que, luego de su surgimiento en Europa, durante el siglo XIX esa variedad literaria adoptó ahí tales o cuales características particulares; en última instancia, para que él hubiera podido decretar la supresión definitiva del género, tendría que haber conocido muchas de las literaturas nacionales de occidente, pues es obvio que la cultura donde nació ese género se diseminó por otras latitudes. Así pues, a lo largo de este capítulo y, sobre todo, mediante mi análisis posterior de los textos, demostraré que la esencia de la postulación fantástica mexicana de los siglos XIX y parte del XX no se diferencia radicalmente de la precedente, sino que sólo asumió nuevos rasgos específicos; en otras palabras, que, en esencia, siguió formando parte del género fantástico originado en Europa.

En este capítulo no me propongo resolver un problema que ha atareado a tantos y tan sesudos teóricos, es decir, precisar cuáles son los rasgos formales y temáticos indispensables para que un texto sea clasificado como fantástico; más bien deseo discutir ese concepto para llegar a conclusiones estrictamente funcionales: qué se entenderá aquí como literatura fantástica y cuáles son los rasgos principales de diversos textos mexicanos de los siglos XIX y XX que permiten inscribirlos en esta categoría. Por ello mismo, no me interesa un examen exhaustivo de las numerosas teorías de lo fantástico que se han desarrollado —tema que sería incluso materia de un libro completo—, sino tan sólo el análisis breve y puntual de algunos aspectos de ellas; mi postura teórica se basa en una ecléctica síntesis de parte del material hasta ahora publicado.

Como punto de partida y de referencia para discutir el concepto, acudiré al mencionado libro de Todorov, cuya importancia para la crítica occidental consistió en centrar la atención en un género hasta entonces relativamente poco atendido, pues como bien dice Ceserani en el arranque de su libro: "Al final de la década de los sesenta, en una brillante operación crítica e historiográfica, Tzvetan Todorov tuvo el gran mérito de «lanzar» e imponer a la atención de los estudiosos de todo el mundo toda una zona literaria de la modernidad, la de la literatura fantástica".[7] Respecto de este germinal libro, cabe hacer dos aclaraciones. La primera es que debe reconocerse su enorme valor, pues su aparición en francés en 1970 constituyó, desde la perspectiva del estructuralismo, un renovador intento por explicar lo fantástico a partir del funcionamiento de los elementos formales que intervienen en la obra; esta postura de Todorov contrasta positivamente con la de sus antecesores, quienes se habían centrado sobre todo en elementos temáticos; a diferencia de ellos, él plantea en su exposición tres útiles niveles estructurales del texto: verbal, sintáctico y semántico; por último, hay que destacar su muy meritorio propósito de sintetizar y ordenar las discusiones sobre el tema, y de dialogar con quienes lo habían antecedido (a tal grado es importante este aspecto, que de hecho algunas antiguas reflexiones teóricas sobre lo fantástico sólo están disponibles gracias a que fueron citadas por Todorov).[8] La segunda aclaración es negativa,

---

[7] R. Ceserani, *op. cit.*, p. 11.

[8] Hasta sus críticos más acerbos reconocen la importancia del libro de Todorov: "Tzvetan Todorov ha planteado el problema por primera vez en forma sistemática en su libro *Introduction à la littérature fantastique* (Paris, Seuil, 1970). Aunque disentimos en la solución que le ha dado, es necesario reconocerle el mérito de haber establecido claramente ciertas categorías y una metodología de rasgos contrastivos con distinción de niveles de análisis; con ello marca un adelanto importante en su estudio, a partir del cual pueden intentarse otras soluciones" (Ana María Barrenechea, "Ensayo de una tipología de la literatura fantástica", *Revista Iberoamericana*, 1972, núm. 80, p. 391). En forma semejante se expresa Jackson: "The most important and influential critical study of fantasy of this

pero no compete al autor sino al uso dado a la teoría expuesta en su libro; de ningún modo puede compartirse la nociva tendencia visible en nuestros países hispanoamericanos, donde han proliferado los trabajos críticos sobre lo fantástico que asumen esos postulados sin discusión alguna (tal vez con base en un colonialismo cultural ejercido sin conciencia); esta postura resulta incluso irónica: como he dicho, Todorov decreta el fin del género con la obra de Kafka, por lo que, de acuerdo con ese juicio, sería absurdo seguir aplicando su teoría a escritores posteriores al checo; en suma, si bien reconozco la gran importancia de la formulación teórica de Todorov, me parece que ella sólo debe servir como un muy útil punto de partida para la discusión, porque hasta ahora ni él ni ningún otro teórico ha dilucidado el problema genérico de lo fantástico (como no se ha dilucidado el de ningún otro género, me atrevo a pensar).

En lo personal mi postura es escéptica: considero que no pueden enunciarse respuestas definitivas para los problemas de carácter teórico; pero esta creencia no implica que no deban discutirse, pues en la crítica literaria las reflexiones teóricas ayudan con frecuencia a distinguir todas las aristas de un problema, más que a resolverlo, además de que permiten al crítico fijar con nitidez su postura. La necesidad de discutir el concepto de literatura fantástica es más que acuciante, debido, entre otras razones, al pernicioso uso generalizado del término "fantástico" presente en diversas disciplinas artísticas, en particular en la literatura y en el cine, donde la palabra se emplea llanamente para denominar cualquier elemento que rebase lo cotidiano, o sea, en absoluta consonancia con la primera y simple acepción otorgada por el diccionario a la palabra: "Fantástico: adj. Quimérico, fingido, que

---

post-Romantic period is Tzvetan Todorov's *The Fantastic: A structural approach to a literary genre* (1973). The value of Todorov's work in encouraging serious critical engagement with a form of literature which had been dismissed as being rather frivolous or foolish cannot be over-estimated, and anyone working in this area has to acknowledge a large debt to his study" (Rosemary Jackson, *Fantasy: the literature of subversion*, Routledge, Londres, 1981, p. 5); llamo la atención, por cierto, al título de la traducción de Todorov al inglés, la cual marca el enfoque estructuralista de su trabajo.

no tiene realidad, y consiste sólo en la imaginación".[9] Debido a esta actitud, la cantidad de supuestos objetos artísticos fantásticos se ha multiplicado al infinito, con lo cual el término ha dejado de tener la más mínima funcionalidad crítica, ya que no resulta eficaz para diferenciar los rasgos de esos objetos culturales. En el ámbito literario, el término ha sido usado, como señala Jackson, para referir a materiales verbales de muy diversa índole: "As a critical term, «fantasy» has been applied rather indiscriminately to any literature which does not give priority to realistic representation: myths, legends, folk and fairy tales, utopian allegories, dream visions, surrealistic texts, science fiction, horror stories, all presenting a realm «other» than the human";[10] conviene aclarar que, con una personal terminología, Jackson habla aquí más bien de "fantasy", palabra que se asimilaría al campo semántico de la categoría estética global y abstracta de "lo fantástico" de la que he hablado, y no al género específico e histórico al que quiero referirme.

En fin, como resulta imprescindible un acercamiento teórico más productivo, ahora intentaré explicar cómo se entenderá en este trabajo el concepto de literatura fantástica. Quizá la primera reflexión global de Todorov —sobre *El diablo enamorado* (1772) de Jacques Cazotte, obra que ya Castex había juzgado como fundadora del género en la literatura francesa—, pueda prestarse para iniciar la discusión. Esta novela desarrolla un enigmático argumento, donde el protagonista sospecha, pero no puede comprobar, que desde hace varios meses vive con un ser de sexo femenino cuya identidad verdadera remite a una encarnación diabólica; a partir de ello, Todorov intenta cifrar el meollo de lo fantástico así:

> Llegamos así al corazón de lo fantástico. En un mundo que es el nuestro, el que conocemos, sin diablos, sílfides, ni vampiros, se produce un acontecimiento imposible de explicar por las leyes de ese mismo mundo familiar. El que percibe el acontecimiento debe optar

---

[9] *DRAE*, 21ª. ed., 1992, *s. v.*
[10] R. Jackson, *op. cit.*, pp. 13-14.

por una de las dos soluciones posibles: o bien se trata de una ilusión de los sentidos, de un producto de la imaginación, y las leyes del mundo siguen siendo lo que son, o bien el acontecimiento se produjo realmente, es parte integrante de la realidad, y entonces esta realidad está regida por leyes que desconocemos. O bien el diablo es una ilusión, un ser imaginario, o bien existe realmente, como los demás seres, con la diferencia de que rara vez se lo encuentra.[11]

Cualquier lector atento notará que este pasaje produce cierta ambigüedad cuando afirma que el mundo de ficción "es el nuestro". Esta idea necesita una corrección o precisión, ya que el mundo de los personajes no es nunca, de ninguna manera, el nuestro, es decir, el de los lectores reales, el cual abunda en actos cotidianos o en repeticiones incoherentes sin ninguna significación para una probable representación literaria. Si no me equivoco, más bien Todorov quiso decir que la realidad ficticia construida por el texto es juzgada por los personajes como común y corriente, sin nada excepcional que, en principio, les cause sorpresa o sobresalto (al igual que sucede con el mundo cotidiano que rodea a los lectores reales). La tergiversación del crítico, por desgracia demasiado común, se debe a su olvido de que sólo en segundo grado el mundo de ficción puede aceptarse como paralelo (pero nunca como idéntico) a la realidad extratextual vivida por los lectores; como toda representación literaria del mundo físico implica un necesario proceso de selección y estetización, ni el más "realista" de los textos puede ser juzgado como equivalente de la realidad.

Por cierto que el ajuste sugerido no se agota en las anteriores reflexiones, pues hay otra razón de peso para hacerlo: la posibilidad de una codificación fantástica diferente de la clásica descrita por Todorov. Me refiero a lo que ejercitó excepcionalmente Edgar Allan Poe en el siglo XIX, o bien a lo esbozado por algunos autores contemporáneos (entre ellos Jorge Luis Borges), quienes ensayaron lo que podría denominarse como una codificación fantástica inversa: consiste en presentar como "normales" para

---

[11] Tzvetan Todorov, *Introducción a la literatura fantástica*, tr. Silvia Delpy, Eds. Coyoacán México, 1994, p. 24.

los personajes una serie de sucesos que a los lectores les parecerían extraordinarios porque no se ajustan a su propia experiencia en el mundo real y, a partir de este referente, introducir situaciones juzgadas como extrañas e inexplicables por los entes de ficción, aunque para los lectores resulten familiares (el pasaje con la descripción del agua en *Los viajes de Arthur Gordon Pym* de Poe es un buen ejemplo de ello).

Pero quizá para no incurrir en una injusticia al hablar de corregir a Todorov, habría que citarlo de nuevo, cuando más adelante en su libro reflexiona sobre el grado de "representatividad" de la lengua en general y de la literatura en particular:

> El término "representativo" debe ser manejado con cuidado. La literatura no es representativa en el sentido en que pueden serlo ciertas frases del discurso cotidiano, pues no se refiere (en el sentido preciso del término) a nada exterior a ella. Los acontecimientos relatados por un texto literario son "acontecimientos" literarios, así como los personajes son interiores al texto. Pero negar de hecho a la literatura todo carácter representativo es confundir la referencia con el referente, la aptitud para denotar los objetos con los objetos mismos.[12]

Así pues, en cuanto sistema, la literatura efectúa una representación de la realidad que podría denominarse de segundo grado, si se considera que la primaria consiste en el uso de la lengua en su sentido directo, es decir, para nombrar los objetos reales, ya sea que éstos estén visibles o no para el receptor de la frase (en el segundo caso se trataría del uso "desplazado" de la lengua, el cual, de acuerdo con los universales lingüísticos descritos por algunos especialistas, en ocasiones sirve para diferenciar los sistemas comunicativos humanos de los animales). Esta prevención es sustancial para la literatura fantástica, porque, como veremos, al definir el género conviene tener en mente la participación activa del lector, quien relaciona la historia narrada con el ámbito de su realidad extratextual para determinar si acepta un relato dentro de

---

[12] *Ibid.*, p. 52.

dicho género; es decir, la naturaleza fantástica de un suceso dependerá siempre de lo que se considere como real. Este punto se relaciona con el concepto de "verosimilitud", el cual, por estrategia expositiva, pospongo para el final de este capítulo.

En fin, la cita inicial de Todorov transcrita más arriba ayuda a precisar la que propongo como primera condición general de la estructura de un texto fantástico: éste suele ceñirse, en mayor o menor grado y extensión, a los lineamientos del realismo literario, pues el mundo en que los personajes se mueven debe ser en principio familiar y cognoscible para ellos (como lo es la realidad cotidiana para los lectores). Parece una verdad de Perogrullo, pero hay que recordarla y enfatizarla: esta codificación realista, ubicada generalmente al comienzo del texto, es esencial para la construcción de lo fantástico, porque sirve como contraste imprescindible para poder juzgar como "extraordinario", "insólito", "extraño", "imposible", etcétera, el fenómeno especial que aparecerá después en el texto y que constituye siempre el meollo de la postulación fantástica: "Lo fantástico es la aparición, en el mundo bien ordenado de la vida cotidiana, de lo imposible, de aquello que no obedece a las reglas de este mundo. Por lo tanto, esas reglas bien establecidas son indispensables para la aparición de lo fantástico".[13]

Según el pasaje de Todorov que he citado, el texto fantástico se distingue porque en un universo ficticio cognoscible y manipulable para los personajes, "se produce un acontecimiento imposible de explicar por las leyes de ese mismo mundo familiar". Con base en este rasgo, con frecuencia se ha afirmado llanamente que la literatura fantástica se singulariza por "la irrupción", en la realidad cotidiana de los personajes, de un acontecimiento extraordinario que no puede explicarse por medio de las leyes naturales y causales postuladas en el propio texto; Castex, uno de los primeros estudiosos del género, sostenía que mientras los cuentos de hadas implicaban un "traslado" de nuestra mente a otro mundo: "Lo fantástico, por el contrario, se caracteriza por una intrusión

---

[13] Flora Botton Burlá, *Los juegos fantásticos. Estudio de los elementos fantásticos en cuentos de tres narradores hispanoamericanos*, Universidad Nacional Autónoma de México, México, 1983, p. 38.

repentina del misterio en el marco de la vida real".[14] Si bien esta descripción no es inválida, resulta un tanto reduccionista, ya que caracteriza como una mera "intrusión", "irrupción" o "ruptura" el hecho insólito alrededor del cual se forja el efecto estético; en su sentido semántico, claro que lo es, pero en su sentido formal la estructura de un texto fantástico resulta más compleja, como describiré enseguida.

Me parece curioso que los teóricos del género, sobre todo en Hispanoamérica, no hayan desarrollado una sugerencia lanzada por Bioy Casares hace más de medio siglo, en su citado prólogo a la *Antología de la literatura fantástica* (firmado sólo por Bioy pero de seguro escrito con la colaboración de Borges); ahí, al hablar del efecto sorpresivo que produce en el lector un texto fantástico, él había afirmado: "Para que la sorpresa de argumento sea eficaz, debe estar preparada, atenuada".[15] En efecto, si bien en primera instancia el lector percibe una ruptura de la cotidianidad postulada por el texto, estructuralmente éste se construye por medio de frases que sugieren de forma sutil lo que sucederá en el clímax del relato; es decir, la supuesta "irrupción" no es abrupta sino relativa, ya que siempre está anunciada o preparada por diversos rasgos textuales.

Para entender cómo funciona este mecanismo, acudo a un concepto del estructuralismo francés, que en voz de Roland Barthes, uno de sus intérpretes más famosos, destaca la importancia de los elementos que denomina "indicios", los cuales cumplen una amplia función integradora en el relato:

> La segunda gran clase de unidades, de naturaleza integradora, comprende todos los *indicios* (en el sentido más general de la palabra); la unidad remite entonces, no a un acto complementario y consecuente, sino a un concepto más o menos difuso, pero no obstante necesario al sentido de la historia: indicios caracterológicos

---

[14] Pierre-Georges Castex, *Le conte fantastique en France de Nodier à Maupassant*, Corti, París, 1951, p. 8.

[15] Adolfo Bioy Casares, "Prólogo" a la *Antología de la literatura fantástica*, p. 7.

que conciernen a los personajes, informaciones relativas a su identidad, notaciones de "atmósferas", etcétera.[16]

En principio, el término "indicios" remite a lo que comúnmente llamamos "datos", es decir, la serie de elementos descriptivos imprescindibles en la construcción de cualquier texto, por ejemplo para caracterizar a un personaje (rasgos físicos, vestimenta, ademanes, etcétera). El estructuralismo distinguió, con agudeza, que algunos de estos datos poseen un significado parcialmente invisible, que se completa durante el posterior desarrollo del texto, por lo cual el lector sólo se percata de su enorme valor hasta el final. Por ello Barthes divide estos elementos en dos categorías diferenciadas, dependiendo de su importancia para el desenlace del relato: "Los indicios tienen, pues, siempre significados implícitos; los informantes, por el contrario, no los tienen, al menos al nivel de la historia: son datos puros, inmediatamente significantes".[17] En sentido estricto, el estructuralismo francés define como indicios los rasgos textuales que suelen denominarse como "pistas", cuya importancia reside en su posterior significación; como esta última palabra está asociada al relato policial, género también basado en una estructura indicial, puedo recurrir, para ilustrar el funcionamiento del término, a la invención de una breve trama policial.

Imaginemos que en un cuento donde ha sucedido un asesinato, se describe a un hombre que suele portar un pañuelo rojo de seda; cuando el lector se encuentra por vez primera con ese dato, le presta una atención menor, pero si al final se descubre un pequeño hilo de seda roja entre las uñas del asesinado, entonces se deducirá que era un indicio o "pista" que apuntaba hacia la solución del enigma, es decir, la autoría del crimen.[18] Si, por el

---

[16] Roland Barthes, "Introducción al análisis estructural del relato", en *Análisis estructural del relato*, tr. Beatriz Dorriots, Premiá, México, 1988, p. 14.

[17] *Ibid.*, p. 16.

[18] No creo necesario introducir en esta discusión la posibilidad, siempre latente en un relato policial o fantástico, de que se incluyan falsos indicios, mediante los cuales se engaña al lector sobre la probable solución del enigma. Este recurso suele presentarse cuando un autor trabaja un género demasiado codificado o "automatizado", es decir, muy conocido por el receptor, quien tiene la

contrario, ese rasgo no alcanza ninguna significación ulterior, es un mero "informante", con una función secundaria, como, digamos, aludir a la elegancia o al estatus social del personaje. Cabe aclarar que si bien los indicios no son, en cuanto recurso de construcción, un rasgo exclusivo de las narraciones policiales o fantásticas (de hecho pueden aparecer en cualquier género), es en ellas donde desempeñan una función primordial, aunque en niveles y con efectos distintos.[19]

Estoy convencido de que todos los lectores hemos sentido alguna vez la culpa (pecado venial, no mortal) de pensar que no supimos descifrar desde el principio los indicios de un texto policial o fantástico. En el fondo, esa sensación es falsa e injusta, pues precisamente no "supimos" ver esos indicios porque estaban colocados con astucia para que pasaran inadvertidos durante nuestra primera lectura, lo cual no sucede en la relectura, cuando ya conocemos el desenlace del texto (no es casual entonces que la segunda vez que leemos una obra se produzca la reacción contraria: hasta el más mínimo detalle nos parece esencial, cuando quizá no lo sea). Claro que se trata de procesos distintos: en la primera lectura, como no conocemos el desenlace, somos receptores hasta cierto grado inocentes, ya que nos involucramos emocionalmente en el texto; en cambio, en la segunda asumimos una lectura meta-literaria, donde prima lo analítico sobre lo emotivo, porque nos fijamos más en la forma del texto, en los artificios mediante los cuales logra su efecto estético; algunos críticos

---

convicción plena de que sabe desentrañar los indicios del texto; al final, parte de la sorpresa reside en que el lector descubre que ha sido engañado y que no es, como él creía, más hábil que el narrador y que el escritor en lo que respecta a ese género.

[19] El paralelo entre ambos géneros se puede apreciar en la siguiente cita, donde bastaría sustituir algunas palabras para hacer extensivo el juicio a la literatura fantástica: "La rigurosa maquinaria del policial exige que el escritor manipule esos recursos de modo que, por una parte, la narración avance linealmente hacia la identificación del culpable y, por otra, postergue el descubrimiento de la verdad, o sea que mientras orienta al lector hacia la solución, lo desvía de ella" (Cristina Parodi, "Borges y la subversión del modelo policial", en *Borges: desesperaciones aparentes y consuelos secretos*, ed. Rafael Olea Franco, El Colegio de México, México, 1999, p. 80).

demeritan esta lectura posterior porque la consideran más fría y cerebral, pero creo que en ambas se apela a características humanas básicas (no es menos humana la inteligencia que la emoción).

En síntesis, quien se propone construir un relato fantástico tiene que incluir y al mismo tiempo ocultar sabiamente los indicios que apuntan hacia la solución; sólo el escritor sabe desde el principio (y por lo general también el narrador del texto) que los datos incluidos son en verdad "indicios" y no simples "informantes". Si el creador no tiene la habilidad verbal suficiente para alcanzar este elaborado artificio, entonces el final de su texto será tan ineficaz como el típico recurso denominado *deus ex machina*, o sea, como una solución forzada y exterior a la lógica propia de su creación (sin duda, el espectador actual de las telenovelas, esa derivación de la novela decimonónica de folletín, recordará más de un caso de esta deficiencia).

Ahora bien, hay que preguntarse sobre el efecto que produce en los personajes ese suceso extraordinario que no respeta el orden en que ellos viven; sobre este punto, Todorov intenta precisar su definición de lo fantástico hablando de una segunda condición del género, que expone como consecuencia directa de la primera:

> En primer lugar, es necesario que el texto obligue al lector a considerar el mundo de los personajes como un mundo de personas reales, y a vacilar entre una explicación natural y una explicación sobrenatural de los acontecimientos evocados. Luego, esta vacilación puede ser también sentida por un personaje; de tal modo, el papel del lector está, por así decirlo, confiado a un personaje, y, al mismo tiempo, la vacilación está representada, se convierte en uno de los temas de la obra; en el caso de una lectura ingenua, el lector real se identifica con el personaje.[20]

Así pues, el acontecimiento inexplicable provoca en los personajes incertidumbre o vacilación. Éste sería uno de los elementos centrales propuestos por Todorov para diferenciar entre las

---

[20] T. Todorov, *op. cit.*, p. 30.

categorías cercanas de lo extraño, lo fantástico y lo maravilloso: si un personaje duda de un hecho increíble (involucrando al lector en la duda) y la incertidumbre se mantiene, se trata de un relato fantástico; si la duda se disipa por medio de explicaciones lógicas (el suceso fue efecto del sueño o de la locura, por ejemplo), el texto pertenece a lo extraño; cuando no se expresa ninguna duda sobre un hecho que, desde la realidad externa, sería juzgado como sobrenatural, sino que se acepta sin extrañeza por los personajes (y por el lector), el texto se ubica en el ámbito de lo maravilloso. Sin embargo, como ha señalado la crítica posterior a Todorov, la definición de la literatura fantástica no puede residir en un elemento que aparece con frecuencia relativa en las obras que la integran (de hecho, él mismo habla finalmente de este rasgo como facultativo y no obligatorio del género). Además de ello, resulta peligrosa la simplificación del crítico sobre las reacciones de los personajes, pues dice que éstos vacilan entre una explicación natural y otra sobrenatural de los hechos evocados, cuando en general ellos más bien caen en una incertidumbre plena que no tiende hacia la solución en una línea u otra.

Los dos anteriores aspectos —la duda del personaje y la probable explicación final de los sucesos— propician algunas de las discusiones más álgidas en la búsqueda de la difícil identificación del género. Respecto del primero, considero que Todorov no logra sumarlo coherentemente a sus argumentos porque no distingue que, en general, los textos fantásticos siguen dos grandes modelos (por cierto que ejemplos de ambos se examinarán en este libro). En la primera variante, quizá la más frecuente, el personaje principal vacila sobre la naturaleza de los extraños hechos que percibe, por lo que esta vacilación se convierte en un tópico del texto; en la otra, en cambio, el argumento culmina con la contundente concreción de un fenómeno ajeno a los parámetros habituales de ese mundo de ficción, por lo cual el personaje no tiene tiempo de reflexionar sobre ello; es obvio que la primera variante trabaja más de forma gradual, mientras que la segunda tiende a buscar un final de sorpresa absoluta, tanto para el personaje como para el lector.

Si bien es un fenómeno más frecuente en el segundo modelo descrito, en ambos casos es posible conseguir una reacción de miedo y hasta de terror extremo, tanto en los personajes como en el receptor, quien suele tener empatía con los caracteres ficticios.[21] Para alcanzar este efecto, lo fantástico puede acudir a los temores humanos más oscuros, pero este rasgo de ninguna manera es una de sus características globales, si bien tuvo presencia sustancial en el siglo XIX, cuando el género se asoció a la narrativa gótica (variante literaria en la cual incluso algunos críticos ubican los orígenes de lo fantástico).[22]

El término "gótico" proviene del título de la novela *The Castle of Otranto; a Gothic story* (1764), de Horace Walpole, quien escribió su obra bajo la inspiración de su propiedad llamada Strawberry Hill, la cual construyó obsesionado por ese estilo arquitectónico. En su creación, escrita en un lapso de apenas dos meses,[23] él inventó un castillo medieval gótico cuyo ambiente tenebroso resultó ideal para el desarrollo de un argumento localizable alrededor del siglo XII, lleno de sucesos sangrientos y actos sobrenaturales, mediante el cual buscaba provocar un efecto de terror extremo; no obstante las deficiencias formales del texto, la fuerza de su

---

[21] El artificio verbal extremo, muy difícil de lograr, consiste en presentar una situación ficcional donde los personajes no tienen ninguna reacción de miedo, pero que los lectores interpretan con un profundo temor. Quizá un ejemplo proveniente de la cinematografía ayude a precisar este punto; alguna vez Alfred Hitchcock dijo que en su labor de director él había intentado transmitir el miedo de los personajes al espectador, proceso que representaba con el siguiente probable argumento para una película, que me atrevo a calificar de genial: mientras un grupo de amigos departen amable e inocentemente tomando café, los espectadores alcanzan a percibir debajo de la mesa el dispositivo de una bomba que explotará a una hora determinada; conforme pasa el tiempo, los personajes están más felices, mientras el espectador, que ve cómo se acercan las manecillas del reloj a la hora última, se angustia por la inminente pero postergada explosión.

[22] Este probable rasgo del género ha sido ampliamente debatido por la crítica. En particular, David Roas ("El género fantástico y el miedo", *Quimera*, 2002, núm. 218-219, pp. 41-45) reflexiona sobre el tema en busca de un término, que quizá no sea la palabra "miedo", que permita englobar las diversas reacciones tanto de los personajes como de los receptores que provoca un texto fantástico.

[23] El afiebrado proceso de escritura de la novela está descrito en: Robert Wyndham Ketton-Cremer, *Horace Walpole. A biography*, Longmans, Green and Co., Londres, 1940, pp. 211-219.

argumento le deparó un éxito enorme entre los lectores, por lo que en 1765 apareció una segunda edición de la novela, ahora con el nombre de Walpole en la portada (en la primera edición, este miembro del Parlamento, temeroso de un probable rechazo, usó un seudónimo para esconder su autoría). De paso señalo la curiosidad, aunque no tan infrecuente en la historia literaria, de que una obra relativamente mediocre haya servido para consolidar un género y para darle nombre: novela gótica.

Entre las décadas de 1760 a 1820, esta modalidad literaria tuvo una gran vigencia en la cultura anglosajona, tanto de Inglaterra como de Estados Unidos, y de hecho puede decirse que no la ha perdido. Modernamente, el término se extendió a otras expresiones artísticas, por ejemplo a la cinematografía, la cual ha enfatizado sobre todo el contenido sangriento que estaba en los orígenes del género; la palabra gótico abarca en la actualidad una gran variedad de campos semánticos, pues refiere tanto a la arquitectura como a la historia, a la literatura y a diversas expresiones artísticas; por ello es necesario intentar su deslinde literario, así sea en términos amplios:

> When thinking of the Gothic novel, a set of characteristics springs readily to mind: an emphasis on portraying the terrifying, a common insistence on archaic settings, a prominent use of the supernatural, the presence of highly stereotyped characters and the attempt to deploy and perfect techniques of literary suspense are the most significant. Used in this sense, "Gothic" fiction is the fiction of the haunted castle, of heroines preyed on by unspeakable terrors, of the blackly lowering villain, of ghosts, vampires, monsters and werewolves.[24]

Como se ve, las confluencias entre la literatura fantástica y la novela gótica residen en el uso de elementos sobrenaturales y en la construcción basada en el suspenso, pero de ninguna manera la primera busca como objetivo primordial producir terror, según proponía Lovecraft al pedir que lo fantástico culminara en una

---

[24] David Punter, *The literature of terror. A history of Gothic fictions from 1765 to the present day*, 2a. ed., Longman, Nueva York, 1996, v. 1, p. 1.

reacción aterrorizada por parte del lector (clasificación que, por cierto, dejaría fuera de lo fantástico un buen número de textos producidos durante el siglo XX).[25] Pienso que esa reacción extrema sólo se presenta en ciertos textos del género cuyo proceso desestabilizador busca provocar miedo en el lector; pero en el resto de ellos basta con la incertidumbre (en última instancia, el terror no es otra cosa que una fuerte manifestación de incertidumbre). Más que el probable efecto de miedo o terror que pueda producir el texto, quizá convenga describir cómo en lo fantástico: "[...] lo sobrenatural aparece como una ruptura de la coherencia universal. El prodigio se vuelve aquí una agresión prohibida, amenazadora, que quiebra la estabilidad de un mundo en el cual las leyes, hasta entonces, eran tenidas por rigurosas e inmutables. Es lo imposible sobreviniendo de improviso en un mundo de donde lo imposible está desterrado por definición".[26]

En cuanto a la supuesta solución de los hechos extraordinarios visible al final del texto, creo que en este punto Todorov plantea un falso dilema, ya que el género fantástico no suele elaborar una "solución" de los extraños sucesos, sino solamente confirmar que éstos en verdad acontecieron; para que el efecto fantástico sea pleno, es necesario que el desenlace no se explique, sino que se mantenga en el terreno de la duda. Por ello, según Botton, los textos fantásticos tienen fin, en el sentido textual del término, pero no desenlace argumental: "Incluso en aquellos casos en que sabemos con certeza la suerte que corren los personajes, no tenemos la clave del misterio; hemos visto la manifestación del fenómeno fantástico, pero no conocemos ni sus causas, ni las leyes a que obedece (o deja de obedecer)";[27] esto se debe al hecho de que el género no busca la sustitución de un paradigma, el de la lógica causal del mundo cotidiano y realista de los personajes

---

[25] La propuesta de Lovecraft era definitiva: "Un cuento es fantástico simplemente si el lector experimenta profundamente un sentimiento de temor y de terror, la presencia de mundos y poderes insólitos" (Lovecraft citado por Jaime Alazraki, '¿Qué es lo neofantástico?", en *Teorías de lo fantástico*, intr., comp. y bibl. D. Roas, Arco/Libros, Madrid, 2001, p. 271).
[26] Roger Caillois, *Imágenes, imágenes*, Sudamericana, Buenos Aires, 1970, p. 11.
[27] F. Botton, *op. cit.*, p. 43.

(y de los lectores), por otro diferente, sino el cuestionamiento del primero.[28] Con un peculiar estilo, Julio Cortázar ha expresado la misma idea:

> El orden será siempre abierto, no se tenderá jamás a una conclusión porque nada concluye ni nada empieza en un sistema del que sólo se poseen coordenadas inmediatas. Alguna vez he podido temer que el funcionamiento de lo fantástico fuese todavía más férreo que la causalidad física; no comprendía que estaba frente a aplicaciones particulares del sistema, que por su fuerza *excepcional* daban la impresión de la fatalidad, de un calvinismo de lo sobrenatural. Luego he ido viendo que esas instancias aplastantes de lo fantástico reverberaban en virtualidades prácticamente inconcebibles [...] No hay un fantástico cerrado, porque lo que de él alcanzamos a conocer es siempre una parte y por eso lo creemos fantástico.[29]

En efecto, lo fantástico sería un género "cerrado", como dice Cortázar, si para refutar el modelo de realidad lógica y causal, el texto proporcionara otro modelo completo que sustituyera unas leyes por otras. Desde una postura teórica muy diferente, que se interesa por la relación entre este género y las concepciones del lenguaje, Mery Erdal Jordan precisa, al hablar del rasgo de "indecibilidad" propio de lo fantástico, que el texto no alcanza nunca a expresar algo plenamente cognoscible:

> Indecibilidad: el discurso fantástico es expresión de lo indecible en el sentido más riguroso que los románticos adjudican a este concepto: lo impensable, lo indefinible, lo inexperimentado, todo aquello que, siendo esencialmente transgresión de lo verosímil realista, se convierte en apertura a lo desconocido y, por equivalencia, al infinito. La concepción del lenguaje como creador de mundo, en el

---

[28] En la historia de la crítica sobre el género, uno de los primeros en establecer esto con certeza fue Caillois: "Lo fantástico es, pues, ruptura del orden reconocido, irrupción de lo inadmisible en el seno de la inalterable legalidad cotidiana, y no sustitución total del universo real por un universo exclusivamente prodigioso" (Roger Caillois, *Au coeur du fantastique*, Gallimard, París, 1965, p. 35).

[29] Julio Cortázar, "Del sentimiento de lo fantástico", en *La vuelta al día en ochenta mundos*, Siglo XXI Eds., México, 1967, pp. 44-45.

sentido de que nuestra capacidad cognitiva está limitada por nuestra capacidad de nombrar, adquiere en el discurso fantástico su máxima potencia paradójica: al expresar lo inexpresable, lo fantástico amplía solamente nuestro caudal lexical y no nuestro campo cognitivo; una de las indudables causas del efecto "inquietante" de lo fantástico, radica en esa dicotomía permanente de lo nombrado/lo incognoscible.[30]

En este sentido, la paradoja de la que habla Erdal Jordan sería una condición imprescindible para el género, pues si "lo nombrado" se convirtiera en "cognoscible", el efecto fantástico se esfumaría de inmediato; así sucede en algunos textos cuya falla reside en describir en exceso el fenómeno extraño sobre el que debería construirse lo fantástico, pues esa descripción acaba por producir en el personaje una sensación de familiaridad absoluta respecto del suceso extraordinario, la cual se transmite al lector.[31] Sospecho que a este tipo de obras se refiere Todorov cuando afirma que hay textos fantásticos sólo en una de sus partes, pero al final se definen por otra línea (por ejemplo, por lo maravilloso).

Por otra parte, los personajes no se percatan de inmediato y con nitidez de la naturaleza extraña del suceso en que se funda lo fantástico, pues ello atentaría contra el suspenso propio del género. La constante presencia de este último rasgo me induce a sugerir que se sustituya la idea de la vacilación como uno de los probables ejes del género, por la de suspenso, categoría ésta que alude a la construcción del texto:

> El "suspenso" evidentemente no es más que una forma privilegiada o, si se prefiere, exasperada de la distorsión: por una parte, al

---

[30] Mery Erdal Jordan, *La narrativa fantástica. Evolución del género y su relación con las concepciones del lenguaje*, Iberoamericana, Madrid, 1998, p. 13.

[31] La cinematografía moderna conoce innumerables ejemplos de este procedimiento, aunque muchas veces se trata de objetos artísticos cuya intención no es fantástica; por ejemplo, se parte del encuentro fortuito entre un ser humano y un monstruo o un extraterrestre; al principio, éste provoca temor en el primero, pero finalmente surge entre ambos una estrecha relación que permite la familiaridad mutua, con lo cual lo incognoscible ha perdido esa categoría y, por tanto, su carácter inquietante.

mantener una secuencia abierta (mediante procedimientos enfáticos de retardamiento y de reactivación), refuerza el contacto con el lector (el oyente) y asume una función manifiestamente fática; y, por otra parte, le ofrece la amenaza de una secuencia incumplida, de un paradigma abierto (si, como nosotros creemos, toda secuencia tiene dos polos), es decir, de una confusión lógica, y es esta confusión la que se consume con angustia y placer (tanto más cuando al final siempre es reparada).[32]

Este resumen de cómo trabaja el suspenso es válido, pero conviene precisar que en la literatura fantástica, según expuse, "la amenaza de una secuencia incumplida" o de un "paradigma abierto", como los llama Barthes, provoca una confusión que no se resuelve o "repara" de manera definitiva al final del texto. En este sentido, me parece esclarecedora la idea de Chanady, quien afirma que el silencio final del narrador (y de los personajes, añado yo) es primordial para el éxito de lo fantástico: "Provided with the facts, but not with a solution to the mistery, the reader must actively reconstruct the various codes of the narrative and search for an explanation himself [...] He knows he will never be able to resolve the antinomy of the text";[33] siguiendo mi previa analogía entre el relato fantástico y el policial, ahora debo decir que se diferencian en un rasgo fundamental: el primero no pretende resolver la antinomia construida a lo largo del texto, mientras el

---

[32] R. Barthes, art. cit., p. 31.

[33] Amaryll Beatrice Chanady, *Magical realism and the fantastic*, Nueva York, Garland, 1985, p. 127. Rosalba Campra, una de las voces críticas que más ha aportado a la reflexión teórica, plantea que si bien en otros géneros hay también silencios, el de lo fantástico es incolmable: "Existen, sin embargo, silencios incolmables, cuya imposibilidad de resolución es experimentada como una carencia por parte del lector, y que estructuran el cuento en sus características genéricas. Éste es el tipo de silencio que encontramos en el cuento fantástico: un silencio cuya naturaleza y función consisten precisamente en no poder ser llenado. El sistema prevé la interrupción del proceso comunicativo como condición de su existencia: el silencio en la trama del discurso sugiere la presencia de vacíos en la trama de la realidad" (Rosalba Campra, "Los silencios del texto en la literatura fantástica", en *El relato fantástico en España e Hispanoamérica*, ed. cit., p. 52).

segundo tiene necesariamente que resolverla (o sea, debe solucionar el crimen).

Como parte integral de la estructura de suspenso, el escritor logra que en su texto la percepción de los acontecimientos extraordinarios posea dos rasgos distintivos: su ambigüedad y su gradualidad. Así, con frecuencia la descripción de los sucesos no es diáfana y definitiva, sino que está atenuada con frases que Todorov denomina, de forma pertinente, "modalizaciones" verbales, como "le pareció", "creyó ver", "como si", etcétera; éstas pueden aparecer tanto en la narración de una tercera persona ajena a la historia, como en voz de los personajes directamente imbricados en los hechos. En cuanto al segundo punto, sólo de forma gradual un personaje se convence de la veracidad de su percepción, ya que antes de ello puede ensayar diversas razones para explicarse el carácter extraño de lo que cree ver: desde un simple engaño de los sentidos hasta la probable locura o enfermedad.

Dentro del mundo de ficción construido por el texto fantástico, resulta sustancial preguntarse sobre la naturaleza e intencionalidad profunda del acontecimiento insólito que irrumpe en la realidad de los personajes. Cabe recordar que lo fantástico se produce mediante la intrusión de un elemento ajeno al mundo ficticio de los personajes, basado éste en un modelo racional y lógico de la realidad (o sea, de acuerdo con los códigos del realismo). Más allá de su aparente magnitud o insignificancia —puede tratarse de una serie de acontecimientos o bien de un hecho aislado—, puesto que el elemento insólito cuestiona la confiada cosmovisión en la que hasta entonces se desenvuelven los personajes, tiene siempre una función desestabilizadora. Respecto de este propósito, Rabkin opina que uno de los ejes de lo fantástico es el contraste entre dos perspectivas: "One of the key distinguishing marks of the fantastic is that the perspectives enforced by the ground rules of the narrative world must be diametrically contradicted";[34] si bien este principio general es pertinente, me parece inexacta la idea de que en el texto hay dos perspectivas "diametralmente"

---

[34] Eric S. Rabkin, *The fantastic in literature*, Princeton University Press, Princeton, 1976, p. 8.

opuestas, pues ello implicaría que la perspectiva que contradice a la realista es nítida e identificable; un poco más adelante Rabkin acude a una absurda medición del proceso mediante lo que llama una metáfora geométrica: "The truly fantastic occurs when the ground rules of narrative are forced to make a 180° reversal, when prevailing perspectives are directly contradicted"[35] si no me equivoco, la confusión de este crítico se origina en que muchos de sus ejemplos provienen del ámbito de lo maravilloso, donde sí puede haber dos perspectivas identificables y hasta cierto grado opuestas; en cambio, según he discutido, en el texto fantástico sólo puede distinguirse con claridad la primera perspectiva, es decir, la realista, ya que aparte de su función antagónica, la otra no es una entidad identificable a plenitud.[36]

En este punto conviene intentar un deslinde entre lo fantástico y lo maravilloso, términos que debido a su cercanía suelen traslaparse. En primer lugar, muchos de los textos de esta última categoría prescinden de una verdadera codificación realista, ya que si bien los personajes se mueven en un mundo familiar para ellos, suelen presentarse de inmediato fenómenos o seres ajenos al mundo real (hadas, magos, animales que hablan, etcétera). Pero tanto en este tipo de textos maravillosos como en los pocos de ellos que sí poseen elementos adscritos a los códigos del realismo, lo sustancial es que la presencia de esos seres ajenos no produce incertidumbre en la cosmovisión previa de los personajes, sino la aceptación de una realidad paralela. Caillois ha resumido muy bien esta diferencia de la siguiente manera:

---

[35] *Ibid.*, p. 12.

[36] Aunque en principio resulta más acertada por los elementos que incluye, la descripción de Chanady incurre también en la imprecisión de identificar dos polos: "One of the most important distinguishing characteristics of the fantastic is thus the presence in the text of two different levels of reality, the natural and the supernatural. Without this trait, a narrative cannot be fantastic even if it conveys an atmosphere of the uncanny. *These levels are logically contradictory, since one is identified by the laws of conventional reason and empirical knowledge, while the other is characterized by the code of the irrational, superstition and myth*" (*op. cit.*, pp. 9-10; las cursivas son mías).

Il est important de distinguer entre ces notions proches et trop souvent confondues. Le féerique est un univers merveilleux qui s'ajoute au monde réel sans lui porter atteinte ni en détruire la cohérence. Le fantastique, au contraire, manifeste un scandale, une déchirure, une irruption insolite, presque insupportable dans le monde réel. Autrement dit, le monde féerique et le monde réel s'interpénètrent sans heurt ni conflit.[37]

Así pues, en un texto maravilloso pueden coexistir el mundo de representación realista y el maravilloso, en oposición pero sin conflicto profundo, ya que si bien los seres de ambos niveles tienen facultades diferentes, se admite sin cuestionar la distancia que media entre ellos; en última instancia, son ámbitos de ficción relativamente separados donde cada uno conoce y reconoce a plenitud los poderes del otro, lo cual no provoca incertidumbre alguna. Por ello en gran medida lo maravilloso está formado por variantes literarias bastante estereotipadas; por ejemplo, cuando surge un hada, el lector sabe de antemano la influencia benéfica que ella tendrá en la trama; esta rígida codificación ha tentado a escritores con un fuerte afán lúdico a ejercer parodias de los cuentos de hadas, donde los personajes dudan sobre los poderes extraordinarios de los entes maravillosos (¿qué pasaría si de entrada Cenicienta dijera a su hada madrina que no cree en prodigios de ninguna especie?).

Volviendo a la discusión sobre el propósito textual que yo he llamado desestabilizador, cabe señalar que algunos críticos le asignan un valor más marcado. Así sucede con Jackson desde el título mismo de su citado libro *Fantasy: a literature of subversion* (donde, como dije, el término "fantasía" abarca, peligrosa y excesivamente, todo material verbal ajeno a una representación realista, es decir, lo mismo la literatura fantástica que la maravillosa o la ciencia ficción); después de reconocer la importancia del libro de Todorov para la discusión del género, Jackson señala que él falla al excluir la teoría freudiana, así como el análisis de las implicaciones sociales y políticas de las formas literarias; para ella, la

---

[37] Roger Caillois, "Introduction", *Anthologie du fantastique*, Gallimard, París, 1966, v. 1, p. 7.

"fantasía" es subversiva porque sirve para generar un acto de protesta:

> A more extensive treatment would relate texts more specifically to the conditions of their production, to the particular constraints against which the fantasy protests and from which it is generated, for fantasy characteristically attempts to compensate for a lack resulting from cultural constraints: it is a literature of desire, which seeks that which is experienced as absence and loss [...] The fantastic traces the unsaid and the unseen of culture: that which has been silenced, made invisible, covered over and made "absent".[38]

Si bien los anteriores argumentos son válidos, ya que intentan colocar a la literatura dentro de una perspectiva sociocultural e histórica más amplia, no estoy convencido de que se asigne al género un valor tan marcado y predeterminado como lo es la subversión;[39] mi actitud no se funda en el rechazo de la función subversiva desempeñada por muchos textos fantásticos, sino en la enseñanza de la historia literaria, cuya renovación genérica ha consistido precisamente en encontrar nuevas funciones para una vieja forma (¿acaso la oda no era un género "serio" antes de que Neruda escribiera una oda a sus calcetines y otra a la cebolla?).

Un término en principio más neutro es el de "diferencia", presente, por ejemplo, como punto de partida, en el libro de Siebers, quien enuncia la confluencia absoluta entre lo romántico y lo fantástico:

---

[38] R. Jackson, *op. cit.*, pp. 3 y 4.

[39] En la nota que antecede al número especial de la revista *Quimera* dedicado al género y coordinado por Roas, él imprime un sentido más amplio y menos sociológico a la palabra "subversión": "Porque si bien la literatura realista simplemente nos muestra lo real, la fantástica va mucho más lejos al transgredir la razón homogeneizadora, reductiva, que organiza nuestra percepción del mundo y de nosotros mismos. Lo fantástico –siempre ambientado en un mundo cotidiano, familiar– abre otras perspectivas, que, a veces, más que nuevas versiones son inversiones de un orden que se siente como opresivo e insuficiente" (D. Roas, "Lo fantástico: literatura y subversión", *Quimera*, 2002, núm. 218-219, p. 15).

No es sorprendente que lo fantástico surgiera durante el período romántico, pues tal vez constituya la suprema literatura de la diferencia [...] La literatura fantástica consagra las diferencias, poniendo de relieve aquellos aspectos de la experiencia que se aventuran más allá de lo estrictamente humano, hacia un ámbito sobrenatural [...] Tanto lo romántico como lo fantástico tienden a envolver el problema de la diferencia en el aura de la superstición.[40]

Esta posibilidad de expresar la diferencia no es privativa, claro está, de la literatura fantástica, sino que dentro de esta modalidad se manifestaría con mayor fuerza.[41]

Antes de continuar, cabe detenerse en una aparente digresión sobre los términos utilizados por la crítica para calificar el acontecimiento que rompe con la realidad cotidiana de los personajes. Debido a que se trata de una voz más enraizada en el habla española, y por lo tanto de más inmediata comprensión global, prefiero la palabra "sobrenatural", sin diferenciar entre este concepto y el de lo "supranatural" enunciado por algunos teóricos. Así, en su revisión de la génesis de la literatura fantástica en las culturas occidentales, Faivre señala cómo lo supranatural, entendido como los sucesos que implican una ruptura del orden lógico-causal y que proceden de fuerzas negativas y desconocidas del imaginario colectivo, se fue imponiendo a lo sobrenatural, es decir, a los hechos relacionados con una zona más accesible, cognoscible, positiva o benévola de ese imaginario, más próxima

---

[40] Tobin Siebers, *Lo fantástico romántico*, tr. Juan José Utrilla, Fondo de Cultura Económica, México, 1989, p. 9. Entre otros, Siebers estudia textos de Hoffmann, Gógol, Hawthorne, James, Mérimée y Poe.

[41] Para algunos críticos, la literatura en general, y no sólo la fantástica en particular, es, por esencia, el lugar apropiado para poner en juego la alteridad: "La producción de lo literario supone la puesta en escena de la alteridad: a través del intento de anulación o de profundización de esa complejidad que lo constituye (la alteridad), lo literario se subordina o aparta de lo real para reflejarlo o interrogarlo; para ser su reproducción o para trocarlo en límite de sus propios territorios, de su propia realidad" (Víctor Antonio Bravo, *La irrupción y el límite. Hacia una reflexión sobre la narrativa fantástica y la naturaleza de la ficción*, Universidad Nacional Autónoma de México, México, 1988, p. 8).

normalmente al pensamiento religioso oficial cristiano.[42] Para mí, en cambio, toda transgresión del orden lógico-causal entra en el ámbito sobrenatural, mientras que la otra categoría, que aparecerá en mi análisis de "La leyenda de la calle de Olmedo", será denominada simplemente como lo "milagroso", palabra con la cual deseo aludir a sus orígenes religiosos, que no implicar la transgresión de ningún concepto (el milagro se entiende, dentro de una concepción religiosa de la vida, como la intervención de la Providencia y no de la razón para cambiar el destino humano). También conviene aclarar que en otras tradiciones culturales y en otras lenguas, no se usa el término "sobrenatural" sino "supernatural" para referir a cualquier fenómeno ajeno a lo que se considera "natural", es decir, verosímil desde las coordenadas de la lógica racional en que se funda el realismo. Quizá la expansión del término tenga sus orígenes en un autor fundacional para las reflexiones teóricas sobre el género: Penzoldt, uno de los teóricos con los cuales más discute y disiente Todorov.[43]

Más allá de la cuestión terminológica, resulta interesante destacar que Faivre juzga que la ruptura del orden lógico-causal en

---

[42] Véase Antoine Faivre, "Genèse d'un genre narratif, le fantastique (essai de périodisation)", en *La littérature fantastique*, Michel Albion Ed. (*Cahiers de l'Hermétisme*), París, 1991, pp. 15-43.

[43] Peter Penzoldt, *The supernatural fiction*, Peter Nevill, Londres, 1952. A su vez, Penzoldt pudo haber tomado el término del libro de H. P. Lovecraft *Supernatural horror in literature* (1945). Un ejemplo reciente de la vigencia del término legado por Penzoldt es el ensayo de John Brushwood: "Aspects of the supernatural in the recent Mexican fiction" (en *Perfiles. Ensayos sobre literatura mexicana reciente*, ed. Federico Patán, Society of Spanish and Spanish-American Studies, Colorado, 1992, pp. 127-139), donde lo "supernatural" sirve para referir a elementos que pueden definir o no el género de un texto; así, al comparar *Aura* con el enigmático final de *Los albañiles*, Brushwood concluye: "With respect to the use of the supernatural effects, the important point is that, in the case of *Los albañiles*, readers may choose (decide) whether or not a supernatural effect exists; therefore, an act of will, regarding the supernatural, exists entirely apart from the act of narrating. No such possibility exists in the case of *Aura*; readers must accept the supernatural" (p. 130); en otras palabras, esto significa que la codificación de la novela breve de Fuentes es enteramente fantástica, mientras que la de Leñero no tiene ese principio (dominante y estructurador, como diría yo).

que se funda lo fantástico es un elemento proveniente de fuerzas negativas y desconocidas del imaginario colectivo. En gran medida, esta idea se origina, claro está, en un famoso concepto propuesto por Sigmund Freud: *Unheimlich*, término traducido al español, quizá de manera insuficiente, como "lo siniestro" o "lo ominoso";[44] por su importancia dentro de la cultura occidental del siglo XX y, sobre todo, por el hecho de que varios teóricos de lo fantástico asumen este concepto de manera consciente o inconsciente, es necesario detenerse en él.

Publicado por primera vez en alemán en 1919, el ensayo de Freud, que parte de una preocupación por lo estético excepcional dentro de los estudios sicoanalíticos, postula la necesidad de precisar el significado del ya bastante difundido término unheimlich: "No cabe duda que dicho concepto [lo *Unheimlich*] está *próximo a los de espantable, angustiante, espeluznante*, pero no es menos seguro que el término se aplica a menudo en una acepción un tanto indeterminada, de modo que casi siempre coincide con lo angustiante en general" (p. 2483). El padre del sicoanálisis señala de entrada que la voz alemana unheimlich, con el prefijo negativo un-, es el antónimo de heimlich y de heimisch ("íntimo", "secreto", y "familiar", "hogareño", "doméstico"), de lo cual se deduce que lo siniestro causa espanto precisamente porque no es conocido, familiar; pero como no todas las cosas desconocidas producen ese efecto, considera que es necesaria una búsqueda más profunda.

Así, en una tarea con un fuerte sesgo filológico, Freud indaga históricamente cuál ha sido el significado de las voces heimlich y unheimlich en la cultura alemana; detecta en principio que la

---

[44] Consulto aquí la traducción más antigua y difundida en lengua española, la cual usa el primer término: Sigmund Freud, "Lo siniestro", en *Obras completas*, ordenación y revisión de Jacobo Numhauser Tognola, tr. Luis López-Ballesteros y de Torres, Biblioteca Nueva, Madrid, 1973, v. 3, pp. 2483-2505; al citar este ensayo, sólo pondré la página entre paréntesis. En cambio, una traducción más reciente acude al segundo vocablo: S. Freud, "Lo ominoso", en *Obras completas*, notas de James Strachey y Anna Freud, tr. José Etcheverry, 2ª. ed., Amorrortu, Buenos Aires, 1997, v. 17, pp. 217-251. En fechas muy recientes se ha introducido incluso una tercer palabra: "lo perturbador", derivado de las traducciones italianas.

primera palabra puede remitir a dos campos semánticos diferentes: lo familiar, confortable, por un lado, y lo oculto, disimulado, por otro; desde esta perspectiva, la voz unheimlich sólo sería un antónimo del primer significado de heimlich. Entonces le llama la atención una frase de Schelling que enuncia algo completamente nuevo e inesperado sobre el concepto y que Freud responderá mucho después en su ensayo: "Unheimlich sería todo lo que debía haber quedado oculto, secreto, pero que se ha manifestado" (p. 2487). Asimismo, de su revisión exhaustiva del término en los diccionarios, él concluye que heimlich es una voz cuya acepción evolucionó hacia la ambivalencia, hasta que acabó por coincidir con la de su antítesis, unheimlich, en frases como "todo rincón le parece heimlich (siniestro) y lúgubre".

Para continuar su discusión, Freud examina "El hombre de la arena" (o "El arenero"), de E. T. A. Hoffmann, texto que, de acuerdo con Jentsch, provoca el efecto de lo siniestro al sembrar en el lector la duda sobre si el personaje llamado Olimpia es una persona o un autómata. A diferencia de esta interpretación, para su minucioso análisis Freud parte de la hipótesis de que el centro del cuento, y con ello del origen de lo siniestro, es más bien el tema anunciado en el título, es decir, el hombre de la arena que amenaza con arrancar los ojos a los niños, según había contado una criada al protagonista Nataniel cuando éste era niño; así, Freud llega a la conclusión de que lo siniestro surge en el texto como derivación del complejo de castración infantil del personaje.[45]

Luego de ampliar sus reflexiones sobre el concepto mediante el estudio de otros textos y de algunas experiencias sicoanalíticas, Freud explica lo siniestro como un fenómeno que se relaciona con una vieja concepción, el animismo, caracterizada por la presencia de espíritus humanos en el mundo, por la omnipotencia

---

[45] Me he centrado aquí en una breve exposición del concepto, siguiendo a Freud, quien, debido a su perspectiva analítica, olvida analizar varios elementos textuales referentes a la construcción del relato de Hoffmann. Como sobre todo a raíz del comentario de Freud el cuento ha suscitado libros críticos completos, Ceserani (*op. cit.*, pp. 30-42) discute algunos de los aspectos elididos por el sicoanalista y expone lo que se ha dicho sobre ese texto.

del pensamiento y por la atribución de fuerzas mágicas a personas extrañas y a objetos:

> Parece que en el curso de nuestro desarrollo individual todos hemos pasado por una fase correspondiente a este animismo de los primitivos, que en ninguno de nosotros esa fase ha transcurrido sin dejar restos y trazas capaces de manifestarse en cualquier momento, y que cuanto hoy nos parece siniestro llena la condición de evocar esos restos de una actividad psíquica animista, estimulándolos a manifestarse (p. 2497).

En la parte final de su ensayo, Freud propone dos conclusiones. La primera es que, si es verdad que todo afecto de un impulso emocional es convertido en angustia por la represión, entonces entre las formas de lo angustioso existe un grupo donde puede reconocerse que eso angustioso es algo reprimido que retorna; esta manifestación específica de la angustia sería precisamente lo siniestro. La otra conclusión ayuda a explicar la aparente paradoja implícita en la frase de Schelling:

> En segundo lugar, si ésta es realmente la esencia de lo siniestro, entonces comprenderemos que el lenguaje corriente pase insensiblemente de lo "Heimlich" a su contrario, lo "Unheimlich", pues esto último, lo siniestro, no sería realmente nada nuevo, sino más bien algo que siempre fue familiar a la vida psíquica y que sólo se tornó extraño mediante el proceso de su represión. Y este vínculo con la represión nos ilumina ahora la definición de Schelling, según la cual lo siniestro sería algo que, debiendo haber quedado oculto, se ha manifestado (p. 2498).

En suma, lo siniestro o unheimlich procedería de lo familiar o heimisch en principio reprimido y que, no obstante, ha logrado manifestarse. Ahora bien, una vez que Freud logra identificar las aristas del concepto, intenta un difícil (si no es que imposible) deslinde entre lo siniestro vivencial y lo siniestro que procede de la imaginación. En relación con el primero, distingue en sentido estricto dos posibilidades, que yo identificaría con un plano individual y otro colectivo: por un lado, lo siniestro que procede de cosas antiguamente familiares para un individuo y ahora reprimidas; por otro, lo siniestro que emana de convicciones generales supuestamente superadas y que, sin embargo, resurgen (por ejemplo, las creencias primitivas sobre la realización de los deseos y el retorno de los muertos); con base en ello, enuncia una formulación final: "lo siniestro en las vivencias se da cuando complejos infantiles reprimidos son reanimados por una impresión exterior, o cuando convicciones primitivas superadas parecen hallar una nueva confirmación" (p. 2503).

En cuanto a lo siniestro producido por la imaginación, ámbito por excelencia del arte, Freud no alcanza a formular una taxonomía tan diáfana, pues no resulta esclarecedora su idea de que mucho de lo que es siniestro en la vida real no lo es en la literatura, y viceversa. Considero que, de hecho, él sólo logra diferenciar algunos puntos pertinentes para la crítica literaria, entre ellos que los cuentos de hadas abandonan desde el principio el terreno de la realidad para ubicarse en el de las convicciones animistas, por lo que no buscan producir un efecto siniestro; a partir de esta reflexión, describe un tipo de literatura donde sí se produce lo siniestro y que sin duda coincide plenamente con el género fantástico:

> Muy distinto es, en cambio, si el poeta aparenta situarse en el terreno de la realidad común. Adopta entonces todas las condiciones que en la vida real rigen la aparición de lo siniestro, y cuanto en las vivencias tenga este carácter también lo tendrá en la ficción. Pero en este caso el poeta puede exaltar y multiplicar lo siniestro mucho más allá de lo que es posible en la vida real, haciendo suceder lo que jamás o raramente acaecería en la realidad. En cierta manera, nos libra entonces a nuestra superstición, que habíamos creído superada; nos engaña al prometernos la realidad vulgar, para salirse luego de ella (p. 2505).

Curiosamente, Freud añade de inmediato que, en su calidad de lector, estos textos producen en él "un sentimiento de insatisfacción, una especie de rencor por el engaño intentado"; me parece que estas frases evidencian las prevenciones que, como científico, él asume hacia el arte, lo cual, claro está, no invalida su exposición (en última instancia, podría decirse, usando otra terminología, que sus competencias como lector de literatura no son óptimas). Lo pertinente para la discusión de este capítulo es que, si bien con una formulación distinta, la variedad literaria que él enuncia como más apropiada para producir lo siniestro, concuerda con la literatura fantástica tal como la he descrito. Se trataría entonces de posturas conciliables, porque lo que considero como el eje de lo fantástico, o sea el suceso extraordinario o increíble, serviría, según la terminología de Freud, para producir el efecto de lo siniestro.

No cabe duda de que la perspectiva sicoanalítica, para la cual no estoy capacitado, revela aspectos fundamentales de muchos textos fantásticos; empero, hay que cuidarse de no incurrir en el exceso de creer que una obra perteneciente a este género se agota con la distinción de sus elementos sicoanalíticos, como sucede en esta tajante conclusión: "Porque un relato fantástico no es otra cosa que la representación —conforme en parte a la realidad— de un encuentro o de una aventura que son objeto de un deseo secreto que se remonta a nuestra más tierna infancia. La experiencia excepcional que ese relato reformula, enmascarándola, está tan profundamente oculta en nuestra memoria que creemos no saber nada de ella".[46]

Como he dicho, el concepto freudiano de lo siniestro tuvo una enorme influencia en distintas formulaciones culturales del siglo XX, sobre todo porque su propuesta original se diversificó, asumiendo matices socioculturales e históricos. En este sentido, por ejemplo, es obvio que no sólo Faivre sino también Jackson se apoya en Freud cuando afirma, en el pasaje citado unas páginas atrás, que el género fantástico esboza lo no dicho y no visto de la cultura, es decir, lo que ha sido silenciado y hecho invisible en una sociedad (con todas sus diferencias respecto de las ideas de Freud, este tipo de conclusiones no podrían existir sin él). Hay que enfatizar, no obstante, que el significado profundo asignado a los elementos emparentados con lo fantástico cambia radicalmente: mientras para Freud lo siniestro expresaba fuerzas relacionadas con una sensación de angustia, en formulaciones como

---

[46] Jean Bellemin-Noël, "Lo fantástico y el inconsciente", *Quimera*, 2002, núm. 218-219, p. 52.

la de Jackson hay implícita la idea de que lo fantástico puede cumplir una función liberadora; quizá esta diferencia se explique por tratarse de perspectivas distintas, pues mientras a Freud le interesaba sobre todo explicar los mecanismos de producción de lo siniestro y sus orígenes, algunos de sus seguidores se enfocaron más en la búsqueda de los significados históricos y culturales del fenómeno.

En fin, con base en esa función liberadora, se ha dicho, con matizaciones y terminologías diferentes, que el género fantástico puede reconfigurar literariamente, al igual que lo hacen otros géneros, las siempre latentes pero no muy visibles alteridades de cualquier cultura (raciales, sexuales, identitarias, etcétera). Si bien no se puede negar este aspecto, cuya fuerza resulta mayor en algunos ejemplos de lo fantástico, pienso que en fechas recientes se ha incurrido en exageraciones que reducen el arte a una mera confrontación ideológica, e incluso se ha construido una ecuación crítica muy peligrosa: juzgar que el valor estético de un texto sólo depende del grado y fuerza con el que manifieste una alteridad; por si esto fuera poco, a veces se impone a la obra un marco de interpretación más acorde con el presente del crítico que con su momento histórico de enunciación literaria.

Y esta última idea conduce, obligatoriamente, a un aspecto que he postergado de forma deliberada: la descripción de los factores culturales e históricos que inciden en la construcción de un texto fantástico y en la generación de sus significados. Entre otros estudiosos, Jackson critica a Todorov por la nula atención que otorga a este aspecto, al cual ella coloca en el centro de sus reflexiones:

> Like any other text, a literary fantasy is produced within, and determined by, its social context. Though it might struggle against the limits of this context, often being articulated upon that very struggle, it cannot be understood in isolation from it. The forms taken by any particular fantastic text are determined by a number of forces which intersect and interact in different ways in each individual work. Recognition of these forces involves placing authors in relation to historical, social, economic, political and sexual determinants, as well as to a literary tradition of fantasy, and makes it impossible to accept

a reading of this kind of literature which places it somehow mysteriously "outside" time altogether.⁴⁷

Con base en estos parámetros, cabe refutar de modo contundente la fácil y generalizada idea de que, con el fin de evadirse de la realidad, la literatura fantástica inventa otro mundo, pues como dice de nuevo Jackson: "Fantasy is not to do with inventing another non-human world: it is not transcendental. It has to do with inverting elements of this world, re-combining its constitutive features in new relations to produce something strange, unfamiliar and apparently «new», absolutely «other» and different".⁴⁸ En este sentido habrá que entender en mi ensayo la afirmación de que la literatura fantástica construye una "otredad" ("alteridad", dirían otros críticos), es decir, un mundo de ficción que aunque parezca muy diferente del universo físico de los lectores, en el fondo se relaciona siempre con éste, ya que apunta hacia otras posibilidades de percepción de la realidad y de interacción con ella. La ciencia ficción misma, uno de cuyos fines consiste en llevar a sus extremos el anhelo de inventar una realidad diferenciada de la humana, ha demostrado hasta la saciedad que sólo puede "inventarse" a partir de lo conocido: por más extravagantes que sean los monstruos o seres extraterrestres que deambulan por sus páginas, en última instancia ellos siempre actúan con base en motivos y sentimientos que pueden ser compartidos por los seres humanos (lo cual, claro está, posibilita que ese género sea comprensible para los receptores).

Desde un plano histórico, los orígenes del género pueden datarse en el siglo XVIII, "cuando se dieron las condiciones adecuadas para plantear ese choque amenazante entre lo natural y lo sobrenatural sobre el que descansa el efecto de lo fantástico…"⁴⁹ Así, el triunfo de la Ilustración marcó un cambio radical en la forma como la humanidad se relacionaba con lo sobrenatural. Hasta ese momento, si bien diferenciados, tanto lo natural como lo sobrenatural formaban parte de las posibles explicaciones sobre la

---

[47] R. Jackson, *op. cit.*, p. 3.
[48] *Ibid.*, p. 8.
[49] D. Roas, "La amenaza de lo fantástico", en *Teorías de lo fantástico*, p. 21.

realidad; el ámbito religioso abarcaba lo sobrenatural, por lo cual este nivel no se sentía como algo desconocido y amenazante. En palabras de Bessière, podría decirse que como en aquella época un relato en apariencia sobrenatural se refería siempre a un orden ya codificado, entonces éste no era percibido como fantástico por el lector, quien poseía un referente pragmático que coincidía con el literario: el ámbito de sus creencias religiosas.[50] En cambio, con el triunfo de la razón, dominada por la ciencia empírica, los seres humanos dejan de creer en la existencia objetiva de fenómenos sobrenaturales. Por ello Caillois dice que lo fantástico "no podría surgir sino después del triunfo de la concepción científica de un orden racional y necesario de los fenómenos, después del reconocimiento de un determinismo estricto en el encadenamiento de las causas y los efectos".[51] Pero si por un lado el nuevo paradigma expulsa cualquier fenómeno sobrenatural de su concepto de verosimilitud, por otro tampoco proporciona explicaciones coherentes para algunas experiencias vitales. Sobre esa zona de incomprensión (y desconcierto) de la realidad se ubicaría por excelencia la literatura fantástica; por ello Bessière ha dicho, con justa razón, que "lo fantástico dramatiza la constante distancia que existe entre el sujeto y lo real, por eso siempre aparece ligado a las teorías sobre los conocimientos y las creencias de una época".[52]

Ahora bien, al aceptar la anterior afirmación, no hay que confundir el plano desde el cual se enuncia. Cuando Bessière habla de las teorías y conocimientos de una época, está pensando en un período acotado, en lo que yo llamaría, apoyándome en un concepto acuñado por Kuhn,[53] el "paradigma científico", en este caso

---

[50] Véase Irène Bessière, *Le récit fantastique. La poétique de l'incertain* Larousse, París, 1974.

[51] R. Caillois, *Imágenes, imágenes*, p. 12. Desde una perspectiva más amplia, también se puede ubicar el surgimiento de lo fantástico como el conflicto entre las dos maneras de buscar sentido, según hace Kathryn Hume en su libro *Fantasy and mimesis* (1984): "…las estructuras de religión y ciencia, que dan sentido, son las dos instituciones más importantes de nuestra cultura para imponer sentido" (Hume *apud* Rafael Gutiérrez Girardot, *op. cit.*, p. 28).

[52] I. Bessière, *op. cit.*, p. 60.

[53] Véase Thomas S. Kuhn, *La estructura de las revoluciones científicas*, tr. Agustín

el de la ciencia empírica y racionalista (el cual de hecho todavía está vigente). Cabe decir, pues, que si bien el modelo racional y causal de la realidad respecto del cual se construye lo fantástico es único, puede asumir modalidades específicas en cada período o incluso región; como sabemos, lo que vaga y ambiguamente denominamos "la realidad" es en primera instancia un concepto y, por lo tanto, un elemento variable cultural e históricamente (en el caso particular de la literatura, se liga además a una serie de convenciones retóricas, también marcadas por el devenir). Así pues, lo que el texto fantástico cuestiona no es la realidad en sí, sino el "paradigma de realidad" mediante el cual los personajes se relacionan con su entorno inmediato.

De todo lo anterior se deduce que, como he dicho, no pueda hablarse del género fantástico en un sentido absoluto, pues se trata de un concepto que depende de rasgos culturales e históricos concretos; en otras palabras, dentro del modelo global del género, cada época delimita las coordenadas particulares de lo que entiende y acepta como fantástico, en contraste con el paradigma de la realidad vigente. Así, por ejemplo, aunque el desarrollo posterior de la ciencia permita explicar con una tradicional lógica de causa y raciocinio algún extraño fenómeno de la naturaleza, ello no anula que en el pasado inmediato ese fenómeno haya servido para forjar un texto fantástico; el desfase entre el momento de enunciación de un texto y el de su posterior lectura plantea dificultades como las que percibió muy bien Leopoldo Lugones, quien en 1926 antecedió la segunda edición de *Las fuerzas extrañas* (libro publicado originalmente de 1906) con esta breve

---

Contín, Fondo de Cultura Económica, México, 1971. En principio, el término "paradigma" alude a la serie de creencias que fundamentan la práctica profesional de una comunidad científica; según Kuhn, una propuesta se convierte en paradigmática si es suficientemente novedosa como para atraer a un grupo de seguidores y construir un espacio de competencia de la actividad científica alejado de las prácticas previas, al mismo tiempo que resulta suficientemente incompleta como para ofrecer problemas no resueltos, susceptibles de desarrollo dentro de la redefinida comunidad científica; así, el paradigma se identifica con la "ciencia normal" que se ejercita en una época; el desarrollo de la ciencia moderna se produce mediante revoluciones científicas que implican la sustitución sucesiva y paulatina de un paradigma por otro.

advertencia: "Algunas ocurrencias de este libro, editado veinte años ha, aunque varios capítulos corresponden a una época más atrasada todavía, son corrientes ahora en el campo de la ciencia. Pido, pues, a la bondad del lector, la consideración de dicha circunstancia, desventajosa para el interés de las mencionadas narraciones";[54] en éste y otros casos, repito, lo que varía son elementos individuales para la construcción de lo fantástico, pues el género se basa siempre en el mismo paradigma global de conocimiento de la realidad (lo que Lugones señala son sólo ajustes a ese modelo). La participación activa del lector es entonces esencial para la existencia del género, pues el efecto fantástico surge del contraste entre el aparente fenómeno sobrenatural presente en el texto y el ámbito de lo real extratextual; en suma, lo fantástico dependerá siempre de lo que se considere como real.

Para ilustrar cómo nuestra concepción de la realidad determina la forma en que percibimos un relato, me permitiré describir un pasaje de *La tierra purpúrea* (1885), novela del escritor inglés-argentino William Henry (o Guillermo Enrique) Hudson. El narrador, el inglés Richard Lamb, viaja a caballo por la campiña uruguaya con cuatro gauchos; una noche, cada uno de ellos cuenta la historia supuestamente más extraña pero verídica que les haya sucedido; Lamb, quien no deja de mostrarse escéptico e incluso burlón respecto de las historias que los otros refieren (sobre animales extraordinarios, brujas y aparecidos), se ve obligado a contar también un relato; disculpándose por no poder relatar maravillas, confiesa que se limitará a contar un breve incidente que le sucedió en Londres; los elementos circunstanciales de su relación (el piso cubierto de nieve en enero, una niebla negra que se abate sobre Londres y el famoso palacio de cristal decimonónico) motivan interrupciones frecuentes de los gauchos, por lo que finalmente Lamb se queja de su falta de cortesía para escucharlo, a lo que uno de sus oyentes le replica:

—Eso es mucho decir, amigo —interrumpió Lechuza—. Recuerde que nosotros estábamos hablando de experiencias verdaderas, no

---

[54] Leopoldo Lugones, *Las fuerzas extrañas* (1906), M. Gleizer, Buenos Aires, 1926, p. 5.

inventando historias de nieblas negras, de palacios de vidrio, de hombres que caminan sobre sus cabezas [por la inversión de estaciones del hemisferio boreal respecto del austral], y no sé cuántas otras maravillas.
—¿Ustedes creen que lo que les estoy contando no es verdad? —pregunté indignado.
—Seguramente, amigo, usted no nos considera a los de la Banda Oriental tan simples como para que no podamos distinguir lo que es verdad de las fábulas.[55]

Ante la imposibilidad de hacer concordar su concepción de la realidad con la que manejan sus interlocutores, Lamb primero se disgusta, pero luego se ríe de toda la situación y guarda silencio. Así pues, la verosimilitud de un relato no es algo definitivo y válido para cualquier momento de enunciación, sino que el sentido impreso por un autor a su texto tiene que ser coherente y aceptable para su público receptor. En suma, lo que para unos es verosímil —es decir, en apariencia "verdadero" o "creíble"— para otros puede no serlo; esta diferencia no surge siempre de un contraste entre concepciones de distintas épocas, como se aprecia en el ejemplo transcrito, donde la "incomprensión" de los códigos de verosimilitud respectivos deriva de diferencias culturales más que históricas. Son muchos los factores que operan en una descodificación pertinente de las intenciones de un texto, pues: "El concepto verosímil está sometido a un relativismo cultural, se circunscribe a un área geográfica, histórica y cultural bien definida..."[56]

Ya que una obra literaria construye una realidad textual relativamente autónoma, separada de la realidad objetiva, la verosimilitud depende en principio de la coherencia interna de un texto, más que de su relación con el mundo referido; por ejemplo, en un brevísimo pero sugerente ensayo, Todorov ilustra cómo el relato policial, en su intento por negar las verosimilitudes,

---

[55] William Henry Hudson, *La tierra purpúrea* (1885), pról. y cronología Jean Franco, Biblioteca Ayacucho, Caracas, 1980, p. 126.
[56] José Ángel Vargas Vargas, "La verosimilitud", *Revista de Filología y Lingüística*, 19 (1993), p. 14.

acaba por establecer una nueva verosimilitud: la que liga el texto al género al cual pertenece.[57]

Además de ello, conviene precisar que, debido a su parcial codificación realista, los textos fantásticos se relacionan con la verosimilitud propia de esa escuela, la cual somete a la literatura a una fragmentaria prueba de verdad, puesto que apela a los elementos extraliterarios que constituyen el referente: el realismo crea en el lector el efecto de que la ficción es "verdadera", por lo que acepta todo lo que sucede en el texto; claro que, como afirmó Greimas, la función del discurso no consiste nunca en decir la verdad, sino en hacer parecer verdad lo que enuncia.[58] El efecto de un texto fantástico se construye a partir de esa verosimilitud de carácter realista, respecto de la cual se juzga como "inverosímil" un suceso extraordinario. Para Silhol, mientras en la literatura realista se toma lo verosímil como verdad, en la fantástica es lo imposible (inverosímil) lo que deviene verdad.[59]

Ahora bien, la crítica ha dicho, *grosso modo*, que la llamada irrupción fantástica transgrede la lógica del raciocinio mediante la cual se relacionan con su realidad cotidiana tanto los personajes de la ficción, como los seres de carne y hueso de los que forma parte el lector concreto; considero, no obstante, que el género también posee una lógica propia, particular e individual que requiere precisarse, aunque ella sólo sea comprensible en contraste con la otra. Con la esperanza de realizar un pequeño aporte a la discusión del género, postulo que, en general, los textos fantásticos se caracterizan por la paulatina primacía de la *lógica de la conjunción*, la cual se contrapone a la *lógica de la disyunción* con que comúnmente son explicados los fenómenos, tanto en la realidad habitual de los personajes como en la de los receptores; según

---

[57] Véase su concisa propuesta en: Tzvetan Todorov, "Lo verosímil que no se podía evitar", en *Lo verosímil*, Ed. Tiempo Contemporáneo, Buenos Aires, 1968, pp. 175-178.

[58] Véase A. J. Greimas, "El contrato de veridicción", en el libro colectivo *Lingüística y literatura*, sel., prol. y tr. Renato Prada Oropeza, Universidad Veracruzana, Xalapa, 1978, pp. 27-36.

[59] Véase Robert Silhol, "Qu'est-ce qu'est le fantastique?, en *Du fantastique en littérature: figures et figurations*, Université de Provence, Aix-en-Provence, 1990, pp. 25-34.

esta última, las categorías fundamentales de materia, tiempo y espacio (entre ellas el "yo") son comprensibles y manipulables mediante dicotomías disyuntivas que impiden, por ejemplo, que un mismo ser sea dos seres distintos, que alguien esté simultáneamente en dos lugares diferentes, que se interrumpa la secuencia cronológica, etcétera. Así, para esta *lógica de la disyunción* compartida por el texto y por nuestra realidad de lectores, se puede estar *vivo o muerto*, pero no *vivo y muerto* a la vez, como sucede en un texto fantástico cuando se impone la *lógica de la conjunción* (según se estudiará ampliamente en el siguiente capítulo con las versiones derivadas de "Lanchitas"); en palabras de la citada Bessière, el relato fantástico vulnera el principio de no-contradicción, porque en él algo es y al mismo tiempo no es.

De todos los aspectos hasta aquí descritos, podrá concluirse que resulta poco pertinente preguntarse cuáles son los temas y personajes típicos del género fantástico, pues como dice Campra respecto de la clasificación de Vax: "Louis Vax, ad esempio, raggruppa i temi fantastici nel seguente modo: i lupi mannari, i vampiri, le parti separate del corpo umano, i disturbi della personalità, i giochi del visibile e dell'invisibile, le alterazioni dei nessi causali, lo spazio e il tempo, le regressioni. È evidente che, con questo criterio di catalogazione, su può arrivare a stabilire categorie rappresentate da un solo individuo".[60] En realidad, el significado de los elementos temáticos dependerá de su codificación específica en un texto y en una época; como dice Botton:

---

[60] Rosalba Campra, *Territori della finzione. Il fantastico in letteratura*, tr. Barbara Fiorellino, Carocci Editore, Roma, 2000, p. 20. Quienes se imponen la tarea de clasificar los temas de lo fantástico se sumergen en una empresa condenada de antemano al fracaso, pues es imposible encontrar parámetros que permitan catalogar todos los textos pertenecientes al género. En forma involuntaria, ese tipo de clasificación acaba por semejarse a la famosa enciclopedia china citada por Borges, la cual está plagada de "ambigüedades, redundancias y deficiencias", pues luego de iniciar su clasificación de los animales por el inciso "(a) pertenecientes al Emperador", enumera rubros heterogéneos que por no obedecer a ningún principio general, sólo producen una sensación de caos ("El idioma analítico de John Wilkins", *Otras inquisiciones*, en *Obras completas*, Emecé, Barcelona, 1996, v. 2, pp. 85-86).

"Un tema por sí solo no puede ser fantástico o no fantástico, más que si es tratado de cierta manera. Un tratamiento no puede darse en abstracto, sino referido a un tema determinado. En las modalidades de esa interrelación mutua entre el tema y su tratamiento es donde podremos encontrar, pues, la forma de lo fantástico".[61] Así, tramas como el viaje en el tiempo o entidades de ficción como los vampiros, pueden aparecer tanto en lo fantástico como en lo maravilloso y en la ciencia ficción (y hasta en la literatura infantil, según sucede con "Ernesto el vampiro"). Es decir, ningún tema particular ni ningún personaje individual sirven por sí solos para caracterizar una obra como fantástica, porque lo sustancial es distinguir cómo ha sido ésta construida y cuál es su intencionalidad genérica, siempre a partir de sus rasgos textuales.

La anterior conclusión disiente de una propuesta de Todorov, quien al hablar de la tercera y última condición del género, piensa que el receptor de un texto fantástico tiene que hacer una lectura que no sea ni alegórica ni poética: "Finalmente, es importante que el lector adopte una determinada actitud frente al texto: deberá rechazar tanto la interpretación alegórica como la interpretación «poética»".[62] Además de incurrir en la falacia de afirmar que únicamente hay tres tipos de lectura (la fantástica, la poética y la alegórica), él olvida que sólo puede hacerse un tipo particular de lectura si el texto mismo lo permite y exige; o sea que no es posible efectuar una lectura estrictamente poética o alegórica de un texto fantástico, a no ser, claro está, que el receptor posea una capacidad verbal y genérica bastante deficiente.[63]

Antes de intentar resumir, en una forma necesariamente esquemática, los puntos que he expuesto, creo pertinente discutir el concepto de literatura fantástica propuesto por Ana María

---

[61] F. Botton, *op. cit.*, p. 29.

[62] T. Todorov, *Introducción a la literatura fantástica*, p. 30.

[63] Hablo aquí de una lectura "estrictamente" alegórica porque, como ha expuesto de forma pertinente Barrenechea (art. cit., pp. 394-395), a veces en la literatura hispanoamericana contemporánea un texto fantástico contiene una intención alegórica, simbólica o parabólica tenue y poco explícita, la cual no excluye la lectura fantástica principal sino que se conjunta con ella.

Barrenechea en el inteligente ensayo que he citado. Para determinar qué es lo fantástico, ella acude a un sistema construido con base en dos parámetros generales: primero, la existencia implícita o explícita de hechos a-normales, a-naturales o irreales y sus contrarios; segundo, la problematización o no problematización de este contraste. Con esas categorías, ella propone lo siguiente: "Así la literatura fantástica quedaría definida como la que presenta en forma de problema hechos a-normales, a-naturales o irreales. Pertenecen a ella las obras que ponen el centro de interés en la violación del orden terreno, natural o lógico, y por lo tanto en la confrontación de uno y otro orden dentro del texto, en forma explícita o implícita".[64]

En cuanto al material narrado que entra en un texto fantástico, Barrenechea dice que éste pertenece al orden natural, al no natural o bien combina ambos. Un punto nodal de su propuesta reside en explicar cómo puede haber un texto fantástico cuyos sucesos pertenezcan al orden natural. Para ilustrar esta posibilidad, ella describe como procedimiento propio del género el recordar una serie de hechos que podrían ocurrir en el mundo pero que nunca ocurren, el cual es usado tanto por Cortázar como por Felisberto Hernández: "Igual sistema usó antes [de Cortázar] el uruguayo Felisberto Hernández, en su cuento «El cocodrilo», donde el hecho insólito de que alguien se ponga a llorar en los lugares y los momentos más inesperados, por puro gusto de desarrollar a voluntad una capacidad gratuita (aunque a veces le resulte productiva) constituye el centro de la historia";[65] por su desarrollo sistemático que supera la mera extrañeza como elemento imaginativo, esos textos asumen, según ella, una marcada nota de atención centrada en lo inusitado del orden terrenal, y sugieren la amenaza callada de otro orden o la sospecha de que acaso en este mundo no exista ningún orden.

En principio, no cabe más que concordar con esta sensible lectura, que distingue con certeza la función renovadora que pueden tener algunos textos de Cortázar y Felisberto. No obstante, disiento de la clasificación de esos relatos dentro del género

---

[64] A. M. Barrenechea, art. cit., p. 393.
[65] *Ibid.*, p. 398.

que estudio. Para mí, "El cocodrilo" no es fantástico, pues el suceso insólito en el que se basa —la posibilidad de que un hombre pueda controlar a su libre arbitrio sus deseos de llorar— no pertenece al reino sobrenatural; incluso podría decirse que el comportamiento del personaje de Felisberto se ubica en un ámbito normal, pues un excelente actor está capacitado para llorar en el momento en que lo desee. Más problemática aun resulta la clasificación de Barrenechea al incluir en el rubro de lo fantástico un escrito como "Instrucciones para subir una escalera", de Cortázar, donde simplemente se describe cómo subimos una escalera (claro, con la intención profunda de provocar extrañeza en el lector respecto de un hábito que suele verse de manera tan automatizada).

En fin, me he detenido en este punto porque lo sustancial es expresar que, según la concepción de lo fantástico que manejo —y que tal vez convendría llamar clásica—, sólo pertenecerían al género los rubros que Barrenechea denomina como hechos a-naturales e irreales, pero de ningún modo los que ella llama a-normales, que en las categorías de Todorov entrarían en el rubro de lo extraño.[66] Quizá pueda juzgarse que mi conceptualización del género fantástico es más restrictiva, pero al mismo tiempo pienso que puede resultar más precisa y, por tanto, ser más útil para la tarea de diferenciar y clasificar los textos de ese cúmulo infinito llamado literatura. Ahora bien, creo que, en última instancia, las dificultades de la hipótesis de Barrenechea derivan de su afán de hacer coincidir en una categoría única textos provenientes de diferentes épocas y registros culturales: desde los tradicionales textos fantásticos del siglo XIX hasta Cortázar; no obstante este fallido propósito unificador, Barrenechea, siempre perspicaz lectora, percibió las diferencias entre la escritura de Cortázar y la formulación del género que yo he llamado clásica; una vez identificado, el problema requería pues otra formulación, tal como hizo Jaime Alazraki con su concepto de "neofantástico", que discuto enseguida.

---

[66] "Si [al final del texto el lector] decide que las leyes de la realidad quedan intactas y permiten explicar los fenómenos descritos, decimos que la obra pertenece a otro género: lo extraño" (T. Todorov, *Introducción a la literatura fantástica*, p. 37).

En su ensayo, Alazraki cuestiona de entrada la laxitud de algunos críticos al calificar como fantástico un texto tan sólo por la presencia de un elemento de esa naturaleza; luego describe los estudios más sistemáticos sobre el género, que sostienen que uno de los rasgos distintivos de lo fantástico sería su capacidad para generar miedo en el lector (páginas atrás expresé mi disensión sobre este punto). Al comprobar que los relatos del género pertenecientes al siglo XX no se proponen producir miedo en el lector, él concluye que esta práctica difiere radicalmente del cuento fantástico tal como se lo concibió en el siglo previo; para abundar en estas diferencias, acude a Cortázar, quien, dice Alazraki, fue el primero en expresar su insatisfacción respecto del rótulo "fantástico"; así sin dejar de reconocer sus deudas con los autores decimonónicos (sobre todo con Poe), Cortázar opinaba a partir de su propia experiencia:

> Pero, y en esto existe una patente unanimidad entre todos los autores del Río de la Plata, algo me indicaba desde el comienzo que el camino hacia esa otra realidad no se encontraba en los recursos y trucos literarios de que depende la literatura fantástica tradicional para su tan celebrado "pathos", que no se encontraba en esa escenografía verbal que consiste en "desorientar" al lector desde el principio, condicionándole dentro de un ambiente morboso a fin de obligarle a acceder dócilmente al misterio y al terror [...] Todo esto, que no es más que un ejemplo de lo que yo entiendo como fantástico, no se presenta [en mi obra] de una manera tradicional, es decir con avisos y premoniciones, guiones adecuados y ambientes apropiados, como en la literatura gótica o en los modernos relatos fantásticos de baja calidad. Repito que la erupción de lo otro se produce en mi caso de una forma marcadamente trivial y prosaica.[67]

---

[67] Julio Cortázar, "El estado actual de la narrativa en Hispanoamérica", en *Obra crítica* ed. Saúl Sosnowski, Alfaguara, Madrid, 1994, v. 3, pp. 96-67. [Basado en una conferencia impartida por Cortázar en Estados Unidos, este texto se publicó primero en inglés y luego se retradujo al español; esto explica algunas de sus inconsistencias, por ejemplo que Cortázar parezca citar el título del libro de Quiroga como *Historias de amor, de locura y de sangre*, en lugar de *Cuentos de amor, de locura y de muerte*.]

Para marcar esas diferencias entre el ejercicio del género en uno y otro períodos, Alazraki propone el término de "neofantástico"; así, mientras un texto fantástico tradicional construye un mundo sólido para después derruirlo con un hecho sobrenatural, un relato neofantástico parte de la concepción de que el mundo *per se* (y con ello cualquier representación suya) no es coherente y uniforme (para ejemplificar esto, Alazraki acude a una metáfora: dice que para lo neofantástico, al igual que para el personaje Johny Carter del cuento cortazariano "El perseguidor" la realidad es "una esponja, un queso grueyère, una superficie llena de agujeros"); asimismo, para él los textos neofantástico no intentan provocar una reacción de miedo en el lector, y si bien pueden generar cierta perplejidad o inquietud, su intención última es otra: "Son, en su mayor parte, metáforas que buscan expresar atisbos, entrevisiones o intersticios de sinrazón que escapan o se resisten al lenguaje de la comunicación, que no caben en las celdillas construidas por la razón, que van a contrapelo del sistema conceptual o científico con que nos manejamos a diario".[68] En cuanto a la forma asumida por lo neofantástico, Alazraki plantea que un relato de este rubro suele introducir desde sus primeras frases el elemento fantástico, es decir, sin ninguna progresión gradual (no se basa, entonces, en una construcción indicial). Por último, él dice que si el género fantástico tradicional fue un cuestionamiento del racionalismo científico, "el relato neofantástico está apuntalado por los efectos de la primera guerra mundial, por los movimientos de vanguardia, por Freud y el sicoanálisis, por el surrealismo y el existencialismo, entre otros factores".[69]

Aunque la crítica se ha dividido respecto de la propuesta de Alazraki, sus aportaciones han permitido una mayor claridad sobre las diferencias entre el género (llámesele como se le llame) en diferentes períodos. Por ejemplo, Rosalba Campra plantea que en el siglo XX se ha producido un cambio fundamental: el paso de lo fantástico como fenómeno de percepción, propio del siglo XIX, a lo fantástico como fenómeno de escritura, de lengua-

---

[68] Jaime Alazraki, "¿Qué es lo neofantástico?", p. 277.
[69] *Ibid.*, p. 280.

je;⁷⁰ si no me equivoco, un caso muy ilustrativo de ello podría ser "Continuidad de los parques", de Cortázar, donde los personajes no alcanzan a percatarse de que sucede algo anómalo o extraordinario: es el lector quien, con base en los datos tejidos hábilmente por el narrador, percibe que los planos de realidad y ficción se han superpuesto, que el hombre que al inicio de la trama estaba plácidamente leyendo una novela, es el mismo que está a punto de ser asesinado dentro y fuera de ella, es decir, tanto en la ficción como en la realidad.

En fin, si se acepta la hipótesis de Alazraki, cabe preguntarse en particular sobre los límites de la diferencia que él marca: ¿hasta qué grado su descripción del género implica tan sólo una variante de éste? Algunos teóricos concluyen que, en última instancia, lo neofantástico pertenece a los mismos parámetros generales que rigieron lo fantástico clásico, los cuales sólo se han adecuado a ciertas concepciones modernas:

> Por lo tanto, más que entender lo neofantástico como diferente de lo fantástico tradicional, creo que el primero representa una nueva etapa en la natural evolución del género fantástico, en función de una noción diferente del hombre y del mundo: el problema planteado por los románticos acerca de la dificultad de explicar racionalmente el mundo, ha derivado en nuestro siglo hacia una concepción del mundo como pura irrealidad.⁷¹

Resulta imposible resolver esta polémica teórica sobre el género, cuyo espectro rebasa incluso la gama de textos que me propongo analizar. No obstante, me he detenido en ella porque, en primer lugar, sirve para reconocer mejor qué se entenderá aquí como lo "fantástico clásico", y, en segundo lugar, porque algunos rasgos neofantásticos aparecerán al final de mi análisis, en los cuentos de Pacheco.

Ahora bien, aunque se trata de un ámbito ajeno al corpus fantástico, quizá sea conveniente intentar, como medida preventiva

---

⁷⁰ Rosalba Campra, "Lo fantástico: una isotopía de la transgresión", en *Teorías de lo fantástico*, pp. 153-191.
⁷¹ D. Roas, "La amenaza de lo fantástico", p. 40.

en lo que respecta a la literatura hispanoamericana contemporánea, un último deslinde entre la literatura fantástica y el llamado realismo maravilloso. Como se sabe, en 1949 Carpentier publicó su famoso artículo "De lo real maravilloso americano", en el cual postulaba, entre otras cosas, que en el Nuevo Mundo la realidad era maravillosa *per se*, como él había descubierto en 1943 en Haití y luego representado en su novela *El reino de este mundo*.[72] La combinación del sustantivo "realismo" con el adjetivo "maravilloso" parece en principio oximorónica, sin embargo en este caso se usa para aludir a una modalidad literaria en la que, mediante un modo de codificación realista que presenta los hechos como comunes, se produce la coexistencia no conflictiva de elementos que, desde una perspectiva externa al texto, entrarían tanto en la categoría de lo natural como de lo sobrenatural; así, el realismo maravilloso se diferenciaría de la literatura fantástica en que no construye un enfrentamiento entre lo natural y lo sobrenatural. Su cercanía es entonces mayor con el ya aludido espectro de lo maravilloso, pero desde un contexto histórico diferente. Teodosio Fernández explica cómo lo real maravilloso surge como resultado del "mundonovismo" de las primeras décadas del siglo XX, una de cuyas derivaciones fue una concepción de América según la cual nuestras culturas, que supuestamente se encontraban más próximas a los orígenes, conservaban vivo su caudal de mitos y leyendas, de acuerdo con una mentalidad no coartada por el racionalismo:

> Esa concepción de América respondía a la convicción declarada de que existían formas de pensamiento distintas a la gobernada por la lógica o el racionalismo, antes la única legítima y ahora identificada

---

[72] Véase Alejo Carpentier, "De lo real maravilloso americano", *Ensayos*, en *Obras completas*, Siglo XXI, México, 1990, v. 3, pp. 100-117. No me compete aquí entrar en la polémica sobre si resulta más pertinente la denominación de realismo maravilloso o la de realismo mágico; tampoco puedo detenerme en discutir si se trata de conceptos equivalentes o bien con matices diferenciados. Para Arturo Uslar Pietri (*Godos, insurgentes y visionarios*, Seix Barral, Barcelona, 1986), Carpentier usó el nombre de "realismo maravilloso" para designar lo mismo que ya se había nombrado como "realismo mágico", término acuñado, como se sabe, por Franz Roh para referirse a la pintura post-expresionista alemana.

con la represión de los instintos y con el imperialismo europeo o norteamericano. Frente a ésta, y frente a lo que se supone su pobreza imaginativa, esas otras formas de pensamiento tienen que ver con lo mágico, con lo prodigioso, con lo sobrenatural, que se insertan sin dificultades en un orden distinto, en una "realidad" (en una visión de mundo) que no siente necesidad alguna de ser razonable [...] *En el mundo americano lo extraordinario deja de serlo, de modo que la literatura del realismo mágico sería un testimonio fiel (realista) de lo real maravilloso.* Planteada la cuestión en estos términos, la relación del realismo mágico con la literatura fantástica habría dejado de existir.[73]

En fin, he dedicado cierto espacio a estos deslindes entre lo fantástico y algunos ámbitos cercanos porque quizá ayuden a distinguir mejor los siempre fronterizos bordes de cualquier género.

Con la intención de que se tenga presente cuál es el concepto de literatura fantástica que manejaré a lo largo de mi trabajo, intento sintetizar y concluir este capítulo. Aunque sé muy bien que se trata de elementos disímiles, aquí se entenderá como texto fantástico (clásico o tradicional) aquel que, *grosso modo*, reúne las siguientes características, propias tanto de su construcción verbal como de su intencionalidad y recepción:

1) Posee una codificación de carácter realista (por lo general pero no necesariamente al comienzo del texto), donde los personajes de ficción conviven en un mundo familiar y cognoscible para ellos; es decir, trabaja en parte desde una verosimilitud realista. Este elemento se adscribe, en términos generales, dentro de los códigos de representación literaria propios del típico realismo de la cultura occidental de los siglos XIX y XX (con todas las variantes respectivas).

2) Incluye en su trama un hecho insólito, en apariencia sobrenatural, que rompe con la confiada cosmovisión inicial de los personajes, ya que no se rige o puede explicar mediante ella. Este punto podría fusionarse con el previo diciendo que, en principio,

---

[73] Teodosio Fernández, "Lo real maravilloso de América y la literatura fantástica", en *El relato fantástico en España e Hispanoamérica*, ed. cit., p. 42; las cursivas son mías. Obviamente, este crítico asume de forma expresa que no hay diferencias entre el realismo maravilloso y el realismo mágico.

el relato fantástico usa técnicas realistas para construir una realidad cotidiana, a la cual después erosiona introduciendo otra realidad, inexplicable desde las coordenadas de la primera.

3) Está escrito mediante una serie de recursos indiciales que preparan el clímax del relato, es decir, la irrupción del acontecimiento extraño, cuya naturaleza específica debe ser ocultada con sabiduría casi hasta el final por parte del narrador, quienquiera que éste sea (es decir, participe o no en la trama). Esta estructura propicia que, en mayor o menor grado, el suspenso sea una de las partes integrantes del texto.

4) En un plano profundo, una obra fantástica se funda en una intencionalidad desestabilizadora, pues pretende socavar los postulados de la lógica causal y racional que regulan la vida de los personajes; para ello, recurre a una lógica de la conjunción que sustituye a la lógica de la disyunción con la que en principio ellos explican los fenómenos de su entorno.

5) En cuanto al universo físico de los lectores reales, el texto cuestiona en diversos niveles la cosmovisión o ideología vigente en el momento de su enunciación; no obstante, no se propone la sustitución plena y absoluta del paradigma previo por uno nuevo, puesto que ello convertiría al género en una serie de textos cerrados en su significación e intencionalidad.

Las implicaciones de este último punto son enormes, ya que potencian muy positivamente los alcances de los textos fantásticos. Para decirlo de una manera sencilla y directa, el género sería entonces una vía diferente de apertura al conocimiento de la realidad y no una evasión de ésta, como con frecuencia se ha afirmado muy a la ligera. Aunque no me detendré en ello, conviene citar de nuevo a Cortázar, quien reiteró un lúcido comentario para rebatir esa acusación; según él, la literatura fantástica más bien servía para diversificar nuestra percepción de la realidad, descubriendo aristas no visibles hasta entonces:

> [...] la realidad cotidiana enmascara una segunda realidad que no es ni misteriosa, ni trascendente, ni teológica, sino que es profundamente humana, pero que por una serie de equivocaciones ha quedado como enmascarada detrás de una realidad prefabricada con

muchos años de cultura, una cultura en la que hay maravillas pero también profundas aberraciones, profundas tergiversaciones.[74]

Aclaro, por último, que no pretendo precisar cuáles de los anteriores rasgos son "esenciales" para la caracterización del género, pues ello me induciría a caer en el riesgo de buscar la entelequia de su "definición".[75] Más bien he intentado llegar a una descripción somera pero funcional del género que sea útil para el examen de las muestras de la literatura fantástica mexicana de los siglos XIX y XX que he escogido; es decir, de ningún modo sugiero que mi propuesta sea aplicable a cualquier texto fantástico. A partir de estos parámetros quizá limitados pero espero que precisos, y para estos propósitos específicos, pido que se entienda y acepte mi reflexión sobre la literatura fantástica, cuya utilidad se comprobará en los siguientes capítulos.

---

[74] Julio Cortázar *apud* Margarita García Flores, "Siete respuestas de Julio Cortázar", *Revista de la Universidad*, 1967, núm. 21, pp. 10-11.
[75] He omitido de esta exposición el poco provechoso examen sobre la alternativa de prosa o poesía. Si bien la gran mayoría de los textos fantásticos recurren a la prosa narrativa, también puede haber relatos de ese género que usen recursos más propios de la poesía; tal sucede con una narración versificada y poetizada que se estudiará en el siguiente capítulo: "La leyenda de la calle de Olmedo", escrita por Riva Palacio y Peza, quienes no sólo acuden a formas métricas para construir su relato, sino que lo hacen con la típica condensación verbal poética.

LA LEYENDA DE LA CALLE DE OLMEDO: DE ROA BÁRCENA A VALLE-ARIZPE

En una de sus difundidas "Revistas literarias", Ignacio Manuel Altamirano afirmó con entusiasmo que México ofrecía al literato una riqueza semejante a aquélla de la que disponían el agricultor y el industrial, luego de lo cual proponía rescatar para nuestra cultura tanto el pasado prehispánico como el colonial: "La historia antigua de México es una mina inagotable [...] Pero estos tesoros a nadie deben enriquecer más que a los historiadores mexicanos. El extranjero charlatán desnaturaliza los sucesos del pueblo azteca en ridículas leyendas, que se leen, sin embargo, con avidez en Europa. Los tres siglos de la dominación española son un manantial de leyendas poéticas y magníficas".[1] De hecho, gran parte de lo que él denominó bajo el concepto de "literatura nacional" se desarrolló acudiendo al inmenso acervo disponible en las leyendas acumuladas durante siglos por la cultura mexicana, pues, como afirma una estudiosa:

> Toda ciudad mexicana tiene ciclos de "tradiciones y leyendas" hechas por anticuarios, escritores profesionales y aficionados. El impulso de hacer recreaciones legendarias se manifiesta desde temprano en el México independiente marcado por el romanticismo en tanto revolución espiritual que quería abrir paso a la completa

---

[1] Ignacio Manuel Altamirano, *Revistas literarias de México*, en *Obras completas, XII: Escritos de literatura y arte, 1*, sel. y notas José Luis Martínez, Secretaría de Educación Pública, México, 1988, p. 34. Para ser justos, habría que precisar que si bien Altamirano no poseía la perspectiva histórica necesaria que le permitiera percibir este hecho, en realidad no sólo los extranjeros incurrieron en la "desnaturalización" de las leyendas de la que él habla.

revelación del alma nacional [...] se sentía la necesidad de ir encontrando los signos personales de la colonia recién liberada.[2]

En efecto, en la propuesta de Altamirano es discernible la influencia del nacionalismo romántico europeo, sobre todo en cuanto al segundo elemento de esta corriente, que según Herder contenía tres aspectos básicos: en primer lugar, la creencia de que en toda nación hay un grupo originario (*Volk*) que constituye lo más genuino y auténtico de la sociedad; en segundo lugar, la idea de que este grupo posee una fuerza espiritual colectiva (*Volkgeist*) que provee ideales, es decir, que conforma el alma nacional; por último, el convencimiento de que ese grupo, inspirado en el alma nacional, tiene una misión cultural a desempeñar (*Kulturauftrag*).[3] De acuerdo con el segundo punto, las leyendas serían una de las expresiones más importantes del alma de un pueblo, cuya identidad nacional estaría representada en ellas y se forjaría mediante ellas; no es casual que Altamirano preconizara el ejercicio de las leyendas cuando en 1868 empezó a publicar sus revistas literarias, pues la derrota y fusilamiento de Maximiliano el año previo hacían más acuciante la necesidad de (re)fundar la nación. Pero como la palabra "leyenda" puede designar un difuso cúmulo de textos, conviene que, antes de entrar en el análisis literario de mi corpus, reflexione brevemente sobre sus probables acepciones.

En primer lugar, hay que decir que, en la era moderna, el término leyenda no designa un relato con función didáctica basado en una vida ejemplar, como sí sucedía en el Medioevo.[4] Históricamente, en la cultura en lengua española la palabra proliferó a inicios del siglo XIX, cuando se usó para referir a diversas prácticas

---

[2] Isabel Quiñónez, "Prólogo" a Juan de Dios Peza, *Leyendas históricas, tradicionales y fantásticas de las calles de la ciudad de México*, Porrúa, México, 1988, p. xxiv.

[3] Una exposición sintética de estos conceptos puede encontrarse en: Earl T. Glauert, "Ricardo Rojas and the emergence of Argentine cultural natiolaism", *Hispanic American Historical Review*, 43 (1963), pp. 1-13.

[4] Una útil discusión del término se encuentra en: Mariano Baquero Goyanes, "Cuento y leyenda", en *El cuento español en el siglo XIX*, CSIC, Madrid, 1949, pp. 88-95.

de escritura breve derivadas del romanticismo; la revalorización del pasado y de la literatura popular de esta corriente incitó a los autores a acudir a narraciones de origen popular acumuladas en la tradición, transmitidas sobre todo por vía oral (de padres a hijos), pero también por escrito; este último rasgo explica por qué el registro verbal de las leyendas puede variar tanto, desde un marcado tono oral y popular, hasta otro adscrito a la cultura letrada.

En cuanto a su forma concreta, en España la leyenda encontró primero su mejor molde expresivo en la difundida versificación del romance tradicional; de ahí la abundancia de asuntos legendarios en verso, como sucede con Zorrilla y el Duque de Rivas (y más tarde en México con Riva Palacio y Peza). Hacia fines de la década de 1850, con Bécquer la leyenda alcanzó un gran nivel estético, así como su prosificación absoluta. En los textos becquerianos se empieza a percibir un rasgo adicional en el ya de por sí vago sentido de la palabra "tradición", pues de aludir en principio a todos aquellos temas acumulados oralmente en la cultura de generación en generación, ahora puede presentarse también ligada a la escritura, e incluso como equivalente directo de "leyenda": "El término tradición aparece también en Bécquer en casos en que no se trata de asuntos transmitidos oralmente [...] «Maese Pérez, el organista» se presenta como leyenda y en el texto se la llama tradición".[5] Así pues, "tradición" acaba por referir tanto al proceso de transmisión y de acumulación de los hechos culturales, como a una forma literaria equivalente a "leyenda";[6] esta confluencia entre "tradición" y "leyenda", que por cierto no se produce en otras lenguas (donde la primera palabra sólo alude a su significado primigenio), propicia la creación de la frase bimembre "tradiciones y leyendas", usada a ambas orillas del Atlántico para designar el disímil conjunto de relatos en verso o en prosa provenientes de motivos propios del acervo popular de una cultura; desde esta perspectiva, un rasgo constitutivo de las

---

[5] Rubén Benítez, *Bécquer tradicionalista*, Gredos, Madrid, 1971, p. 104.
[6] La última acepción de la voz "tradición" del diccionario suma este sentido más reciente: "5. Elaboración literaria, en prosa o en verso, de un suceso transmitido por tradición oral" (*DRAE*, 1992, s. v.).

"tradiciones y leyendas" es que siempre parten (o fingen partir) de un referente literario preexistente, ya sea oral o escrito. Veremos después, con el ejemplo de uno de los textos analizados, cómo los motivos de algunas leyendas son depurados en el cuento moderno.

Un elemento fundamental de muchas leyendas es su origen histórico, o sea su supuesta base en sucesos verídicos lejanos en el tiempo, con frecuencia asociados a una figura central o protagónica, desde un personaje hasta una calle, de los cuales suelen tomar su nombre. De este modo, la leyenda se ubica en un camino intermedio entre lo histórico y lo ficticio.

De los breves rasgos descritos hasta aquí, podrá deducirse que es muy difícil hablar de la leyenda como un género perfectamente acotado (sería más bien un género "difuso"), con diferencias claras respecto de otras formas breves de escritura. A modo de probable síntesis y no de conclusión, quizá pueda destacarse que sus rasgos más importantes son su carácter narrativo, su estructura breve e híbrida (verso o prosa), su origen tradicional (oral o escrito) y su ubicación entre lo histórico y lo ficticio.

Ahora bien, como he dicho, el concepto "leyenda" alude a formas literarias generadas por el romanticismo vigente en las culturas en lengua española del siglo XIX. Según dije, el cultivo de las leyendas partió de la optimista convicción de que en ellas residía el alma nacional de un pueblo o nación; por ello se planteó como una tarea imprescindible su rescate de la memoria cultural y colectiva, así como su fijación por medio de la letra; el proceso no es estático, sino que opera en dos sentidos: si, por un lado, la preexistencia de leyendas rescatables del acervo cultural demostraría que un pueblo posee un alma nacional, por el otro esas mismas leyendas contribuyen a forjar la creencia en el alma nacional. (Y, por cierto, puesto que cada comunidad se esfuerza siempre en crear una colección de "tradiciones y leyendas", quizá no estemos tan alejados de las concepciones decimonónicas como nos gusta creer.) A la intención cultural reivindicativa implícita en las leyendas, se suma, claro está, el propósito estético que debe regir la construcción (y lectura) del texto, aspecto del cual fueron muy conscientes los creadores de leyendas.

En cuanto a la cultura decimonónica mexicana, José María

Roa Bárcena (1827-1908) fue uno de los escritores que más recurrió a ese legado para paulatinamente transformarlo; por ello deseo reflexionar aquí sobre las implicaciones literarias e ideológicas del periplo que llevó al escritor de la leyenda al relato fantástico.

Destaca, en primer lugar, su miscelánea obra *Leyendas mexicanas, cuentos y baladas del norte de Europa* (1862), donde afirma que para imprimir color local a una literatura "no queda más arbitrio que recurrir a la historia y a las tradiciones especiales de cada país".[7] Con base en esta idea, el autor renuncia tácitamente a seguir otras vertientes legendarias que él había practicado (como la bíblica, presente en su leyenda "Ithamar", de 1848), por lo que en la parte central de su libro de 1862 retoma sobre todo argumentos de origen prehispánico y sólo un episodio colonial (conjunto al que añade algunas traducciones del rico archivo europeo de cuentos y baladas, así como una exigua sección con cortas composiciones poéticas). En el prólogo, él mismo ofrece una imagen bastante certera de lo que se propuso hacer en sus "leyendas aztecas", como las denomina:

> Mi leyenda de "Xóchitl" da idea de la destrucción de la monarquía tolteca, que precedió a las demás establecidas en el Anáhuac. Después de consignar las tradiciones relativas a la emigración, el viaje, la llegada, esclavitud y emancipación de los aztecas y a la fundación de México, trazo algunas de sus costumbres domésticas y sociales en el "Casamiento de Nezahualcóyotl"; paso a describir en "La princesa Papantzin" los presagios de la venida de los europeos y los primeros síntomas del gran cambio efectuado con la conquista española [...][8]

De forma paralela a estos loables propósitos nacionalistas, Roa Bárcena intentó una empresa imposible: la conciliación del mundo prehispánico con el del cristianismo, para lo cual planteó una continuidad más que una ruptura entre estas dos realidades opuestas. En "La princesa Papantzin", cuya trama presagia la

---

[7] J. M. Roa Bárcena, "Prólogo" a *Leyendas mexicanas, cuentos y baladas del norte de Europa*, Ed. Agustín Masse-Librería Mexicana, México, 1862, p. 6.

[8] *Ibid.*, pp. 6-7.

llegada de los españoles, la bondadosa joven del título, hermana del rey Moctezuma, es resucitada por designio divino con el único fin de que transmita a los suyos la buena nueva de la fe cristiana (la leyenda llama a Papantzin "apóstol primero de Cristo" en América); inmovilizado por el temor que le causan éste y otros augurios negativos, el rey Moctezuma es incapaz de pelear contra los invasores, tarea que sí asumen algunos de sus súbditos, aunque con escasa suerte; esta fatalidad del pueblo azteca es atenuada por la voz lírica del texto, que finaliza diciendo que el cristianismo tendió el lazo del amor entre ambos bandos: "Lidiaron otros con fortuna adversa,/ Mas con valor que admirarán los siglos./ Sus lazos amorosos la Cruz luego/ Tendió entre vencedores y vencidos".[9] Me he detenido un poco en esta leyenda porque el motivo de la resurrección del que parte se enmarca a plenitud dentro de una creencia religiosa que acepta lo sobrenatural en su seno, por lo que, de acuerdo con lo que expuse en el primer capítulo, no hay aquí ni el más mínimo viso de una postulación fantástica.

Menciono de paso que al construir sus textos legendarios, Roa Bárcena incurrió en un desliz común a todos los literatos de la época que coincidieron en la escritura de leyendas: la invención de un mundo prehispánico con rasgos románticos que no concuerdan con la cosmovisión indígena, ignorada por quienes sin embargo tenían el íntimo anhelo de reivindicar esas antiguas culturas. De este modo, los escasos datos históricos disponibles se supeditan al afán de elaborar una historia romántica; en "Xóchitl", por ejemplo, se adjudica el origen de la caída de la monarquía tolteca a la acción alevosa del rey Tecpancaltzin, quien seduce a la fuerza a Xóchitl, hija de su súbdito Papantzin.[10]

[9] J. M. Roa Bárcena, "La princesa Papantzin", en *Leyendas mexicanas*, p. 169.
[10] En una carta enviada al autor, Menéndez y Pelayo, con quien Roa Bárcena no tuvo una tersa relación, critica la dura sonoridad de nombres como éstos en composiciones en castellano que califica como "exóticas": "A lo cual contribuye quizá la rareza y áspera estructura de los nombres indígenas, y la falta de relación de las tradiciones y creencias de aquellos pueblos con todo lo que vino después de la conquista" (M. Menéndez y Pelayo *apud* Ignacio Montes de Oca, "Introducción" a las *Obras poéticas* de J. M. Roa Bárcena, Imprenta de Ignacio Escalante, México, 1913, t. 1, pp. 53-54).

En *Leyendas mexicanas*, la fascinación de Roa Bárcena por los hechos sobrenaturales resulta visible tanto en escritos propios como en los que traduce (todos del francés, sin importar que el original provenga de otro idioma). Entre los últimos, por ejemplo, está el argumento de "La restitución", cuya autoría él no identifica; en este breve texto, un muerto se aparece a un ser vivo con el objeto de confesar que por haber cometido un acto vil, su alma no puede descansar en paz:

—No es un proceso pendiente
Ni de riqueza la sed
Lo que háceme agora salir del sepulcro
Do entraron mis miembros cansados ayer.

De dos huerfanillas pobres
La reducida heredad
Uní yo a la mía por medios injustos,
Y Dios enojado me oculta su faz.[11]

Luego de que el muerto solicita, mediante un intermediario, que su viuda regrese las tierras que él despojó, al final se enfatiza que con esa restitución aquél podrá "Volver al sepulcro y en él descansar". De esta rápida descripción puede deducirse que, más allá de la muy pobre factura de los versos citados, el acto sobrenatural incluido en el texto es tan sólo un recurso más, es decir, que no adquiere un desarrollo pleno ni afecta la conducta de los protagonistas; por ello la pasajera reacción de miedo de quien presencia la terrible aparición es refrenada de inmediato por el propio muerto, quien incluso la califica como "miedo pueril".

El tema de las ánimas en pena adquiere su mayor importancia en "La Cuesta del Muerto", texto de factura exclusiva de Roa Bárcena y el más largo de la colección. Se trata de una obra de obvio y a veces rudo aprendizaje poético, constituida por once desiguales cantos, en versos donde alternan diferentes formas métricas: desde octosílabos asonantados, dispuestos en cuartetas o en largas tiradas, hasta endecasílabos consonantes en octavas, pasando

---

[11] J. M. Roa Bárcena, "La restitución", en *Leyendas mexicanas*, p. 276.

incluso por una especie de silva. De acuerdo con el espíritu regionalista del autor veracruzano, en el primer canto, estrictamente lírico, se describen las bellezas naturales del campo entre Jalapa y Coatepec; en el segundo canto se identifica la voz del narrador o "cronista" (así se autodefine), quien al andar de cacería por la zona, se sorprende de que su guía, un hombre en extremo valiente, pueda ser presa de un irracional pavor:

> Mas si, por ventura, oye
> De boca de las comadres
> Historias de aparecidos
> Con sus pelos y señales;
> Si al atravesar el bosque
> Suenan gemidos distantes,
> O estando la noche encima
> Y él lejos de sus hogares,
> Fuegos fatuos o luciérnagas
> Por aquí brillan o arden;
> Si al salir de algún recodo
> Con el lego mendicante
> de hábito oscuro tropieza,
> Helada siente la sangre,
> Se le erizan los cabellos,
> La lengua se le contrae,
> A su voluntad las piernas
> Dóciles no son cual antes;
> Se santigua, en sus adentros
> Clama a los custodios ángeles,
> Y ofrece en solemne voto
> Llevar cera a los altares.
> Ni del certero fusil
> Monta siquiera la llave,
> Que si son contra los vivos
> Armas de fuego eficaces,
> Cónstale al guía que nada
> Contra los difuntos valen.[12]

Para justificar el miedo que le provocan la hora y el sitio

---

[12] J. M. Roa Bárcena, "La Cuesta del Muerto", en *Leyendas mexicanas*, p. 183.

donde se encuentran, el guía dice que el nombre de Cuesta del Muerto se debe a que, apenas cae la tarde, se percibe ahí la fantasmal visión de una casa incendiada, luego de lo cual sale un muerto que carga un pesado costal:

> El muerto, cual si pujase
> Al peso de lo que lleva
> Y que debe de quemarle.
> A la orilla del abismo,
> Do ser más profundo sabe,
> Se para; los pies afirma;
> Mece en infernal balance,
> Siempre en las espaldas puesto,
> El costal para lanzarle,
> Y a poco desaparecen
> Muerto y costal, y unos ayes
> Resuenan, que con oírlos
> Para morirse hay bastante;
> [...]
> Y esto lo han visto y oído
> Gentes de todas edades.[13]

Poco convencido, el narrador decide comprobar si este increíble relato es verdad. Durante la espera, que abarca del tercer al décimo canto, el guía cuenta la historia que supuestamente originó el espanto.[14] Caído de la gracia del rey español Carlos III (1759-1788) y exiliado en México, don Lope de Aranda lleva ya cinco años de matrimonio con su bella e infeliz esposa, doña Inés, la cual es pretendida por Román, sobrino de don Lope, y por Francisco, hijo del mayordomo de la hacienda. En un ataque de celos, don Lope intenta en vano matar a Francisco, por lo que

---

[13] *Ibid.*, pp. 186-187.
[14] Por cierto que el obispo Ignacio Montes de Oca y Obregón (*op. cit.*, p. 5) afirma que esta parte central de la leyenda se basa en un hecho verídico del siglo XVII, pero no aporta más pruebas o datos. En realidad él sólo parafrasea lo que el propio autor dice sobre el "episodio" de "La Cuesta del Muerto": "[...] que no puede llamarse histórico por más que, salvo cortas diferencias de tiempo y lugar, sea verdadero el suceso horrible en tal composición relatado" (J. M. Roa Bárcena, "Prólogo" a *Leyendas mexicanas*, p. 7).

doña Inés urde un rápido y diabólico plan: con el objeto de quedar libre y poderse casar con Román, a quien ama sin que él lo sepa, ella finge inclinarse por Francisco, al que incita para que mate a su esposo; una vez cometido el crimen, el asesino y doña Inés meten el cadáver en un costal y ella incendia la casa; mientras lo ayuda a transportar el pesado costal, doña Inés aprovecha el contacto para atar la ropa de Francisco al costal; así, cuando éste arroja su carga a un precipicio, es jalado por el peso y, debido a los golpes que recibe, también muere; al final, Román, inocente y mudo testigo de todo, prefiere huir antes que concretar un amor manchado por la sangre, y la otra culpable es sentenciada a morir por el garrote. Esta truculenta y poco convincente trama explicaría la terrible visión de una casa incendiada y de un muerto que lleva un pesado costal y se arroja a un barranco junto con su carga.

Cuando el guía no ha acabado aún de contar su larga historia, el texto vuelve al presente de la enunciación para describir las reacciones totalmente opuestas del guía y del narrador principal respecto de la existencia de la espantosa imagen:

> Iba el guía a contarme
> Esto y acaso más, cuando le falta
> De repente la voz, su diestra tiende
> Hacia el camino, y del asiento salta.
> Se le eriza el cabello, se santigua;
> Sueltos aúllan los lebreles viendo
> A la espesura lóbrega contigua.
> Traidor ataque súbito temiendo
> De bandoleros yo, mi rifle tomo
> A la defensa listo y, entretanto,
> El buen Andrade que temblaba como
> Débil hoja al embate de la brisa,
> "Es el muerto", me dijo con espanto,
> Emprendiendo la fuga a toda prisa.
> En vano yo seguirle pretendiera,
> Que a la del ciervo iguala su carrera
> En rapidez, e insólito deseo
> Tengo de ver la aparición terrible;
> Los ojos abro hasta donde es posible,
> Lector, y, sin embargo, nada veo.

Nada turbaba la serena calma
De sitios que recuerdo con cariño,
Donde a la vez hallaron, desde niño,
Vigor mi cuerpo, inspiración mi alma.[15]

Debo detenerme ahora para señalar varios defectos estructurales de "La Cuesta del Muerto", más allá de sus visibles limitaciones poéticas.[16] En primer lugar, debido a que las partes del texto no están hilvanadas en una secuencia continua, se rompe el efecto final buscado; así, la extensa historia colonial en que se basa la leyenda resulta excesiva, pues si acaso la primera imagen fantasmal logra suscitar cierta incertidumbre en el lector, ésta se disuelve paulatinamente. Esta deficiencia es de tal magnitud, que en el último canto el autor no encuentra la fórmula verbal apropiada para que sus personajes vuelvan al presente de la narración; por ello, en un fallido intento por simular que el relato del guía ha quedado trunco debido a la terrible visión supuestamente percibida, el narrador repite con monotonía la frase "Iba a contarme el guía" Además, el tipo de narrador elegido por Roa Bárcena resulta poco eficiente para alcanzar el objetivo usual de las anécdotas de carácter sobrenatural, esto es, para construir un mundo de

---

[15] J. M. Roa Bárcena, "La Cuesta del Muerto", pp. 255-256.

[16] Seguramente no coincidiría con este juicio Montes de Oca, amigo cercano del autor y su más ferviente panegirista, pues para él: "Como «Ithamar», «La Cuesta del Muerto» resultaría un poema aunque se escribiera en mala prosa; pintada en cadenciosos versos raya en lo sublime" (I. Montes de Oca, *op. cit.*, p. 42). Una actitud más certera y mesurada se aprecia en Manuel G. Revilla, quien exalta en especial la prosa del escritor, pero no puede dejar de reconocer sus limitadas capacidades poéticas: "Menos feliz me parece en la práctica del artificio métrico, por lo forzado de los giros y lo duro y deficiente en el ritmo" ("El historiador y novelista D. José M. Roa Bárcena" [Discurso leído en la Academia Mexicana de la Lengua el 30 de marzo de 1909], en *En pro del casticismo*, Andrés Botas e Hijo Eds., México, 1917, p. 145). Esta misma opinión tiene Elvira López Aparicio: "De su estro fluían los versos en tropel, pero no por ello se puede llamar a Roa Bárcena un poeta de altura [...] no siempre el caudal de su inspiración pudo sujetarse a las exigencias de una depurada calidad. Su verso a veces se torna ripioso y abusa de figuras e imágenes comunes y demasiado empleadas por los poetas de entonces" (*José María Roa Bárcena*, Ed. Metáfora, México, 1957, p. 50).

ficción que provoque vacilación e incertidumbre, rasgo sustancial para mi concepción de la literatura fantástica; por el contrario, el narrador del texto aprovecha su función tanto mediadora como participativa para clausurar cualquier otra interpretación del argumento que no sea el juzgar como "supersticiones" los supuestos fantasmas percibidos por el guía.

Cabe mencionar, por último, que el antecitado final del texto ejemplifica muy bien las incongruencias de su construcción, pues una vez desmentido el hecho insólito, se regresa al romántico tono lírico inicial donde el narrador, *alter ego* del poeta veracruzano, cantaba emotivamente las bellezas de su región; debido a ello, el lector acaba por no entender cuál es el eje de la obra: relatar un hecho sobrenatural o describir el paisaje regional. Asimismo, Roa Bárcena no resiste la tentación de inscribirse en el texto, por lo que una vez concluida la anécdota, añade unos versos para reivindicar su función de escritor:

> Si, tras años y azares,
> Con el ardor antiguo y sed de gloria
> No me ha faltado, acaso, la memoria,
> En aquestos cantares
> De la "Cuesta del Muerto" os di la historia.[17]

Luego del pobre resultado literario de este texto poético, la más certera aproximación de Roa Bárcena a lo sobrenatural se produjo en la narrativa, en la cual finalmente alcanzó una verdadera postulación fantástica. En su primer período narrativo, iniciado a fines de la década de 1840, él había escrito historias caracterizadas por un nítido pero fallido corte romántico; el eje de su segunda etapa fue la serie de relatos titulada *Noche al raso* (1865), donde mediante el clásico recurso de reunir a un grupo de viajeros obligados a compartir una velada, un disímil conjunto de personajes, todos bajo el control de un tenue narrador principal, asumen de forma alterna la voz narrativa para contar sabrosas anécdotas plenas de ironía y humorismo. Se trata de historias de un claro origen popular y con un fuerte tono oral, en su mayoría

---

[17] J. M. Roa Bárcena, "La Cuesta del Muerto", p. 256.

ligadas a la amplia gama de la trampa y el engaño. En cuanto al poco visible narrador en tercera persona que controla los relatos de *Noche al raso*, cabe decir que él también participa del tono irónico, por lo que adereza sus descripciones con graciosos comentarios que ponen en duda la efectividad de cada relator para ganarse la atención de sus incivilizados oyentes; por ejemplo, cuando el último de los relatos ha concluido, dice: "Las personas que constituían el auditorio del último narrador, profundamente dormidas, sólo despertaron al cesar el monótono rumor de la voz del viejo";[18] de este modo, en un muy moderno juego literario, se simula que los relatos orales no llegan a sus receptores declarados, cuando en realidad sí alcanzan a sus destinatarios verdaderos: los lectores que tienen el libro en sus manos, pues no obstante su presunta forma oral, los textos están más bien dispuestos para ser leídos que escuchados. Ahora bien, como suele suceder en las colecciones de este tipo que sí poseen calidad literaria, además de su valor en conjunto, cada uno de los cinco relatos podría desprenderse de la serie y, con los ajustes necesarios, transmitirse de modo autónomo. En fin, estos rasgos han llevado a la crítica a afirmar, con justicia, que este libro contribuyó a la consolidación del cuento moderno en México.[19]

"El hombre del caballo rucio" constituye una excepción dentro de la serie, menos por su tono que por su argumento, el cual demuestra la persistente fascinación del autor por las leyendas de aparecidos; en este texto, un no muy devoto ni virtuoso hombre que ha muerto a causa de un accidente sobre su veloz caballo, el "rucio" del título, suele exhibirse por el rumbo cabalgando de nuevo y espantando a todos:

> Mas pasado algún tiempo, sucedieron al olvido las preocupaciones y los temores, y al silencio la charla, no de las comadres, sino de los

---

[18] J. M. Roa Bárcena, "Conclusión", en *Noche al raso* [y otros textos], pról. Jorge Ruffinelli, Universidad Veracruzana, Xalapa, 1981,, p. 225.
[19] Para un mayor desarrollo de este tema, véase el ensayo de Martha Elena Munguía Zatarain, "*Cuentos del general* y *Noche al raso*. La fundación de una poética del cuento mexicano", en *Literatura mexicana del otro fin de siglo*, ed. Rafael Olea Franco, México, El Colegio de México, 2001, pp. 145-155.

campesinos más honrados y formales de aquel rumbo. Los vaqueros que conducían ganado a los potreros de Rancho Nuevo, protestaban, haciendo la señal de la cruz [...] que el muerto en persona, montado en el rucio de marras, les había salido entre los árboles [...] espantándoles con tremendas carreras y estupendos y ronquísimos gritos el ganado, que se desperdigó por el monte, como si hubiera visto al diablo.[20]

La conseja se difunde pronto entre los habitantes de la comarca, algunos de los cuales creen poseer el valor para atrapar al espectro; luego de varias tentativas infructuosas que sólo provocan pánico entre los atrevidos, por fin un joven, montado en un caballo tan rápido como el rucio, logra asir al muerto por la coleta con que solía recogerse el pelo; cuando el valiente joven cree que ha atrapado al aparecido, inexplicablemente éste se esfuma frente a sus ojos, dejándole la coleta entre las manos, aunque ella también acaba por esfumarse: "Y, como llegaron en esto los rancheros, ya repuestos del susto, y el mallorquino, refiriéndoles lo acaecido, tratara de enseñarles la coleta, sintió que le quemaba los dedos, y la arrojó al suelo. ¿Ven ustedes cómo se consume el tiro de este cigarro habano? Pues así, y apestando a azufre, se carbonizó la consabida coleta, sin perder su forma, y sin que en el lugar en que ardió volviera a nacer yerba".[21] Así, en sus mejores pasajes, el texto construye con maestría cierto suspenso para sugerir la identificación del aparecido con una imagen diabólica. Además, con suma habilidad, al final del relato el narrador efectúa algunas comparaciones entre la anécdota y el momento en que la enuncia (por ejemplo, cuando dice que la coleta se consumió como se consume el habano que él está fumando), con lo cual la historia se relaciona con su contexto inmediato, es decir, se actualiza frente a los oyentes.

Ahora bien, aunque este argumento resulta asombroso *per se*, hay dos elementos que minan deliberadamente su efectividad. En primer lugar, cabe destacar que el propio narrador contribuye a

---

[20] J. M. Roa Bárcena, "El hombre del caballo rucio", en *Noche al raso* [y otros textos], ed. cit., p. 201.

[21] *Ibid.*, p. 206.

disminuir su probable efecto escalofriante, pues lo antecede con un comentario donde lo juzga como mera creencia popular (una "tradición"), ajena al supuesto elevado nivel cultural de su auditorio: "[...] una vulgaridad que ni yo ni ustedes podemos creer; pero en que creen a pie juntillas las gentes de las rancherías en la zona que se extiende en todo el declive de la Mesa Central hacia la costa de Veracruz".[22] Por si esto fuera poco, el narrador principal de toda la serie —recordemos que el relato se presenta como parte de un conjunto y no como un cuento autónomo— enfatiza que, sin esperar la reacción del auditorio cuando ha terminado de contar su fantasmal historia, el relator de ella añade de inmediato que en el pasado otro oyente tuvo una escéptica reacción, pues en lugar de asustarse le dijo: "Los espantos de los vivos son mucho más serios y temibles que los de los muertos; y aunque yo jamás he creído en estos últimos, todavía estoy azorado de resultas de aquéllos. Sepa usted, señor capitán, que acabo de verme a dos dedos del abismo... ¡Sepa usted que he estado a punto de casarme por compromiso";[23] con estas palabras se introduce la última parte de *Noche al raso*, titulada precisamente "A dos dedos del abismo", jocoso relato de un hombre casi forzado a contraer matrimonio con una mujer a la que ni siquiera ha pretendido.

En fin, el modo como "El hombre del caballo rucio" se engrana con el resto del conjunto provoca una ligera atenuación del efecto asombroso suscitado por su argumento; aclaro, sin embargo, que no considero esto como una falla estructural del relato, sino como una consecuencia de la voluntad autoral de insertarlo en una serie regida por fuertes intenciones irónicas; así, al final de ese texto, el narrador dice que al valiente mallorquino que intentó atrapar la diabólica aparición, le pusieron después el apodo burlón de "El hombre del turbante", por aquellos versos de una comedia antigua donde un súbdito le dice a su rey "He aquí, señor, el turbante/ del moro que cautivé", y al preguntarle el rey dónde se encuentra el moro, el otro responde "¡El moro se fue!"

Sólo después de casi dos decenios de búsqueda, pudo el autor

---

[22] *Ibid.*, p. 198.
[23] *Ibid.*, pp. 209-210.

transmitir con eficiencia un argumento basado en una anécdota sobrenatural proveniente del vasto acervo legendario y popular. Con "Lanchitas" (1878),[24] Roa Bárcena culminó lo que había insinuado apenas en "La Cuesta del Muerto" y logrado con mayor éxito en "El hombre del caballo rucio": la escritura de un eficiente texto de carácter fantástico basado en un tema legendario; creo que su éxito se debe, en gran medida, a su renuncia a la forma más bien híbrida de la leyenda en favor de una estructura narrativa más moderna: el cuento, a la cual imprimió la modalidad fantástica, como estudiaré en detalle. Mi concepción del cuento moderno deriva de las ideas preconizadas por Edgar Allan Poe en la cultura occidental del siglo XIX, las cuales fueron difundidas y afinadas la siguiente centuria en Hispanoamérica por autores como Quiroga y Cortázar; así, para mí el cuento sería, *grosso modo*, un relato breve de escritura condensada y climática, que tiende a narrar una acción central, privilegiando la descripción del suceso sobre la caracterización de los personajes, y mediante un espacio y tiempo más o menos unitarios.

La importancia de "Lanchitas" es enorme, ya que, como espero comprobar, podría ser considerado como uno de los textos fundacionales de la literatura fantástica en México. Asimismo, genera una serie de relatos agrupables bajo el nombre global de "La leyenda de la calle de Olmedo", la cual tiene versiones variadas, tanto en la cultura letrada como en la popular, hecho no muy frecuente en nuestro medio; esta variedad implica una gran riqueza cultural, cuyo análisis revela cómo su trama ha trascendido los

---

[24] Por extraño que parezca, algunos datos de nuestra cronología literaria son todavía inciertos. Así, ha habido dudas respecto de la fecha exacta de edición de este cuento, registrada como 1877 o 1882, cuando en realidad fue publicado en 1878 en la Imprenta de Ignacio Escalante; quizá la confusión provenga en parte del hecho de que Montes de Oca (*op. cit.*, p. 148) diga que el texto fue leído por su autor en una tertulia de 1877 o 1878, dentro de los trabajos de la Sociedad Literaria formada por Joaquín Terrazas y a la que después se dio el nombre del prelado de Valladolid de Michoacán: Munguía. El año adquiere relevancia si se compara "Lanchitas" con "La leyenda de la calle de Olmedo", texto con un argumento casi idéntico publicado en 1882 por Riva Palacio y Peza —a quienes aludiré más abajo—, o bien si se reflexiona sobre la evolución del cuento en México.

siglos y ha logrado adaptarse a situaciones culturales múltiples. Quizá el medio más pertinente para analizar las diferentes versiones sea seguir un orden cronológico, comenzando, claro está, por "Lanchitas"; como medida precautoria, aclaro que si bien confío en los datos verificables obtenidos durante mi investigación, no puedo concluir de forma definitiva que el cuento de Roa Bárcena sea el primer texto de nuestra literatura centrado en esa anécdota; epistemológicamente, sólo puede procederse a partir de lo que existe, es decir, las variantes que he encontrado, pero este material no permite afirmar que no haya una versión previa. Empecemos pues con el cuento de Roa Bárcena.

En primer lugar, en vez de transmitir en manera directa su asunto legendario usando recursos propios de su probable origen oral, el autor prefirió construir su texto mediante un consciente narrador en tercera persona. Así, aunque en las dos páginas previas a la anécdota central hay ciertas digresiones del narrador, quien se identifica como un viejo periodista, su función primordial es plantear como eje del relato un enigma: explicarse cómo el sabio sacerdote Lanzas se transformó en el "limpio, manso y sencillo de corazón" padre Lanchitas del título:

> Y este hombre, superior en conocimientos a la mayor parte de los clérigos de su tiempo, consultado a veces por obispos y oidores, y considerado, acaso, como un pozo de ciencia por el vulgo, cierra o quema repentinamente sus libros, responde a las consultas con la risa de la infancia o del idiotismo; no vuelve a cubrirse la cabeza ni a levantar del suelo sus ojos y se convierte en personaje de broma para los chicos y para los desocupados. Por rara y peregrina que haya sido la transformación, fue real y efectiva y he aquí cómo, del respetable Lanzas, resultó Lanchitas, el pobre clérigo que se me aparece entre las nubes del humo de mi cigarro.[25]

---

[25] J. M. Roa Bárcena, "Lanchitas", recogido en *Noche al raso*, ed. cit., pp. 227-228. Todas las citas del cuento corresponden a esta edición moderna, que es la que reproduce más fielmente el cuento; cabe aclarar que el título de esta recopilación de la obra de Roa Bárcena es engañoso, pues "Lanchitas" no pertenece a la serie de *Noche al raso* (según dije, apareció en forma independiente), como tampoco forman parte de ella los primerizos ni los últimos textos narrativos del autor, los cuales también se incluyen en ese libro.

Pese a que el autor modifica el tono oral propio de una leyenda, recurre a un artificio caro a ese género: la supuesta familiaridad del personaje respecto tanto del narrador como del receptor, pues aquél llega incluso a tener cierta popularidad en la cultura oral: "¿Quién no ha oído alguno de tantos cuentos, más o menos salados, en que Lanchitas funge de protagonista y que la tradición oral va transmitiendo a la nueva generación?" (p. 226). Así, en los rasgos iniciales del narrador puede distinguirse la deliberada intención de Roa Bárcena de afiliarse a la tradición legendaria: "La enunciación del narrador aquí se vuelve vacilante, no es autoritaria porque debe dar espacio a la posibilidad de otras visiones, porque el mismo mundo que construye es inestable e incierto. Del narrador oral ha aprendido a no posicionarse en una situación superior a su auditorio, parece ser uno más entre ellos y la narración se sustenta en la movilización de una memoria común entre el emisor y el destinatario".[26] Precisamente dentro de ese cúmulo de relatos populares ubica el narrador aquél que quizá dilucide el misterio de la transformación del sacerdote:

> No ha muchos meses, pedía yo noticias de él [Lanchitas] a una persona ilustrada y formal, que le trató con cierta intimidad y, como acababa de figurar en nuestra conversación el tema del espiritismo, hoy en boga, mi interlocutor me tomó del brazo y, sacándome de la reunión de amigos en que estábamos, me refirió una anécdota más rara que la transformación de Lanchitas y que acaso la explique. Para dejar consignada tal anécdota, trazo estas líneas, sin meterme a calificarla. Al cabo, si es absurda, vivimos bajo el pleno reinado de lo absurdo (p. 228).

Vale la pena destacar dos elementos de esta cita. En primer lugar, los indicios que lanza el narrador respecto de la probable

---

[26] Martha Elena Munguía Zatarain, *Elementos de poética histórica. El cuento hispanoamericano*, El Colegio de México, México, 2002, p. 156. Como una de sus hipótesis centrales, este libro plantea que el género cuento es en gran parte "resultado de una combinación fértil de diversas formas discursivas relacionadas con la oralidad y, por tanto, con el relato oral —la leyenda, los cuentos al amor de la lumbre, la anécdota— [lo cual] no implica negar la presencia fecunda de otros géneros escritos…" (p. 12).

naturaleza de su historia, pues al aludir al tema del espiritismo y del reinado de lo absurdo, anuncia el carácter sobrenatural de ella.[27] En segundo lugar, la postura neutral asumida por él respecto de su propia anécdota, de la cual aventura que "acaso" explique la metamorfosis de Lanzas y, a la vez, se niega a "calificarla". Ya veremos la enorme importancia que tiene el hecho de que la insólita anécdota principal no llegue al lector directamente, sino por un mediador que ejerce el control de ella.

De acuerdo con la concepción del género que expuse en el primer capítulo, el relato fantástico se caracterizaría por la intromisión de un hecho aparentemente sobrenatural en el mundo cotidiano y familiar de los personajes. Pero como la construcción del género suele ser indicial, según he discutido, esta irrupción más bien confirma los diversos indicios que presagiaban una fisura en la cosmovisión confiada y segura de los personajes. Debido a esta estructura del género, resulta estéril intentar resumir la trama de un cuento fantástico, la cual pierde todo su efecto de relativa sorpresa si sólo se cuenta la anécdota central. Por ello me permitiré reproducir largas citas de "Lanchitas", las cuales servirán para mostrar cómo está construido el texto.

La forma como el narrador empieza a transmitir el relato supuestamente contado por un tercero marca con absoluta claridad el objetivo de forjar cierto suspenso: "No recuerdo el día, el mes, ni el año del suceso, ni si mi interlocutor los señaló; sólo entiendo que se refería a la época de 1820 a 30; y en lo que no me cabe duda es en que se trataba del principio de una noche oscura, fría y lluviosa" (p. 228). Dubitativo, el narrador remite a un pasado remoto e impreciso; en contraste, delimita con precisión

---

[27] En uno de los pocos comentarios críticos sobre el cuento, una errata convierte el "si" condicional de este pasaje en un "sí" afirmativo, lo cual induce a una interpretación poco certera: "Refiriéndose a la anécdota que va a relatar dice el narrador «al cabo sí es absurdo»; afirmación de la que se desprende que el principio de verosimilitud, esencial en la narrativa hispanoamericana, comienza a entrar en crisis..." (Juana Martínez, "El cuento hispanoamericano del siglo XIX", en *A propósito del cuento hispanoamericano. Siglo XIX*, Norma, Bogotá, 1997, p. 54). Creo más bien que el narrador de "Lanchitas" se mantiene siempre en un nivel de incertidumbre, es decir, sin afirmar ni negar nada de modo tajante.

el ambiente de presagios en que se desarrollará su historia. En ella se cuenta que al dirigirse un día el padre Lanzas a una tertulia, una humilde mujer lo intercepta para llevarlo con un moribundo cuyo último deseo es que precisamente él lo confiese; al llegar al apartado lugar, el cual es descrito de acuerdo con ciertas convenciones de herencia gótica —un sitio cerrado, sórdido, lóbrego y pestilente—, el padre se enfrenta a una visión terrible:

> Cuando el padre, tomando la vela, se acercó al paciente y levantó con suavidad la frazada que le ocultaba por completo, descubrióse una cabeza huesosa y enjuta, amarrada con un pañuelo amarillento y a trechos roto. Los ojos del hombre estaban cerrados y notablemente hundidos y la piel de su rostro y de sus manos, cruzadas sobre el pecho, aparentaba la sequedad y rigidez de las momias.
> —¡Pero este hombre está muerto! —exclamó el Padre Lanzas dirigiéndose a la vieja.
> —Se va a confesar, padrecito —respondió la mujer, quitándole la vela [...] y al mismo tiempo el hombre, como si quisiera demostrar la verdad de las palabras de la mujer, se incorporó en su petate y comenzó a recitar en voz cavernosa, pero suficientemente inteligible, el Confiteor deo (p. 229).

Cabe destacar aquí la maestría del autor para usar un recurso frecuente en la literatura fantástica, donde los indicios deben aparecer pero de inmediato encubrirse, lo cual contribuye al suspenso; en este caso, el indicio más fuerte del relato —la afirmación del padre Lanzas de que el hombre está muerto— no es desmentido por la vieja, quien, en su encubierta función de mediadora entre los vivos y los muertos, sólo enfatiza que el hombre se va a confesar; la cualidad "cavernosa" de la voz de éste refuerza poco después el indicio.

Para explicar cómo se supo parcialmente lo que el penitente dijo al padre, pues éste nunca violó el sagrado secreto de confesión, el narrador indica con habilidad que a partir "de algunas alusiones y medias palabras" de Lanzas, se pudo inferir que el penitente se daba por muerto de hacía muchos años: "...en circunstancias violentas que no le habían permitido descargar su conciencia como había acostumbrado pedirle diariamente a Dios, aun en el olvido casi total de sus deberes y en el seno de los vicios y quizá hasta del crimen; y que por permisión divina lo hacía en aquel momento, viniendo de la eternidad para volver a ella inmediatamente" (pp. 229-230). Después de interpretar esto como un mero desvarío, el padre lo absuelve y sale del lugar, cuya puerta se cierra herméticamente. Al llegar sudoroso a su tertulia, busca su pañuelo y no lo encuentra; como se trata de una prenda con valor afectivo, pide que un criado vaya a buscarla en la accesoria donde estuvo. Mientras, al reflexionar sobre la extraña confesión, pregunta a sus compañeros de juego si han leído *La devoción de la cruz* de Calderón de la Barca, cuyo protagonista obtiene "el raro privilegio de confesarse momentos u horas después de haber cesado de vivir" (p. 231); para él, el drama de Calderón ha afectado la mente del confesado.

Cuando el criado regresa, dice que después de tocar sin respuesta a la puerta de la accesoria, el sereno de la calle le informó que durante años nadie había vivido ahí; ante ello, el padre Lanzas y el dueño de la accesoria, por casualidad presente en la tertulia y cuya curiosidad se ha desatado, deciden visitar el lugar al día siguiente. Al llegar allá, hay huellas de que el sitio ha estado abandonado; pero como el padre insiste, abren la puerta y comprueban que la accesoria está deshabitada y sin muebles, ante lo cual:

> Disponíase el dueño a salir, invitando a Lanzas a seguirle o precederle, cuando éste, renuente a convencerse de que había simplemente soñado lo de la confesión, se dirigió al ángulo del cuarto en que recordaba haber estado el enfermo y halló en el suelo y cerca del rincón, su pañuelo, que la escasísima luz de la pieza no le había dejado ver antes [...] Inundados en sudor su semblante y sus manos, clavó en el propietario de la finca los ojos, que el terror parecía hacer salir de sus órbitas; se guardó el pañuelo en el bolsillo, descubrióse la cabeza y salió a la calle con el sombrero en la mano... (p. 233).

Hasta antes de este pasaje, lo contado por el padre oscilaba entre dos interpretaciones posibles: una racional, la más probable desde la lógica cotidiana de los personajes, y la otra irracional. Como en la literatura fantástica los acontecimientos insólitos son siempre privados (si fueran públicos y generales estaríamos más bien en el ámbito de lo maravilloso), el extraño relato del padre sólo podía ser confirmado por una prueba testimonial, y ésta es el pañuelo que, contra toda lógica, aparece en un lugar cerrado por años.

Como resultado de esta experiencia de terror puro, el padre Lanzas, quien nunca más se cubre la cabeza, desempeña sus labores sacerdotales con un celo y una humildad irreprochables, tal como lo recuerda el narrador: "Así le suelo contemplar todavía en el silencio de mi alcoba, entre las nubes de humo de mi cigarro, y me pregunto si a los ojos de Dios no era Lanchitas más sabio que Lanzas y si los que nos reímos con la narración de sus excentricidades y simplezas, no estamos, en realidad, más trascordados que el pobre clérigo" (p. 234). Con este pasaje, el narrador, quien al principio había adelantado que no calificaría la historia, decide, en cambio, usarla para reflexionar sobre la función sacerdotal, aspecto que refuerza como eje de su historia la transformación del padre Lanzas.

Antes de examinar el final del texto (sustancial para su caracterización fantástica), conviene reflexionar sobre un tema de larguísima tradición en las culturas de raíz católica: el de los muertos que regresan de ultratumba por permisión divina. Aunque con manifestaciones muy diversas, surge de una misma idea: la posibilidad de que alguien muerto en pecado pueda volver al mundo terrenal para redimirse. Por ejemplo, en "El sacristán impúdico" [o fornicario], uno de los más famosos textos de los *Milagros de Nuestra Señora* de Berceo, un sacristán muere sin poderse arrepentir de haber sido tentado por los vicios de la carne; sin embargo, puesto que en vida el pecador reverenciaba a diario la imagen de la virgen, ésta disputa a los diablos su alma; para defender sus derechos, un diablo muy sutil esgrime los propios argumentos de las sagradas escrituras, que establecen que el alma de un hombre debe ser juzgada tal como se encuentre en el momento de fallecer:

> Escripto es que el omne allí do es fallado,
> O en bien o en mal, por ello es judgado:

Si esti tal decreto por ti fuere falssado,
El pleit del Evangelio todo es descuidado.[28]

Ante este diabólico pero incontestable argumento, la virgen recurre a la justicia suprema de Cristo, cuya decisión, en el fondo favorable a ella, no quebranta los preceptos bíblicos, pues ordena que el alma del pecador regrese al cuerpo del sacristán, quien, cuando muera otra vez, será juzgado por lo que hasta entonces haya hecho; obviamente, una vez que el sacristán renace, se vuelve casto y vive en acatamiento absoluto de los preceptos religiosos.

Por su parte, en el *Libro de buen amor* el Arcipreste de Hita enfatiza una norma religiosa ligada con el tema: la de la necesidad de la confesión como vía para obtener el perdón de los pecados; así, cuando Don Carnal quiere lavar sus pecados, el texto confirma que el acto de confesión es esencial para la salvación del alma y a la vez señala que no es posible hacerlo por escrito:

Non se faz penitençia por carta nin por escripto;
sinon por la su boca del pecador contrito;
non puede por escripto ser asuelto nin quito;
mester es la palabra del confesor bendito.

Pues que de penitençia vos fago mençión,
repetirvos querría una chica liçión:
devemos creer firme, con pura devoçión,
que por la penitençia avremos salvaçión.[29]

De hecho, en la pieza dramática mencionada por el padre Lanzas, *La devoción de la cruz* (1636), Calderón de la Barca trabajó con el segundo elemento mencionado por el Arcipreste de Hita: la imposibilidad de que un pecador se confiese por escrito, lo cual en otros términos también significa que la confesión debe efectuarse cuando el alma y el cuerpo aún no se han separado.

---

[28] Gonzalo de Berceo, *Milagros de Nuestra Señora*, 2ª. ed., ed. Michel Gerli, Cátedra, Madrid, 1987, p. 86.
[29] Arcipreste de Hita, *Libro de buen amor*, ed. de Alberto Blecua, Cátedra, Madrid, 1992, p. 281.

En cuanto a este temprano texto de Calderón de la Barca, conviene decir que se trata de una obra un tanto menor y con ciertas deficiencias argumentales. Para nuestros propósitos, lo sustancial es destacar su trama: el protagonista, un pecador devoto de la cruz y protegido por este símbolo cristiano, muere sin confesión, pero su alma recibe el privilegio de volver al cuerpo con el único fin de confesarse, luego de lo cual el texto concluye con la exultante confirmación del milagro:

> Entre sus grandezas tantas,
> sepa el mundo la mayor
> maravilla de las suyas,
> porque la ensalce mi voz.
> Después de haber muerto Eusebio,
> el cielo depositó
> su espíritu en su cadáver,
> hasta que se confesó;
> que tanto con Dios alcanza
> de la Cruz la devoción.[30]

No obstante las fuertes diferencias entre los textos de Berceo y de Calderón, pues en el primero el alma vuelve al cuerpo para gozar de una nueva vida y en el segundo tan sólo para confesarse, ambas obras responden al mismo principio ideológico comprobar los milagros a los que, aun muerto, puede hacerse merecedor un ser humano gracias a su devoción hacia los símbolos del catolicismo. De ahí que, literariamente, de ningún modo su objetivo sea causar un efecto estético que trastorne la concepción de la realidad que tienen los personajes o el propio receptor; más bien se proponen como un medio para confirmar una fe religiosa en la que no caben dudas ni escepticismos; es decir, finalmente el paradigma de la realidad en que se basan queda incólume, porque los sucesos extraordinarios son explicados por medio de una creencia religiosa.

Roa Bárcena tampoco descuida el fondo católico de su

---

[30] Pedro Calderón de la Barca, *La devoción de la cruz*, en *Obras completas*, 3ª. ed, ed. Luis Astrana Marín, Aguilar, Madrid, 1945, p. 988.

argumento, pues el lector puede deducir que la transformación del padre Lanzas se debe a que éste ha interpretado el hecho sobrenatural como un sutil aviso de Dios, quien le exige ejercer su ministerio con constancia y humildad; en este sentido, su texto conserva uno de los objetivos presentes en las leyendas desde la época medieval, cuando eran utilizadas como ejemplo moral. No obstante, esta intención no está fundada en una alegoría directa y global, porque si bien se puede suponer que hay un motivo religioso en la posterior conducta del sacerdote, el texto privilegia el intento por provocar en el lector una reacción de incertidumbre, de duda ante la previa certeza de estar viviendo en un mundo cuyos seguros confines se conocían; así, ni el narrador ni el personaje aventuran una explicación de los sucesos que tienda a incluirlos en el ámbito de lo "milagroso", lo que habría hecho que su paradigma de realidad coincidiera a plenitud con la religión, la cual, según expliqué, acepta en su seno, sin contradicción alguna, lo sobrenatural.

Muy significativamente, el relato guarda silencio sobre la naturaleza exacta de la experiencia sufrida por el personaje: el narrador sólo se hace una sugerente pregunta sobre si, "a los ojos de Dios", Lanchitas no sería más sabio que Lanzas, y éste, a su vez, deja en el vacío la angustiosa duda del desconcertado dueño de la accesoria, quien sólo alcanza a articular: "¿Cómo se explica esto, padre?" (p. 233). En este sentido, el texto acata el silencio final (se constatan los hechos pero no se proporciona la solución del misterio) que, según expuse en el capítulo previo, resulta primordial para el éxito de lo fantástico, el cual marca un contraste respecto de otro tipo de narraciones, pues como dice Campra: "Orden y selección del material representan la posibilidad de un saber que la voz narrante comunica al lector. Éste es un proceso que en la narrativa, por lo general, tiene la función de significar la relevancia de lo dicho y la prescindibilidad de lo omitido. En lo fantástico, en cambio, el silencio dibuja espacios de zozobra: lo no dicho es precisamente lo indispensable para la reconstrucción de los acontecimientos".[31] El efecto aumenta con el párrafo

---

[31] Rosalba Campra, "Los silencios del texto en la literatura fantástica", p. 52.

añadido al final por el narrador, una especie de colofón que si bien parece un tanto desligado del argumento, en el fondo refuerza la incertidumbre:

> Diré, por vía de apéndice, que poco después de su muerte [de Lanchitas], al reconstruir alguna de las casas del callejón del Padre Lecuona, extrajeron del muro más grueso de una pieza, que ignoro si sería la consabida accesoria, el esqueleto de un hombre que parecía haber sido emparedado mucho tiempo antes, y a cuyo esqueleto se dio sepultura con las debidas formalidades (p. 234).

Con base en ese pasaje, Hahn deduce: "«Lanchitas» incluye también un motivo frecuente en las leyendas hispanoamericanas: el hallazgo de un esqueleto en un lugar inapropiado —después de que han ocurrido varios acontecimientos insólitos— y el consiguiente retorno a la normalidad cuando se le da adecuada sepultura".[32] Me parece que esta interpretación cerrada no concuerda con la intencionalidad del texto, en cuyo final no hay ningún retorno a la "normalidad", pues lo que se describe en el apéndice sucede después de todos los hechos narrados y, en particular, después de la muerte del sacerdote. En realidad, el hábil narrador afirma, casi entre paréntesis, que no sabe si el lugar donde se encontró el esqueleto es el mismo de la historia del padre Lanzas, aunque, obviamente, a la vez sugiere un misterioso enlace entre estos dos elementos, con lo cual el espectro de la duda se amplía.

Quizá este punto se entienda mejor con un ejemplo legendario en donde sí hay una restitución del orden basada en un esqueleto que recibe cristiana sepultura. Me refiero al texto "El callejón del Muerto", una de las leyendas escritas al alimón por Vicente Riva Palacio y Juan de Dios Peza,[33] la cual, por cierto,

---

[32] Óscar Hahn, "José María Roa Bárcena y el espectro de la leyenda", en *El cuento fantástico hispanoamericano en el siglo XIX*, Premiá, México, 1982, pp. 63-64.

[33] Vicente Riva Palacio y Juan de Dios Peza, "El callejón del muerto", en *Tradiciones y leyendas mexicanas*, coord. José Ortiz Monasterio, pról. Jorge Ruedas de la Serna, Conaculta-UNAM-Instituto Mora-Instituto Mexiquense de Cultura, 1996, pp. 60-81.

rompe con el precepto, enunciado desde el Arcipreste de Hita, de que no se puede hacer confesión por escrito. En esta leyenda, un alma en pena se aparece para pedir que se desentierre un cofre con su confesión escrita, hecha en vida, donde revela que aunque todos creyeron que él llevó una existencia honesta y católica, su riqueza se originó en el asesinato de un amigo, al cual enterró en su propia casa; esta confesión escrita opera en dos niveles diferenciados: por un lado, ante Dios sirve como un efectivo acto de petición de perdón divino, pues finalmente el alma en pena deja de deambular por el mundo de los vivos y descansa en paz; por otro lado, también funciona como acto de restitución de la justicia humana, ya que los cadáveres tanto del asesinado como del asesino, milagrosamente incorruptos gracias a la intervención divina, son extraídos de sus tumbas, el primero para recibir sepultura en un lugar sagrado y el segundo para ser castigado en público con la horca (curiosa manera de aplicar la justicia contra un muerto).

Creo que algo muy distinto sucede en "Lanchitas". Si recordamos la cauta actitud inicial del narrador, quien se niega a juzgar o calificar la historia transmitida, podremos concluir que Roa Bárcena escribió un texto bastante moderno, pues luego de codificar varios indicios, deja en manos del lector la interpretación última de la historia, en la cual no se propone un paradigma cerrado que, por ejemplo, simplemente acepte lo sobrenatural como parte de una creencia religiosa. Asimismo, si por un lado los intersticios del texto sirven para resquebrajar esa realidad que tanto los personajes como los lectores juzgamos concreta, homogénea y cognoscible, por otro resultan insuficientes para proponer nuevos parámetros interpretativos de una realidad ampliada. El texto se ubica entonces en la incertidumbre plena.

A partir de todos estos rasgos, Lasarte, luego de discutir cómo la ambivalencia del texto entre una probable lectura religiosa y otra fantástica se resuelve por la segunda, postula una inteligente hipótesis:

> Se podría decir que el cuento, todavía en una época y en un contexto devoto, utiliza la posible explicación "sagrada" para jugar con las dudas y la fe religiosa del lector. Sugerimos a la vez que al ostentarse

esta tensión entre lo religioso y lo sobrenatural secular, el cuento, autoconscientemente, tematiza la encrucijada poética en torno a los límites y posibilidades de la escritura fantástica de la época.[34]

Siguiendo esta propuesta, la importancia de "Lanchitas" para la constitución de lo fantástico residiría en ser uno de los textos fundacionales del género en México, en una época en que las tendencias del pensamiento positivista conviven y se contraponen con la fe tradicional, la cual sí incluye y acepta lo sobrenatural. La figura del sacerdote resulta esencial en este punto, como expresa Duncan: "Quizá el tema más importante del cuento de Roa Bárcena es el efecto restringente que el Siglo de las Luces ha tenido en el hombre moderno y las limitaciones que la Razón impone sobre el espíritu del ser humano. La gran ironía de «Lanchitas» es que el protagonista, un sacerdote, es incapaz de creer en milagros, aunque la religión que profesa está llena de ellos".[35] Al reflexionar sobre el contexto histórico, se hace imprescindible discutir una afirmación de Brushwood, crítico que describe así la estética general manejada tanto en los relatos de *Noche al raso* como en "Lanchitas":

> Cada uno de ellos se propone contar un buen cuento y además proporcionar el estimulante efecto de una circunstancia misteriosa que admitiría una explicación sobrenatural. Estos cuentos me parecen importantes por dos razones: en primer lugar, son válidos por sí mismos, puesto que no predican ninguna ideología política y social. Están escritos con sumo cuidado, y su popularidad revela interés en el buen oficio literario. Pero en segundo lugar, y como contradicción parcial, tenemos el hecho de que su persistente aunque sutil suposición de la bondad del pasado los hizo especialmente agradables al ánimo porfirista.[36]

---

[34] Pedro Lasarte, "José María Roa Bárcena y la narración fantástica", *Chasqui. Revista de Literatura Latinoamericana*, 20.1 (1991), p. 14.

[35] Cynthia K. Duncan, "Roa Bárcena y la tradición fantástica mexicana", *Escritura. Revista de Teoría y Crítica Literarias*, 15 (1990), p. 109.

[36] John S. Brushwood, *México en su novela*, tr. Francisco González Aramburo, México, Fondo de Cultura Económica, 1973, p. 257.

Hay aquí una imprecisión, ya que no todos estos relatos sugieren una "explicación sobrenatural" (como he expuesto, la mayoría de los textos de *Noche al raso* son más bien de carácter humorístico); además, no estoy convencido de que impliquen una "sutil suposición de la bondad del pasado" que haya servido para avalar su aceptación por parte del porfirismo: "Lanchitas" más bien cuestiona la fe absoluta en la doctrina positivista que fue el signo del régimen porfirista, aunque tampoco se afilia a plenitud en las previas concepciones de origen religioso. Ahora bien, concuerdo con el crítico en que la renuncia de Roa Bárcena a difundir una ideología política o social es un acierto estético.

En efecto, las creencias religiosas fueron sabiamente usadas por el autor para forjar un cuento fantástico con profundas raíces católicas, las cuales más bien se sugieren que explicitan; es decir, el texto renuncia a "explicar" el cambio del padre Lanzas en términos estricta y exclusivamente religiosos, pues ello habría debilitado su sentido fantástico para apuntar hacia lo alegórico. Cabe concluir, por lo tanto, que en "Lanchitas" la intención ideológica está supeditada a un exitoso propósito estético, lo cual implica un muy notable avance respecto de lo que Roa Bárcena había hecho en *La quinta modelo* (1857), fallida novela de tesis donde él quiso combatir, desde una actitud conservadora extrema, la que consideraba nefasta influencia liberal; esto produjo una obra basada en un maniqueísmo extremo, con una esquemática caracterización de personajes, donde, sobre todo, es más importante y visible la exposición dogmática de una tesis política que la lograda construcción estética de una novela.

Para evaluar en sus amplias dimensiones el significado de la obra de Roa Bárcena, conviene comparar su postura con la que asumió pocos años después Luis González Obregón en su libro *México viejo* (1900), donde también hay anécdotas que rayan en lo sobrenatural e increíble. Animado por un gran espíritu desfacedor de supersticiones, en más de una ocasión él se plantea su labor de escritura como un acto de restauración de la verdad:

> En aquella lejana época, la tradición se tomaba por la misma realidad, y como hada maravillosa todo lo podía. Nadie se preocupaba

por comprobar los hechos, por averiguar el secreto de las varitas de virtud. La mayoría se embriagaba con sus prodigios, y pocos inquirían la causa de los llamados milagros.
De aquí tantas asombrosas tradiciones, tantos cuentos populares, que es preciso purificar en el fuego de la verdad, para que ésta brille como en el crisol el oro puro.[37]

Creyente fervoroso en el poder de la ciencia y de los avances tecnológicos para arrinconar y eliminar las supersticiones, González Obregón asume actitudes que hoy pueden parecer ingenuas, como sucede con su comentario sobre la creencia de origen indígena en los nahuales: "Por fortuna tales supersticiones se han ido borrando para siempre. De los llamados nahuales apenas queda una idea remota en algún rincón de nuestra República, en algún pequeño villorrio o en algún humildísimo rancho. Parece que la majestuosa locomotora, como evocándolos por un conjuro, los ha hecho huir con su poderoso silbato, como una parvada de maléficos espíritus".[38] Quizá él se revuelva con amargura en su tumba al ver que la creencia en los nahuales, si bien no se ha extendido, goza de cabal salud en la cultura popular mexicana.

A tal grado lleva González Obregón su fervor positivista, que incluso desaprovecha literariamente materiales provenientes de las leyendas. Por ejemplo, al principio del texto titulado "La calle de Don Juan Manuel", reconoce el enorme atractivo de las anécdotas antiguas, pues: "Hay cosas viejas que nunca envejecen, porque siempre conservan no sé qué de sencillo y original [...] y agradan al público tanto como al buen tomador el vino añejo";[39] pero si bien es consciente de la dimensión artística del acervo legendario, no abandona su fe en el método científico, por lo que divide su texto en dos partes: "Atendamos primero a la historia para después escuchar a la leyenda";[40] es decir, el rico nivel de la ficción queda supeditado al de la historia, dentro del cual

---

[37] Luis González Obregón, "La virgen del perdón", en *México viejo*, pról. Flor de Ma. Hurtado, Promexa, México, 1979, p. 105.
[38] *Ibid.*, p. 223.
[39] *Ibid.*, p. 251.
[40] *Idem.*

se ubica, según él, la verdad.[41] Pero antes de exponer cómo se combinan ficción e historia en González Obregón, conviene introducir una necesaria digresión sobre el especial significado de la palabra tradición en Hispanoamérica durante el siglo XIX, pues asumió matices que no se agotan en la simple confluencia de los términos "leyenda" y "tradición" enunciada al principio de este capítulo.

Como se sabe, Ricardo Palma fue el más prolífico escritor de leyendas en Hispanoamérica. Para la confección de ellas, en gran medida se basó en documentos del Archivo de la Inquisición de Lima, con lo cual el componente histórico de la leyenda se acentuó y adquirió un sesgo de trabajo de archivo.[42] Además de acudir al Virreinato, Palma utilizó un enfoque pintoresco, así como un tono humorístico e irónico, basado en un lenguaje popular, el cual le servía, entre otras cosas, para conectar el presente del receptor con el pasado de los sucesos narrados. En fin, aunque la "tradición" tal como la entendió y ejercitó Palma no puede reducirse a un modelo único, una probable descripción general de ella sería ésta:

> La tradición gravita así entre lo histórico y lo literario y se construye con ingredientes diversos provenientes tanto de la fuente culta como de lo popular, de lo vivido y de lo imaginado. Es siempre

---

[41] Vale la pena mencionar aquí el caso de Manuel José Othón, quien comparte con González Obregón el afán de deshacer absurdas creencias populares basadas en lo sobrenatural. Este intento de Othón se cumple en el plano estrictamente literario, o sea sin mezclar el discurso histórico con el ficticio; así sucede en sus cuentos —heterodoxos porque están recargados de elementos líricos y descriptivos— pertenecientes a la serie de 1903 titulada *Cuentos de espantos y novelas rústicas* (edición moderna: Eds. Coyoacán, México, 1997); así, en "Encuentro pavoroso", "Coro de brujas" y "El nahual", desde una posición de superioridad ideológica y cultural, un narrador testimonial destruye y se burla de las creencias de la humilde gente pueblerina; Othón no se propone construir un relato fantástico, sino esbozar un argumento en el que finalmente la supuesta acción de lo sobrenatural (brujas, nahuales) es desenmascarada como simple engaño, por ello una parte de su título, *Cuentos de espanto*, alude más bien a otra codificación: la literatura de horror.

[42] Sobre este tema, véase: José Miguel Oviedo, "Palma entre ayer y hoy", en Ricardo Palma, *Tradiciones peruanas*, Biblioteca Ayacucho, Caracas, 1977, pp. ix-xli.

narración corta, evocativa de tiempos pasados, con asuntos tomados del documento escrito o de los meramente oídos de otros labios, pero aderezados con elementos de ficción, con apuntes de costumbrismo local, con ingenio, gracia y humor.[43]

Pues bien, en su vertiente más lograda desde el punto de vista literario, González Obregón es un excelente discípulo de Palma, por lo que muchos textos suyos podrían ubicarse dentro de la modalidad "tradición". Pero en otros, como el mencionado, no alcanza a fundir ficción e historia en un todo unificado; y no por falta de capacidad para la escritura, sino por su afán positivista de esclarecer todos los misterios usando los documentos históricos a su alcance, por lo cual tiende a privilegiar esta práctica. Éste es precisamente su propósito en el texto "La calle de Olmedo", donde afirma haber encontrado la fuente histórica de la leyenda ubicada por Roa Bárcena y otros en el Callejón del Padre Lecuona.

Según González Obregón, el origen de la leyenda fue un suceso del 15 de septiembre de 1791, cuando por la fuerza y vendado, un sacerdote fue conducido a una casa para confesar a dos personas presas y aparentemente amenazadas de muerte; después, el padre fue amordazado y abandonado en la calle, donde dos guarda-faroles que lo auxiliaron, instigados por la sospecha del clérigo de que se hubiera cometido un crimen, dieron aviso a la autoridad; pese a las diligentes pesquisas ordenadas por el virrey Revillagigedo, fue imposible ubicar el lugar de los hechos y saber si éstos culminaron en un acto sangriento, pues no se contó con la colaboración del sacerdote, quien respetó íntegramente el secreto de confesión. Pasado el tiempo, dice González Obregón, el vulgo, que ignoraba las minuciosas investigaciones oficiales, "forjó en la fantasía popular la leyenda de la calle de Olmedo, aunque haciendo pasar la escena años antes en que se verificara el crimen misterioso, y convirtiendo al buen clérigo en un fraile que había perdido el juicio por haber confesado a una muerta, e

---

[43] Estuardo Núñez, "Prólogo" a *Tradiciones hispanoamericanas*, Biblioteca Ayacucho, Caracas, 1979, p. xiii.

hizo de dos víctimas una sola".[44] Después de describir las aptitudes creativas latentes en el imaginario popular, González Obregón afirma que la leyenda oral se fue "adulterando" hasta llegar a una versión literaria que él no identifica, pues puede referirse tanto a la de Roa Bárcena como a la de Vicente Riva Palacio y Juan de Dios Peza (no obstante que habla de "uno de nuestros inspirados poetas", con frecuencia esta última se adjudicó individualmente a Riva Palacio):

> La leyenda conservada por la tradición fue adulterándose cada vez más y al cabo de un siglo, la imaginación de uno de nuestros inspirados poetas concluyó por hacer una conseja, que sólo la verdad contenida en las amarillas páginas del proceso que existe en el Archivo General de la Nación nos ha permitido desvanecer, pero sin aclarar el misterio que cubrió para siempre el crimen perpetrado en la noche del 15 de septiembre de 1791 y cuyo secreto se llevó a la tumba el sigilo inquebrantable del discreto y cumplido sacerdote, D. Juan Antonio Nuño Vázquez.[45]

Si bien el afán esclarecedor de González Obregón fundado en documentos se presenta aquí en su máximo apogeo, en realidad él no proporciona razones convincentes para explicar la base histórica de la leyenda, por lo que sus conclusiones son una mera suposición. No obstante la debilidad de sus argumentos, con frecuencia se ha aceptado su postura. Así sucede en el citado e interesante ensayo de Isabel Quiñónez.[46] En la misma línea, Elvira López Aparicio dice: "González Obregón asegura que en el Archivo de la Nación está asentado este caso como ocurrido a

---

[44] Luis González Obregón, "La calle de Olmedo", en *Las calles de México* (1922), Porrúa, México, 2000, p. 72. Aunque después analizo algunas variantes de la leyenda, señalo, de paso, que en esta cita parecen confundirse dos versiones: la de Roa Bárcena, cuyo sacerdote queda afectado por confesar a un muerto, y la de Riva Palacio y Peza, donde el padre muere por la impresión de haber confesado a una muerta.

[45] *Idem.*

[46] "Prólogo" a Juan de Dios Peza, *Leyendas históricas, tradicionales y fantásticas de las calles de la ciudad de México*, ed. cit., pp. xxxi-xxxii.

fines del siglo XVIII. Es muy probable que ésa haya sido la fuente consultada por don José María".[47] Todavía más enfático, otro crítico afirma sin lugar a dudas:

> All legends are thought to have some basis in fact. Yet seldom has the intimate relation between historical fact and popular legend been so clearly demonstrated as in the case of the tradition arising from certain events that occurred in the street formerly known as the Calle de Olmedo in the center of Mexico City [...] Early in this century Luis González Obregón uncovered documents in the Archivo General de la Nación that established the facts on which the legend was founded.[48]

Por mi parte, considero muy difícil, y quizá hasta estéril, intentar rastrear el origen de una leyenda en hechos reales documentables en la historia; incluso me atrevo a sugerir que no es improbable el proceso inverso, es decir, que haya primero una creencia popular ligada a lo sobrenatural a la cual se asocia después un hecho concreto con rasgos de verosimilitud histórica.

Curiosamente, el propio discurso de González Obregón refuta sus conclusiones, ya que él reconoce que ha podido "desvanecer pero sin aclarar" el misterio, que seguirá así "para siempre". En fin, de nuevo la actitud que preside sus textos privilegia la historia sobre la ficción, a tal grado que incluso esta última ni siquiera aparece, ya que sólo menciona la leyenda pero no transmite ninguna versión de ella, como sí hizo, en cambio, en "La leyenda de Don Juan Manuel".

Más cercana a la posición artística e ideológica de Roa Bárcena es la de sus contemporáneos Riva Palacio y Peza, quienes privilegian las posibilidades estéticas de las leyendas, propósito global expresado enfáticamente al final de su versión de "La Llorona":

> y el lector tenga paciencia
> que está de fe perdonado,

---

[47] E. López Aparicio, *op. cit.*, p. 99.
[48] Ross Larson, *Fantasy and imagination in the Mexican narrative*, p. 54.

pues basta que se divierta
aunque declare que es falso.[49]

Es decir, ellos no plantean a su probable lector la disyuntiva entre creer o no creer en los argumentos extraordinarios que cuentan, pues les basta con que sus leyendas "diviertan" a los receptores, quienes harán sobre todo una lectura estética de ellas.

Precisamente en esta vertiente estética me interesa continuar la discusión iniciada con el cuento de Roa Bárcena, por lo que efectuaré una comparación entre su texto y algunos otros que coinciden en el argumento del muerto que reencarna para confesarse, tema popular que, de acuerdo con su muy probable origen oral, ha propiciado distintas versiones de la leyenda. De las existentes, he decidido trabajar con aquellas que aporten alguna variante significativa y desechar las que sean meros epígonos de versiones previas. Por ejemplo, el escrito de Ángel R. de Arellano titulado "El callejón del Padre Lecuona" (1894) es una copia casi literal de "Lanchitas", de donde tan sólo eliminó las reflexiones iniciales del narrador, lo cual demuestra su intención de depurar la narración para sólo quedarse con la anécdota sobrenatural. El problema es que bastó este simple corte para producir algunas incongruencias en el texto, pues sin la presentación inicial del narrador, quien dice haber conocido a Lanchitas hace muchos años, no se entiende por qué al final el narrador habla en una primera persona familiarizada con el personaje; del mismo modo, como en el pasaje eliminado el narrador planteaba el enigma del cambio de comportamiento y de nombre del sacerdote, resulta muy confuso el último párrafo de Arellano, donde de improviso la voz autoral interrumpe la secuencia narrativa tanto para

---

[49] "La Llorona", en Vicente Riva Palacio y Juan de Dios Peza, *Tradiciones y leyendas mexicanas*, ed. cit., p. 114. Es probable que en estos versos haya un eco de las entonces muy famosas leyendas de Bécquer, quien al inicio de "La cruz del diablo" (1860), marcaba tanto la transmisión oral de la trama como su intención estética: "Que lo creas o no, me importa bien poco. Mi abuelo se lo narró a mi padre, mi padre me lo ha referido a mí, y yo te lo cuento ahora, siquiera no sea más que por pasar el rato" (Gustavo Adolfo Bécquer, *Leyendas*, 4ª. ed., ed. Pascual Izquierdo, Cátedra, Madrid, 1988, p. 157).

reconocer que ha copiado el texto, como para aludir vagamente al cambio de nombre del sacerdote: "Lo anterior lo hemos copiado y como se ve, el protagonista figura con el nombre de Lanzas y de Lanchitas, después del suceso que lo dejó espantado, aunque otros dicen que el héroe de la tradición se llamaba Lecuona".[50] En fin, es obvio que hasta para adaptar un texto se requiere cierta capacidad creativa en la escritura, de la cual carecía Arellano.[51] Más ricas para la discusión son, en cambio, las versiones que analizo enseguida.

Bajo el seudónimo de "Cero", el 2 de enero de 1882 en el periódico liberal *La República*, Riva Palacio y Peza publicaron "La leyenda de la calle de Olmedo", primera de la serie que tres años después compilaron para Ballescá bajo el nombre de *Tradiciones y leyendas mexicanas* (Por cierto que este título demuestra cómo para esa fecha los dos términos, "tradición" y "leyenda", cuyos orígenes habían sido paralelos, ya se habían amalgamado en forma total). Para la escritura de sus textos, ellos eligieron formas versificadas; en el caso que nos atañe, la agilidad de la décima, que a su evidente popularidad añade su fácil memorización; la calidad literaria de estas décimas fue reconocida por Ricardo Palma, el maestro del género tradición, quien en una carta del 14 de mayo de 1886 enviada a Riva Palacio, le dice: "Como ejecución me ha agradado infinito «La calle de Olmedo» en que las décimas son fáciles y frescas".[52] En "La leyenda de la calle de Olmedo", sus autores trabajaron con la que, *grosso modo*, podríamos llamar segunda versión del tema, cuyo argumento es éste: el sacerdote es conducido por un hombre a confesar a una elegante, joven y bella mujer

---

[50] Ángel R. de Arellano, "El callejón del Padre Lecuona", en *Leyendas y tradiciones relativas a las calles de México*, J. J. Terrazas e Hijo Impresores, México, 1894, p. 31.

[51] Más lamentable todavía es la adaptación de Aurelio Horta titulada "El Callejón del Padre Lecuona", de su serie "Tradiciones fúnebres. Los difuntos que hablan" (*El Universal*, 22 de mayo de 1892, p.1), sobre todo porque hay una terrible confusión en la voz narrativa, pues la anécdota, supuestamente sucedida al padre Lecuona, es contada en principio por un testigo tangencial, el padre Quiriego, quien de pronto se transforma en el protagonista, por lo que no se sabe finalmente si narra lo que le sucedió a Lecuona o a él mismo.

[52] R. Palma, *Epistolario*, Cultura Antártica, Lima, 1949, t. 1, p. 128.

que se encuentra atada e incluso amenazada de muerte por ese hombre; una vez cumplida su misión y ya fuera de la casa, el padre escucha un fuerte gemido, por lo que cree que la mujer ha sido asesinada; al percatarse de que olvidó en el lugar su estimado rosario, y temeroso incluso de que este objeto lo incrimine en el asesinato, con la ayuda del alcalde, a quien encuentra en el camino, fuerza la puerta de la casa y descubre que en un rincón de la habitación —húmeda y sombría—, hay un esqueleto con vestigios de un rico vestido de mujer y con el rosario del padre encima; luego de deducir con terror que ha confesado a una muerta, el padre cae fulminado de muerte:

El alcalde consternado
acércase al religioso
que en funerario reposo
yace en la tierra postrado:
toca su rostro, está helado,
toca su mano, está yerta,
y la gente por la puerta
huye espantada diciendo:
—Se murió el padre fray Mendo
porque confesó a una muerta.[53]

---

[53] Vicente Riva Palacio y Juan de Dios Peza, "La leyenda de la calle de Olmedo", en *Tradiciones y leyendas mexicanas*, ed. cit., pp. 261-262. Gracias a la labor de rescate de José Ortiz Monasterio, gran conocedor de Riva Palacio, tenemos ahora la posibilidad de leer estas leyendas, que estuvieron fuera del mercado editorial durante mucho tiempo. Se ha adoptado un criterio de edición moderno que hace más accesibles los textos para el lector actual (por ejemplo, actualizando la grafía de "gonce" por "gozne"); lamentablemente, la labor tipográfica de este libro no ha sido cuidadosa, por lo que se encuentran varias erratas; algunas de ellas son fáciles de enmendar: es obvio que el verso "como la sombra de pisa" debería ser "como la sombra que pisa"; pero en otros casos la errata hace incluso que los autores parezcan malos versificadores, pues el metro de sus versos no es octosílabo; así sucede en el verso "que no lleva con él" o bien con "aquí la noche confesé", que por ser agudos darían siete y nueve sílabas métricas, respectivamente, y que deben ser enmendados por: "que no lo lleva con él" y "aquí anoche confesé".

La reacción de terror frente a la muerte, visible tanto en el protagonista de Roa Bárcena como en el de Riva Palacio-Peza, aunque mucho más fuerte en este último caso, fue estudiada pocos años después por Freud en su ensayo "Lo siniestro", concepto que expuse en el capítulo previo. Al mencionar cómo muchas personas consideran siniestro en extremo todo lo relacionado con la muerte (cadáveres, aparición de los muertos, espíritus, espectros), Freud propone:

> Pero difícilmente hay otro dominio en el cual nuestras ideas y nuestros sentimientos se han modificado tan poco desde los tiempos primitivos, en el cual lo arcaico se ha conservado tan incólume bajo un ligero barniz, como en el de *nuestras relaciones con la muerte* [...] Dado que casi todos seguimos pensando al respecto igual que los salvajes, no nos extrañe que el primitivo temor ante los muertos conserve su poder entre nosotros y esté presto a manifestarse frente a cualquier cosa que lo evoque. Aun es probable que mantenga su viejo sentido: el de que los muertos se tornan enemigos del sobreviviente y se proponen llevarlo consigo para estar acompañados en su nueva existencia.[54]

Cualquiera que sea la explicación propuesta para esta reacción de terror frente a la muerte (desde el sicoanálisis o desde cualquier otra disciplina), lo sustancial aquí es destacar cómo las dos versiones analizadas, es decir, "Lanchitas" y "La leyenda de la calle de Olmedo", logran producir este efecto estético con gran eficiencia.

Ahora bien, sin duda el texto de Riva Palacio y Peza es uno de los mejores de su libro, pues su narración, ágil y a la vez concisa, construye muy bien el ambiente de misterio y terror. Además, añade interesantes rasgos a la anécdota, como la hábil ocurrencia de mostrar al padre preocupado por recuperar su rosario, el cual podría usarse para acusarlo de la muerte de la mujer; de este modo, el objeto cumple una doble función, ya que también sirve como prueba testimonial de que, fuera de toda lógica, en verdad el padre visitó una casa que había estado herméticamente cerrada durante años.

---

[54] S. Freud, "Lo siniestro", p. 2498.

El clímax del texto se desvía del motivo de la reencarnación milagrosa, pues el sacerdote, quien simplemente reacciona presa del terror, en ningún momento juzga que en los insólitos hechos haya intervenido la mano benéfica de Dios:

El fraile su rostro vela,
siente la razón perdida,
y con voz estremecida
grita, al fin, con hondo espanto:
—He confesado, Dios santo,
un alma de la otra vida.[55]

Así, aunque el final elegido por Riva Palacio y Peza difiere del de Roa Bárcena, también resulta coherente, pues debido a que su protagonista no asume la conciencia de estar frente a un deliberado misterio divino, su condición profesional de pastor funciona más bien como un pretexto para que sufra la experiencia terrible de terror puro, según su caracterización desde el principio del texto, donde aparece como un sacerdote cobarde y temeroso. De todo ello puede deducirse que el propósito de los autores fue construir un texto perteneciente a la categoría de lo fantástico que lindara con el horror. No obstante, el obvio carácter artificial del verso, del cual el receptor es siempre consciente, atenúa un tanto la posibilidad de producir este efecto; en principio, parece más probable alcanzar esa reacción de terror mediante la prosa de los relatos orales, que puede ser trabajadamente llana y por ende sonar más natural.

Ya en pleno siglo XX, Artemio de Valle-Arizpe partió sobre todo de la versión de Riva Palacio y Peza para escribir "La confesión de una muerta", de cuyo análisis cuidadoso se deduce, como intentaré demostrar, que su prosificación y transformación de la leyenda no fue del todo afortunada. Aclaro que al emitir este juicio, cuya certeza probaré mediante mi análisis, estoy asumiendo que Valle-Arizpe conocía las versiones de Roa Bárcena y de Riva Palacio-Peza, respecto de las cuales debe medírsele.

---

[55] Riva Palacio y Peza, "La leyenda de la calle de Olmedo", p. 261.

En primer lugar, cabe decir que él no usa el estilo de la prosa directa que se requeriría para contar con eficiencia una anécdota sobrenatural. Fiel a sus hábitos literarios, Valle-Arizpe suele recargar sus textos de detalles inútiles que no alcanzan valor indicial; por ejemplo, la descripción de rasgos arquitectónicos, muebles, vestimenta, comida, etcétera, todo lo cual, combinado con su afán arcaizante, a veces no produce los mejores resultados. Así, al inicio de "La confesión de una muerta" gasta una página completa para describir las labores cotidianas de su personaje, el padre Aparicio, las cuales inspiraban el respeto de los feligreses. Cuando por fin arranca la anécdota, de nuevo el narrador se distrae del que debería ser su objetivo, pues con el típico estilo barroco y arcaizante del autor, dedica este largo pasaje a un personaje totalmente secundario, la vieja que conduce al sacerdote a efectuar la confesión:

> La vieja, toda temblorosa, tomó la vela. La revuelta greña le caía en lacios mechones por la cara de color canela, llena de arrugas hondas, sinuosas; la ganchuda nariz le goteaba sobre la barba salediza y con pelos; los ojos, abotargados, estaban con estrías de sangre; de su boca desdentada le salían sollozos; el justillo lo traía en jirones, y por entre ellos le saltaban, bamboleantes, las ubres cetrinas y negras. Era esa vieja como gárgola de iglesia visigótica. Guió al Padre con su mano gelatinosa y fría...[56]

En suma, en este sentido sorprende comprobar que pese a recurrir a la prosa, la versión de Valle-Arizpe suena aun más artificial que la versificación de sus antecesores, lo cual demuestra, por cierto, que el supuesto carácter "natural" o "artificial" de un texto debe juzgarse según su eficiencia verbal y no respecto de una preconcepción estilística (la prosa no es *per se* más natural que el verso); en última instancia, todo uso literario de la lengua se basa en un artificio aceptado por el receptor en el momento mismo de iniciar la lectura.

---

[56] Artemio de Valle Arizpe, "La confesión de una muerta", en *Historia, tradiciones y leyendas de calles de México*, Diana, México, 1978, pp. 115-116.

Por si no bastara con el anterior defecto estilístico, los excesos descriptivos de Valle-Arizpe lo inducen a seguir prodigando las digresiones, pues inventa un diálogo entre el sacerdote y sus amigos, uno de los cuales, para castigar su tardanza en llegar a la tertulia, le dice: "De lo que se perdió fue de saborear unos mostachones y unas esplendorosas rosquillas de almendra con que regalaron las monjas carmelitas al señor Canónigo" (p. 117); e inmediatamente otro de los presentes completa: "¡Ah, qué rosquitas ésas, Padre Aparicio! ¡Qué rosquitas! ¡De rechupete! ¡Y si viera el maravilloso rosoli que hemos tomado! Era definitivo; tengo aún su fragancia suave en los labios" (p. 117). Estos pasajes son parte del llamado "colonialismo" del autor, quien con base en el período de la Colonia, desarrolló un particular costumbrismo. Entiendo aquí el costumbrismo en su acepción general, es decir, como una escuela o modalidad de escritura dirigida a la construcción del texto mediante los usos y costumbres típicos de una sociedad específica; acotado históricamente, el costumbrismo remite a una corriente particular ubicada dentro del realismo del siglo XIX, de donde se ha tomado el término para calificar textos de otros períodos que presentan características semejantes. Asimismo, habría que diferenciar entre el "costumbrismo" como categoría global de estilo y el denominado "cuadro de costumbres", descrito por algunos críticos como un género individual centrado en la descripción realista y estática de rasgos típicos de una cultura (desde ciertas perspectivas teóricas, el cuadro de costumbres sería incluso uno de los antecedentes inmediatos del cuento moderno).

Del ejemplo de Valle-Arizpe no puede deducirse que en general el costumbrismo se oponga a la intención fantástica de un texto, pero sí afirmo que en este caso particular desvía fuertemente la atención del lector, sobre todo porque se trata de pasajes de la trama donde el narrador no construye un suspenso mayor sino que detiene la acción. Como veremos con el análisis dedicado a Carlos Fuentes, en cuanto rasgo secundario, el costumbrismo puede entrar coherentemente en un texto fantástico sin desvirtuar su naturaleza; sólo se necesita que ese modelo literario se introduzca de forma pertinente, lo cual no sucede en Valle-Arizpe, quien se olvida de seguir construyendo el suspenso propio del clímax al que debe tender el relato, para dedicarse tan sólo a la descripción de rasgos costumbristas; en otras palabras, es como si abandonara la intención fantástica original de sus antecedentes (la leyenda de Riva Palacio-Peza y el cuento de Roa Bárcena) y optara por construir un relato costumbrista, con lo cual el principio dominante y estructurador de su texto resulta muy confuso.

Además, el autor multiplica sin necesidad el número de personajes, pues el sacerdote es llevado por varios hombres a la casa de la confesión, donde se suma la vieja antes descrita. En cambio, tanto en Roa Bárcena como en Riva Palacio-Peza, la economía del relato está mejor lograda, ya que esas dos funciones se concentran en un mismo personaje secundario: una mujer en el primer caso y un hombre en el segundo. Del mismo modo, Valle-Arizpe duplica absurdamente los objetos olvidados por el padre, quien pierde tanto el pañuelo como el rosario, lo cual atenta contra la eficacia estructural del texto, para la que bastaría con un solo objeto que testimonie la veracidad del hecho insólito.

Pero quizá los defectos mayores se producen en dos aspectos sustanciales para un argumento fantástico. El primero de ellos es el gran desacierto del título escogido por Valle-Arizpe, "La confesión de una muerta", porque si bien, según he dicho, un relato de carácter fantástico suele ser indicial, aquí se da más que un indicio: se adelanta al lector la supuesta sorpresa final, es decir, que quien se confiesa es una muerta. El segundo defecto reside en el final, pues no obstante su agudo catolicismo, Valle-Arizpe no percibió que había una insoluble contradicción argumental en el pasaje donde el sacerdote se vuelve loco debido a la terrible experiencia; en efecto, cuando el padre concluye que ha confesado: "—A una mujer que vino del otro mundo, *con permiso de Dios*, para decir sus espantosos pecados, ¡aquellas cosas que me horrorizaron!",[57] reconoce explícitamente la intervención divina, por lo que, según sus rasgos de excelente sacerdote descritos al inicio del texto, debió haber interpretado el suceso como un mensaje divino, tal como sucede con el personaje de "Lanchitas' cuando cambia radicalmente su conducta sacerdotal. Cabe destacar aquí

---

[57] *Ibid.*, p. 121; las cursivas son mías.

que si bien Roa Bárcena y Valle-Arizpe coincidían en su fe religiosa, el primero tuvo la habilidad artística para evitar que sus creencias ideológicas desvirtuaran la intencionalidad interna de su texto. En suma, considero que la versión de Valle-Arizpe ha sido muy afectada por el riesgo indicado por Thomas A. Janvier respecto de la transmisión escrita de las leyendas:

> While the oral transmission of the legends among the common people —by heightening always the note of the marvellous— has tended to improve them, the bandying about in print to which they have been subjected has worked a change in them that distinctly is for the worse. In their written form they have acquired an artificiality that directly is at odds with their natural simplicity...[58]

Sospecho que Janvier sabía muy bien de lo que hablaba, pues al emitir este comentario tenía ya dos decenios de permanente fascinación por las leyendas mexicanas. Su fervor había comenzado en 1891 con *Stories of Old New Spain*, libro donde reelaboró diversas leyendas a partir de relatos orales recogidos en Monterrey con la ayuda de su esposa, quien los escuchó de una anciana. Pero en aquel entonces, el inexperto escritor naufragó en su intento de convertir esas anécdotas orales en cuentos escritos, pues acabó por diluirlas en un exacerbado tono lírico y en copiosas e inútiles descripciones sin relación alguna con la leyenda supuestamente transmitida; por ello sus textos alcanzan dimensiones excesivas (uno de ellos, "Saint Mary of the Angels", abarca casi cien páginas). El estilo primigenio de Janvier aparece en este pasaje: "Late day is a very perfect time in Mexico. As the sun sinks behind the mountains, and the glare and heat go after it, cool shadows come forth modestly from where they have been in hiding all day long; and a cool, delicious breeze sweeps down from the mountains comfortingly; and after the weariness of long hours of scorching sunlight there is coolness, and shadiness, and rest".[59]

---

[58] Thomas A. Janvier, *Legends of the City of Mexico*, Appleton, Nueva York, 1910, p. xi.

[59] Thomas A. Janvier, "The flower of death", en *Stories of Old New Spain*, Appleton, Nueva York, 1891, p. 128.

Hay también en su primera obra la presencia de varios personajes anglosajones que actúan con una clara superioridad sobre los habitantes de la Nueva España; además del obvio prejuicio racial, con este recurso la trama de origen legendario suele perderse todavía más. Por último, pese al título del libro, el primer texto, "Niñita", no se refiere a la Nueva España sino al México independiente. De todo ello se concluye que los resultados globales no son nada satisfactorios.

Por fortuna, Janvier se superó en su siguiente libro, sobre las leyendas de la Ciudad de México, publicado en 1910, cuando el autor firmaba ya orgullosamente como miembro de la "Folk-lore Society" de Londres. En la portada se aclara que las leyendas han sido recogidas ("collected") por Janvier, de acuerdo con su enfática afirmación del prólogo: "These legends of the City of Mexico are of my finding, not of my making. They are genuine folk-stories. Each one of them is a true folk-growth from some obscure curious or tragical ancient matter that, taking hold upon the popular imagination, has had built up from it among the people a story satisfying to the popular heart".[60] Ignoro qué entiende exactamente Janvier por "genuine folk-stories", porque en realidad él no proporciona el relato oral de la leyenda, sino su reelaboración escrita, por más que haya tratado de reproducir las que considera mejores versiones, o sea, aquéllas provenientes de la gente común que en principio las forjó y que las ha transmitido oralmente a lo largo de generaciones.

Entre las fuentes de sus leyendas, cabe destacar a Josefa Correa, su lavandera en la Ciudad de México, y a un mesero del Café del Hotel Inglés, Gilberto Cano, profundo conocedor de las tradiciones y leyendas mexicanas con quien Janvier mantuvo una estrecha amistad; por la forma como Cano relataba sus cuentos, descrita en detalle en el libro, parece que se trataba de un excelente narrador oral. Precisamente de esta fuente proviene el texto titulado "Legend of the Callejón del Padre Lecuona", de la cual aclara Janvier que por una confusión natural entre el lugar donde la leyenda sucedió y el nombre del sacerdote, se cuenta

---

[60] Thomas A. Janvier, *Legends of the City of Mexico*, p. ix.

"ahora" como relacionada con el padre Lecuona y no con el padre Lanzas. De las dos versiones de la leyenda aquí descritas, Janvier elige transmitir la que juzga más popular, es decir, la que también trabajó Roa Bárcena.

En realidad el texto de Janvier coincide en gran medida con "Lanchitas", por lo que yo sospecho que él no sólo abrevó del relato oral de Cano, sino también del cuento de Roa Bárcena (quizá por medio de la asimilación inconsciente del propio Cano). Hay, sin embargo, algunas significativas diferencias que conviene destacar. En primer lugar, fiel a su idea de reproducir el tono original de las leyendas, Janvier recurre a un narrador que con frecuencia usa el vocativo "Señor" para marcar que el relato se cuenta en voz alta a un receptor inmediato; pero si bien este artificio ayuda a simular rasgos de oralidad en el relato, su reiteración resulta excesiva. Ahora bien, este rasgo no concuerda con el registro verbal del resto del relato, pues el inglés utilizado por el narrador de ningún modo parece ser el de un personaje popular. Dentro de la misma línea de rasgos heredados del relato oral, y con el propósito de avalar la verosimilitud del texto, el narrador introduce hábiles referencias inmediatas: "My own grand-father knew him [el Padre Lanzas] well, Señor, having known a man who had seen him when he was a boy. Therefore this strange story about him is true".[61]

En cuanto a la reacción última adjudicada al padre Lanzas, percibo una pequeña deficiencia en el relato de Janvier, pues luego de su involuntario contacto con el más allá, su personaje tan sólo acentúa las características de buen pastor que poseía desde el principio; debido a la magnitud de la terrible experiencia, cabría suponer un cambio más radical en el sacerdote, desde la locura en diversos grados hasta la muerte física. Pero quizá al mismo tiempo esto explique el contraste entre el título de Janvier y el de Roa Bárcena, pues mientras con "Lanchitas" éste se centra en la transformación sufrida por el personaje, el otro privilegia la ubicación de los hechos: "Legend of the Callejón del Padre Lecuona", del mismo modo que había hecho la versión Riva

---

[61] *Ibid.*, pp. 84-85.

Palacio-Peza. Es decir, el título de cada una de las versiones indica si el relato se centra en el personaje ("Lanchitas"), en el lugar de los hechos extraordinarios ("La leyenda de la calle de Olmedo") o en el suceso en sí ("La confesión de una muerta").

Un rasgo curioso de Janvier es que incluso acude a elementos extra literarios para reforzar la verosimilitud de su relato o bien su carácter de horror. Para lograr esto último, intercala dentro de su texto un grabado terrorífico con las imágenes del sacerdote y del muerto en el momento mismo de la confesión; para apoyar el carácter verosímil, al final del libro incluye la reproducción fotográfica de la casa real donde supuestamente acontecieron los sucesos, un local donde ahora se lee "Expendio de carbón de encino", así como un pie de fotografía que dice "Where the dead man was confessed" (Donde el muerto se confesó). Se trata pues de una estética del horror con tintes populares que no se limita a lo verbal sino que acude a lo gráfico para reforzar su intencionalidad (según se aprecia en las mencionadas imágenes, reproducidas en el apéndice de este libro).

En esta misma línea de lo popular se ubica un texto derivado de la leyenda aquí analizada: "Sensacional noticia: la confesión de un esqueleto", hoja suelta publicada en 1903 por la imprenta de Antonio Vanegas Arroyo, la cual, de acuerdo con los lineamientos de este tipo de escritos, no tiene un autor identificable sino que salió de la pluma de alguno de los redactores anónimos de esta famosa imprenta mexicana. Se trata de un texto híbrido, compuesto por una sección inicial en prosa y otra en versos octosílabos, ambas de dudosa calidad literaria (la prosa incluso tiene una sintaxis y una puntuación bastante deficientes). Como sabemos, en estas hojas sueltas se suelen difundir sucesos muy diversos (desde hechos sobrenaturales hasta crímenes horrendos, pasando por frivolidades múltiples), los cuales pueden suscitar el interés de un público masivo y popular más interesado por un periodismo sensacionalista que por una obra literaria que diversifique sus impresiones estéticas.

En ambas partes del texto, el eje es un hecho supuestamente real, acontecido en el Templo del Carmen de la Ciudad de México, según anuncia el arranque del texto: "El suceso extraordinario que vamos a narrar tuvo verificativo el lunes 21 del mes de

Septiembre de 1903 a las seis de la tarde". Esta marca temporal, donde el hecho extraordinario se presenta como muy cercano en el tiempo, contrasta notablemente con las versiones hasta aquí estudiadas, en las cuales el tono legendario implicaba una gran distancia entre el tiempo de la enunciación (el presente del lector) y el tiempo del enunciado (los hechos, referidos a un pasado remoto). La inmediatez —apenas sucedido un hecho extraordinario, éste se difunde de inmediato— es uno de los rasgos de esta cultura sensacionalista.

Para una mejor comprensión de mis argumentos, comento y cito la trama de este texto, el cual, además, es casi inasequible para el lector actual.[62] El texto cuenta la experiencia terrible que tuvo el sacristán José Reyes al disponerse a cerrar la iglesia; al revisar con cuidado que no quedara nadie ahí, "divisó a los amortiguados rayos de una lámpara a una viejecilla especie de momia, con las facciones muy vagas, la cual andaba con paso menudo y casi deslizándose en dirección de la puerta principal"; si bien la viejecilla sale, cuando Reyes estaba ya cerrando las puertas de la sacristía, "escuchó clara y distintamente un congojoso gemido que venía del interior del Templo"; al repetirse ese lamento varias veces, "el Sacristán tiembla de pies a cabeza como un azogado, siente que sus cabellos se le erizan y que un calosfrío horrible recorre todos sus nervios", luego de lo cual entra de nuevo al templo, "dominando cuanto le fue posible el gran pánico de que era poseído". El pasaje siguiente es sin duda de lo mejor del texto, pues logra con habilidad dilatar la sensación de suspenso y posponer la solución del enigma:

> Con la linterna en la mano, marchaba por la anchurosa nave central del Carmen, y luego que la recorrió en todo su largo y nada miró regresaba ya a la sacristía por una de las naves laterales, cuando

---

[62] Al final de esta hoja suelta, que yo he consultado en la biblioteca de El Colegio de México, se proporcionan los datos de lugar y fecha de la impresión: Siglo XX. Año de 1903, *México, Imprenta de Antonio Vanegas Arroyo, 5ª de Lecumberri 2597*. El difícil acceso a este material bibliográfico me ha inducido a incluirlo en el apéndice de este trabajo, junto con la reproducción de las dos imágenes que acompañan la versión de Janvier.

he aquí que deja escapar un inexplicable grito de pavor y cae al suelo soltando la linterna la cual se apagó quedando en consecuencia rodeado todo el templo de la obscuridad más grande. Reyes casi arrastrándose, pues no podía andar del terrible susto, pudo llegar a las puertas de la sacristía donde pidió socoro. A sus voces llegaron otros individuos a los que el asustado Sacristán solo podía mal articular esta palabra: ¡¡Allí!!...... ¡¡Allí!! ¿Qué cosa había sucedido? Un caso extrañísimo, sin precedente, en verdad. En uno de los confesionarios a cuyo pie cayó el sacristán se encontraba, ¡Oh pavor inaudito! un esqueleto humano real y verdadero con las canillas en cruz y apoyado sobre sus rodillas semejando el estar hincado. El cráneo o calavera del esqueleto se hallaba junto a la rejilla del confesionario en actitud idéntica a la que usan las penitentes al confesarse.

Al comunicar a las autoridades estos extraños hechos, la Comisaría recogió el esqueleto, luego de lo cual inició indagaciones inútiles para saber quién había colocado ahí esos despojos. Ante ello, el redactor de la nota plantea diversas hipótesis, mezclando las explicaciones racionales con la sugerencia de algo sobrenatural:

> El esqueleto, como se supone, pudiera muy bien haber sido llevado allí por algún travieso con el objeto de espantar, ¿pero los gemidos que oyó Reyes y aquella señora con apariencias de momia que salió del templo y que luego desapareció, puede decirse, al hallarse en el atrio?
> Todo esto viene indicando misteriosamente que se trata de alguna alma en pena, de algún caso de esos que parecen sobre naturales y que no lo son, según la moderna y lógica Teoría del Espiritismo Científico.

No obstante esta posibilidad, que en dado caso expandiría el paradigma científico para incluir los fenómenos espiritistas, tan en boga a inicios del siglo XX, al final el redactor enuncia otra más bien fantástica que emparienta claramente el texto con la leyenda estudiada en este capítulo:

El esqueleto es material enteramente y muy bien pudo haberlo llevado a la Iglesia su dueño, el espíritu en persona, y ponerlo ante el confesionario para indicar que había muerto sin el sacramento de la penitencia y con el objeto de que algún clérigo o fraile oyese su confesión cuando se le presentase después. El gemido pudo haber sido del mismo espíritu que sufre por no haberse podido confesar en vida, antes de morir, y la señora que salió del templo es probable que sea el mismo espíritu en pena, puesto que sus facciones encontrábanse vagas y casi no tocaba el pavimento al andar. También puede haber sido todo simulado con el fin único de espantar al sacristán. El tiempo y el estudio en este caso vendrán a esclarecer la verdad del macabro acontecimiento.

Más que estar representadas en el mundo de la ficción o ser transmitidas mediante los personajes, estas hipótesis son enunciadas en el nivel discursivo, es decir, por parte del narrador, lo cual resta fuerza al argumento. Del mismo modo, debe decirse que son poco eficaces las exclamaciones con las cuales se intenta construir una sensación de horror, como cuando el narrador dice: "¡Oh pavor inaudito!" (frases como ésta incluso provocan incontenible risa al lector actual). La misma intención tendría un elemento de "Sensacional noticia" que se relaciona con las técnicas de Janvier: la hoja suelta inicia con una imagen en donde se ve, en un conjunto sincrónico que contradice la secuencia de los hechos, al esqueleto hincado en el confesionario, al sacristán desmayado y a la misteriosa vieja saliendo de la iglesia. Esto adelanta mucho la trama del texto, como también lo hacen el título y subtítulo completos: "Sensacional noticia: confesión de un esqueleto. Una alma en pena dentro del Templo del Carmen". Ahora bien, para juzgar este rasgo desde su perspectiva más pertinente, cabe decir que la estética de la imprenta de Vanegas Arroyo difiere de la estética de Valle-Arizpe, a quien critiqué su decisión de revelar toda la trama en el título de su texto. En este sentido, la naturaleza del título de la hoja suelta, tan descriptivo y sensacionalista, puede explicarse por el deseo comercial de seducir con el título, voceado por los vendedores, al potencial comprador del impreso, ávido de hechos sensacionalistas. En suma, ese texto se ubica dentro del ámbito de la estética popular del horror, de las llamadas "historias de aparecidos", y no en el de la literatura fantástica.

Sorprendentemente, la parte versificada del texto (la llamo así porque no creo que alcance niveles poéticos) asume un tono muy distinto; si bien en esencia describe el mismo argumento que la sección prosificada, disiente del relato de horror para construir un argumento con un tono muy irónico que busca provocar la sonrisa del lector, ya que desde los primeros versos la voz lírica se burla de las peripecias del pobre sacristán:

¡Oh que susto tan tremendo
El sacristán se llevó!
Ver un muerto confesarse
No tiene comparación.

Sirvan estos versos iniciales como muestra del conjunto; el resto de ellos está compuesto con los mismos previsibles recursos (por ejemplo, las rimas más burdas para construir octosílabos). Más que la factura de estos versos, me interesa destacar el doble carácter híbrido de "Sensacional noticia". Por un lado, en su aspecto formal, pues es un escrito prosístico y versificado a la vez; por otro, el hecho de que esté preparado con dos tonos perfectamente diferenciados: el tono del relato de horror y el tono de los versos festivos y burlones. Este último rasgo demuestra, me parece, que la estética popular es más compleja de lo que en primera instancia puede apreciarse. De ello se deduce que los redactores de la imprenta de Vanegas Arroyo sabían que su público receptor podía tener miedo o bien reírse a partir de un mismo argumento de aparecidos. En suma, sólo la parte en prosa de este texto podría considerarse, no obstante sus deficiencias, cercana a una típica postulación fantástica; la intención irónica del fragmento versificado, en cambio, no produce el efecto de lo siniestro que coincidiría con lo fantástico, según he explicado en el capítulo inicial, pues, como dice Freud: "Hasta una aparición «verdadera», como la del cuento de Óscar Wilde «El espectro de Canterville», pierde sus derechos a inspirar por lo menos terror, cuando el poeta se permite la broma de ridiculizarlo y de burlarse de él".[63]

---

[63] S. Freud, art. cit., p. 2505.

Creo que, en cierto sentido, el carácter clásico de un texto (no me asusta la palabra, aunque suene imponente) puede medirse por su capacidad para adaptarse a situaciones culturales e históricas múltiples y diversificadas. Una prueba de ello son las adaptaciones de *Macbeth*, de Shakespeare, que se han hecho a lo largo de los siglos. En cuanto a la "Leyenda de la calle de Olmedo", título global con el que aludo a todas las versiones aquí analizadas, su argumento continúa vigente en la cultura mexicana. Para probarlo, menciono varios casos de épocas distintas que muestran cómo se ha transformado.

El primero de ellos es el texto "La calle de Olmedo", historieta ilustrada publicada por la editorial Novaro en la década de 1970 dentro de su colección "Leyendas de América". Se trata de un texto afiliado a la segunda versión de la leyenda, pues el sacerdote Fernando de la Cruz es interceptado por un hombre que lo lleva a confesar a una mujer a la cual él después victimará; hecha la confesión y luego de ser arrojado de la casa, el padre nota que "en su ansiedad y su miedo" olvidó su rosario en el lecho de la sentenciada; al escuchar un grito de dolor proveniente del interior de la casa, intenta inútilmente entrar, por lo que acude al apoyo del alcalde, a quien no dice nada de la confesión, sino tan sólo su necesidad de recuperar el rosario: "si me presento a mi comunidad sin el rosario, es como si un militar se presentara sin su espada. ¡Moriría yo de vergüenza ante el provincial! ¡Por favor, ayudadme a rescatar mi rosario!", dice con habilidad el texto para justificar la urgencia del pedido del padre sin que éste declare a la autoridad el probable asesinato de la mujer; al llegar a la casa, la cual ha estado cerrada durante años, descubren sobre un lecho el esqueleto de "una mujer joven" (dice absurdamente el texto, como si a simple vista se pudiera distinguir el sexo y la edad de un esqueleto), con una espada clavada entre las costillas; luego de que el sacerdote encuentra su rosario a un lado del esqueleto, el texto no proporciona ninguna explicación adicional sino tan sólo esta escueta conclusión: "Nadie supo explicar jamás aquel misterio, pero desde entonces se transita con pavor por la legendaria calle de Olmedo". Pese a pequeñas deficiencias de construcción como la señalada, esta historieta ilustrada resulta eficiente, pues logra transmitir un argumento centrado en un suceso extraordinario e inexplicable, respecto del cual el narrador no efectúa ninguna interpretación; de este modo, el lector se enfrenta directamente a lo desconocido.

Varias de las más recientes versiones derivadas del mismo argumento forman parte de ambiciosos y loables proyectos colectivos de difusión cultural. La más actual de ellas pertenece a la serie televisiva original del Canal Once titulada "Historias de Leyenda", cuya propuesta es rescatar ese gran legado de nuestra cultura contenido en las tradiciones y leyendas; sus resultados, como es lógico, son desiguales, pues algunas de sus adaptaciones televisivas son excelentes mientras otras tienen deficiencias de diversa índole (lo cual no obsta para emitir un juicio positivo del conjunto). El nombre de esta nueva adaptación de "La leyenda de la Calle de Olmedo" es "La confesión", título pertinente porque su neutralidad no adelanta el desenlace.[64] En general, el espectador de los capítulos televisivos de la serie observa las imágenes de una trama carente de diálogos entre los protagonistas, cuyas acciones son narradas por una voz externa en tercera persona. El sacerdote de "La confesión" es interceptado en la calle y a plena luz diurna por varios hombres, lo cual resulta ineficaz para construir el efecto fantástico, cuyo argumento de suspenso requería otras condiciones (los sucesos extraordinarios no pueden ser tan públicos y visibles); basta con recordar, por contraste, que en 'Lanchitas" los hechos suceden en una "noche fría, oscura y lluviosa", serie de adjetivos que tienden a construir el ambiente propicio para el misterio. (Aunque sea una mera sospecha, quizá esa deficiencia estructural se explique por los altos costos económicos requeridos para una filmación nocturna.)

En general, "La confesión" sigue la segunda vertiente de la leyenda, donde la protagonista es una mujer. En el clímax del relato, el sacerdote encuentra el objeto testimonial olvidado en una casa cerrada durante años, pero no se incluye el motivo del esqueleto de una mujer con vestigios de un rico vestido, tal como aparece la confesada en otras versiones paralelas; la falta de este

[64] "La confesión", Programa televisivo de la serie "Historias de Leyenda", Producción y Dirección Carlos Prieto, Adaptación Olga Cáceres, Canal Once, México, 2001.

último elemento hace poco verosímil la reacción de total desquiciamiento del sacerdote; al final, la voz externa al relato añade que, años después, los vecinos del lugar solían ver de vez en cuando a una misteriosa dama que entraba a ese sitio, pero esta lejana alusión resulta débil para reforzar el necesario suspenso.

El segundo y meritorio proyecto colectivo al que quiero referirme es la publicación regular pero no periódica titulada *Crónicas y leyendas de esta noble, leal y mefítica Ciudad de México*, dirigida desde hace varios años por Jermán Arrieta. Los textos incluidos en ella son tanto adaptaciones de antiguas tradiciones y leyendas, como escritos preparados *ad hoc* para un volumen particular de la colección. Desde el título mismo de la serie se percibe una intención irónica y juguetona, pues al par de adjetivos típicos para referirse solemnemente a esta ciudad, "noble y leal", se contrapone otro con rasgos más bien negativos: "mefítica".[65] Cabe destacar también el interés estético de usar elementos tipográficos particulares para imprimir a esta publicación moderna un aire antiguo.

En la sección "De las leyendas que aún nos persiguen", firmada con el seudónimo bromista de Doña Luvia Luviana de Cascos y Luenga (recurso decimonónico tradicional para multiplicar el escaso número de colaboradores de una publicación de este tipo), se efectúa una adaptación de "Lanchitas", cuyo texto original se adjudica a José María Roa Bárcenas (*sic*), equivocación muy común respecto del nombre del escritor veracruzano. La adaptación, "El Padre Lanchitas", comienza con esta especie de epígrafe descriptivo: "Que trata de los tormentos a que se ven sometidos no los malvados pecadores, sino los pobres curas que tienen que ir a confesarlos cuando por fin a aquellos se les antoja entrar en el reino de los cielos".[66] Sin dejar de lado este inicial tono humorístico, la primera parte de la adaptación sintetiza bien el argumento de Roa Bárcena. Pero en la médula del relato

---

[65] "Mefítico: adj. Dícese de lo que, respirado, puede causar daño, y especialmente cuando es fétido", *DRAE*, 21ª. ed., 1992, *s. v.*

[66] "El Padre Lanchitas", en *Crónicas y leyendas de esta noble, leal y mefítica Ciudad de México*, tomo sexto, enero de 1997, p. 38.

ocurre una simplificación que deja perplejo al lector y que explico enseguida.

Al igual que en la trama de Roa Bárcena, el sacerdote es obligado por una mujer a dirigirse a una "miserable accesoria" para confesar a un supuesto moribundo; cuando el padre afirma, al observar al hombre, que ya está muerto, la mujer insiste en que aquél se va a confesar, acto que secunda el hombre clamando: "!—Confesión, padre…!"; apenas pronunciada esta climática frase, inexplicablemente el texto deja de lado el tema de la confesión y brinca hasta un pasaje posterior de la trama: "Poco pudo recordar de lo demás el padre Lanchitas. Cuando llegó con los amigos y cuando éstos estaban por retirarse (sin duda preocupados por la ausencia del padre), su cabello había encanecido como si se le hubieran echado encima y de sopetón los años, el rostro demudado y todo él estremecido por un temblor incontenible, como de afiebrado".[67] Sorprende en extremo esta abrupta continuación del relato, en la cual se renuncia a forjar de forma paulatina el suspenso. Lo más grave es que la reacción de pavor físico y emocional del padre no está avalada por el desarrollo del argumento; en efecto, en ese momento de la historia es incoherente que él tenga una reacción extrema, ya que sólo hasta el final, cuando contra toda lógica encuentre su adorado pañuelo en un casa cerrada y abandonada por años, se enfrentará al misterio irresoluble, a la postulación de la presencia del mundo del más allá en su realidad cotidiana. Todo ello me induce a sospechar que debido a necesidades tipográficas, la adaptación de "Lanchitas" incluida en *Crónicas y leyendas* fue cercenada o bien tuvo que ajustarse de antemano al espacio disponible (muchos de los volúmenes de la serie abarcan 64 u 80 páginas, lo cual permite un aprovechamiento óptimo de los pliegos de papel); en fin, cualquiera que haya sido la razón, el resultado es una lástima, puesto que la primera parte de la adaptación era buena.

Si bien no forma parte de nuestro horizonte cultural inmediato, mención aparte merece una adaptación del texto hecha en Estados Unidos e incluida en el libro *Leyendas mexicanas*, el cual

---

[67] *Ibid.*, p. 40.

recopila tradiciones y leyendas de muy diversa índole y épocas, con un objetivo estrictamente didáctico, porque además de transmitir versiones abreviadas de los textos, éstos son acompañados por notas que traducen al inglés las palabras o expresiones consideradas difíciles por los editores. "El misterio de la calle de Olmedo" reduce al mínimo, por obvias necesidades didácticas, la trama del argumento, lo cual en principio es ya un impedimento para alcanzar el suspenso necesario para la historia misteriosa anunciada en el título. En este caso, el cura, que sale de dar misa en la catedral, es interceptado por un hombre que le pide confesar a su hermana. Aunque se resiste por un momento, debido al cansancio y al frío, el padre por fin accede, por lo que: "Los dos caminaron de prisa hacia una casa vieja. El hombre abrió la puerta y los dos entraron en un cuarto húmedo y frío. En una cama el cura vio a la hermana que era joven y hermosa. Su ropa era elegante, pero el buen padre tembló cuando la miró porque tenía las dos manos juntas en actitud de rezar".[68] La causalidad que se establece en esta última cláusula es incomprensible, ya que no hay razón para que el padre haya temblado porque la joven tenía las dos manos juntas en actitud de rezar. Baste este solo ejemplo para mostrar cómo, en su afán de sintetizar el texto, los editores eliminaron numerosos pasajes que funcionaban para construir el suspenso propio del género fantástico; por ello el desenlace —acompañado por un policía, el sacerdote descubre el esqueleto de la mujer y su olvidado rosario— resulta totalmente ineficiente e incomprensible; la representación gráfica que antecede al texto, donde se ve el esqueleto de una mujer ricamente ataviada y con un rosario en las manos, no ayuda mucho a alcanzar el efecto original buscado. En suma, es una pena que el potencial latente en la leyenda no haya sido mejor aprovechado.

Tal vez por la falta de reimpresiones oportunas y accesibles, en nuestros días la difusión de las leyendas depende en gran medida de publicaciones populares, que incluso se venden masivamente en los vagones del metro. Así, por ejemplo, la leyenda cuyas versiones he analizado está incluida, con el título de "La

[68] "El misterio de la calle de Olmedo", en *Leyendas mexicanas*, eds. Genevieve Barlow y William N. Stivers, National Textbook Company, Chicago, 1996, p. 94.

mujer que vino de ultratumba a confesarse", en el librito *Leyendas y sucedidos del México Colonial*,[69] junto con textos tan famosos como "La Llorona" o "La mulata de Córdoba"; y aunque en la portada se adjudica la factura de los escritos a un desconocido autor, se trata de una simple compilación, hecha sobre todo a partir de adaptaciones de textos de Valle-Arizpe, quien sin duda fue el autor más conocido en este campo durante el siglo xx.

De mi análisis del cuento de Valle-Arizpe se podrá concluir que, por desgracia, las suyas no son siempre las mejores versiones de las leyendas; si a esto se añade la carencia de habilidad de quienes adaptaron los textos, se tendrán resultados tan pobres como el título de "La mujer que vino de ultratumba a confesarse", el cual aumenta todavía más el desacierto del ya de por sí errado título original de Valle-Arizpe, pues adelanta el argumento completo y hace innecesaria su lectura. En fin, si por un lado me parece maravilloso que las leyendas sean conocidas por grupos masificados de lectores, por otro no puedo dejar de lamentar que no se transmitan las mejores versiones de ellas, en este caso la prosa narrativa de Roa Bárcena,[70] respecto de la cual deseo hacer un comentario final para cerrar este capítulo.

---

[69] *Leyendas y sucedidos del México Colonial*, Gómez Gómez Hnos. Impresores, México, 2000, 79 pp.

[70] A mi juicio, por desgracia el formalismo ruso y el estructuralismo francés, tan loables en muchos aspectos, han influido para que se extienda y asiente en la crítica la peligrosa idea de que las obras con excelencia artística son perfectas en todos y cada uno de sus elementos, lo cual implica convertirlas en museos intocables. Pero como decía muy bien Horacio en su *Arte poética* (y retoma magistralmente Cervantes en el prólogo de la continuación del *Quijote* para justificar ciertas incoherencias argumentales de la primera parte de su novela): *quandoque bonus dormitat Homerus*, es decir, "de vez en cuando dormita el buen Homero". Por ello con honestidad debo señalar, por ejemplo, que la técnica cuentística de Roa Bárcena adolece de tenues deficiencias; señalo una, aunque por suerte no tiene efectos muy negativos: cuando el padre Lanzas llega a la tertulia de sus amigos, sorprendentemente el narrador entorpece la secuencia de suspenso para introducir un juicio sobre una preferencia personal que está fuera de lugar: "…repantigóse nuestro Lanzas en uno de esos sillones de vaqueta que se hallaban frecuentemente en las celdas de los monjes *y que yo prefiero al más pulido asiento de brocatel o terciopelo* y encendiendo un buen cigarro habano y arrojando bocanadas de humo aromático…" (p. 231; las cursivas son mías).

Sin duda, la vigencia del texto de Roa Bárcena se debe a que logró superar un riesgo latente en la literatura mexicana del siglo XIX advertido por Hahn:

> Uno de los peligros que acechan al cuento literario del siglo XIX es lo que podría llamarse "el espectro de la leyenda". La estructura de ese género pugna por hacerse presente en muchos relatos de la época, sobre todo en los de aquellos autores que suelen cultivar los dos géneros. Esta situación es evidente en el caso del polígrafo mexicano José María Roa Bárcena (1829-1908) y particularmente en su cuento "Lanchitas"… [que] no es ya ni una "tradición" ni una leyenda —aunque muestre algunas huellas de esos géneros—, sino un cuento literario cuyas vacilaciones son explicable si recordamos que Roa Bárcena es también autor de varias recopilaciones de leyendas mexicanas, y que estamos en un momento en que el cuento aún pugna por independizarse como género.[71]

En realidad, en el lento desarrollo y constitución de ese múltiple género que llamamos cuento: "La leyenda, lejos de haber representado un estorbo para el desarrollo del cuento, lo proveyó de materiales narrativos, de formas enunciativas estrechamente ligadas con lo oral popular".[72] Así, más que un peligro, para Roa Bárcena el rico legado de la Colonia acaba siendo una fuente literaria para caminar por los senderos del cuento moderno con una propuesta de gran calidad artística, construida a partir de los códigos de la literatura fantástica.[73] Para proponer una última afirmación enfática sobre lo que logra este escritor mexicano, basta recordar que, en principio, los códigos legendarios son opuestos a la intención fantástica:

> Although the supernatural in the legend is considered disturbing, it is not questioned on the grounds of reason or logic. The listener

---

[71] Ó. Hahn, *op. cit.*, pp. 62 y 64.
[72] M. E. Munguía Zatarain, *Elementos de poética histórica*, p. 161.
[73] Una conclusión lógica e inmediata de esta propuesta sería desechar el sambenito de "antecedente" del relato fantástico en México con el que se ha calificado a "Lanchitas": "sus antecedentes los encontramos en el cuento «Lanchitas» de Roa Bárcena y en *El plano oblicuo* de Reyes" (Luis Leal, *Breve historia del cuento mexicano*, p. 132).

does not reject the irrational events, because they do not contradict his total view of reality [...] The supernatural is treated as unfamiliar, but not logically incompatible with other beliefs, since there is no rational distinction between it and the natural.[74]

Si Roa Bárcena no hubiera superado lo legendario en cuanto paradigma cerrado que incluye lo sobrenatural como parte de una explicación religiosa, entonces su cuento no hubiera podido alcanzar las dimensiones fantásticas que lo caracterizan; la suya es, sin duda, una relación productiva con los parciales orígenes legendarios del cuento moderno, según he expuesto. En síntesis, concluyo que "Lanchitas" cumple con las condiciones generales que, para caracterizar el género fantástico, resumí al final del capítulo previo: a partir de una codificación realista inicial, el cuento construye una trama donde el personaje principal vive en un mundo de ficción familiar y cognoscible, dentro del cual se presenta un aparente hecho sobrenatural que rompe con la lógica racional y causal; este suceso extraordinario está preparado mediante un conjunto de indicios textuales que, por un lado, postergan la confirmación de los hechos y, por otro, propician el suspenso buscando culminar en un clímax; la lógica de la conjunción en que se basa el texto (un hombre muerto puede estar al mismo tiempo vivo) tiene una función desestabilizadora, pues cuestiona la cosmovisión positivista vigente en el momento de su enunciación —último tercio del siglo XIX—, aunque no se propone el reemplazo de un paradigma previo (el de origen religioso, que podía aceptar sin conflicto la presencia de los muertos en el mundo de los vivos) por otro nuevo.

Como veremos en el capítulo siguiente, dedicado a una parcela de la amplia obra narrativa de Carlos Fuentes, la literatura fantástica del siglo XX representa, con todas sus diferencias, cierta continuidad en relación con las líneas en que se desarrolló el género en el siglo XIX, en particular en textos como "Lanchitas" y algunas de las versiones de "La leyenda de la calle de Olmedo". No en balde, José Emilio Pacheco apreció con certeza la filiación

---

[74] A. B. Chanady, *Magical realism and the fantastic*, p. 8.

genérica de *Los días enmascarados* de Fuentes, libro respecto del cual señaló de manera tácita su relación con el acervo de tradiciones y leyendas del siglo XIX, más que con quienes se supondría en principio que son sus antecesores inmediatos en el género: "De pronto no la literatura ya dignificada cincuenta años atrás por los cuentos de Amado Nervo, anteriores a Reyes y Torri [...] sino las «historias de espantos», relegadas al desván del entretenimiento, lo que no es serio, lo que leemos para distraernos de nuestros problemas, se volvía algo tan digno de ser considerado y discutido como la novela realista".[75]

Sin embargo, la semejanza de la literatura fantástica mexicana del siglo XX con la del XIX no se limita, como espero demostrar, al acceso común a un acervo cultural (en este caso las "historias de espantos" o de aparecidos a las que se imprime una forma fantástica), sino que implica también, hasta cierto grado, un modelo equivalente de escritura del género. Si acaso logro probar esto, entonces mi propuesta de lectura tendrá sentido pleno.

---

[75] José Emilio Pacheco, "Vieja modernidad, nuevos fantasmas. Nota sobre *Los días enmascarados*", en *Carlos Fuentes. Relectura de su obra: "Los días enmascarados" y "Cantar de ciegos"*, comp. Georgina García Gutiérrez, Universidad de Guanajuato-El Colegio Nacional-INBA, México, 1995, p. 45.

CARLOS FUENTES:
LA SIGNIFICACIÓN DE LO FANTÁSTICO

Sin duda, Carlos Fuentes pertenece al escaso linaje de los escritores cuya naturaleza prolífica les permite diversificarse y persistir en el tiempo. Por paradójico que parezca, este rasgo en principio positivo puede implicar dos facetas encontradas: por un lado, la virtualidad casi proteica de llegar a un número creciente de nuevas generaciones de lectores, pero, por otro, el riesgo de provocar (de forma involuntaria, claro está) que los receptores se formen una visión fragmentaria de su obra, derivada de un conocimiento parcial de ella que privilegia la lectura de la producción más reciente en detrimento de la obra completa. Sospecho, por ejemplo, que, en mayor o menor grado, no todos los recientes lectores de Fuentes recuerdan que la carrera literaria de éste se inició con *Los días enmascarados* (1954),[1] es decir, en el ámbito de la literatura fantástica, desde la cual hizo imprescindibles aportaciones a la cultura mexicana del siglo XX; tal vez una de las causas de esta visión incompleta sea la abundancia, en la escritura de madurez

---

[1] El fulgurante ascenso de Fuentes con sus posteriores libros borró esta obra no sólo para los lectores, sino también para los críticos y hasta los escritores, según documenta Richard M. Reeve, quien recuerda que una década después de la aparición de *Los días enmascarados*, personajes tan notables como Emir Rodríguez Monegal y Mario Benedetti sólo conocían de oídas el primer libro de Fuentes ("Carlos Fuentes", en *Narrativa y crítica de nuestra América*, Castalia, Madrid, 1978, pp. 291-292). Por cierto que es obvio el deseo de Fuentes de regresar al relato fantástico, como ha hecho en su más reciente libro: *Inquieta compañía* (Alfaguara, México, 2004), el cual ha empezado a circular después de entregada a la imprenta esta investigación; la fajilla promocional con que se anuncia este nuevo libro no deja dudas respecto de su filiación: "El regreso de Carlos Fuentes al relato fantástico".

del autor, de textos cuya diversidad estilística no obsta para ubicarlos, *grosso modo*, en ese conjunto de corrientes narrativas que, a falta de un término más preciso y diferenciador, denominamos "realismo".

Con el objeto de reconstruir esta memoria cultural e histórica, deseo reflexionar aquí sobre la significación que tuvieron los textos de carácter fantástico reunidos en el primer libro de Fuentes, respecto del cual se ha dicho, con razón, que presagia gran parte de su posterior obra:

> La crítica se muestra unánime al considerar estos relatos como el "semillero" de la totalidad de las novelas de madurez del autor. Y efectivamente una lectura cuidadosa de los mismos descubre la existencia embrionaria de los temas que el escritor mexicano va a desarrollar más ampliamente en el futuro, así como un primer ensayo de las técnicas que caracterizarán su obra narrativa.[2]

No obstante este certero juicio, me centraré aquí en el estudio del libro por sí mismo, pues me interesa, más que su relación con el conjunto de la obra del autor, su importancia para el desarrollo de la literatura fantástica en México, tanto desde el punto de vista de su producción textual y significados como de su recepción entre lectores y críticos.

Quizá el carácter simbólico de este primer libro de Fuentes pueda estar marcado ya por el hecho aparentemente secundario de que, según recuerda Georgina García Gutiérrez,[3] su impresión concluyó en una fecha muy especial: el 11 de noviembre de 1954, o sea el día en que el joven escritor cumplió 26 años (si confiamos en la veracidad de los datos aportados por el colofón de la obra). Me parece que es como si se quisiera indicar así el destino ineluctablemente literario del escritor, paralelo en este sentido al de su admirado Borges.

---

[2] Francisco Javier Ordiz, *El mito en la obra narrativa de Carlos Fuentes*, Universidad de León, León, 1987, p. 38.

[3] "Apuntes para una biografía literaria", en *Carlos Fuentes. Relectura de su obra*, ed. cit., p. 49.

Libro primerizo y desigual, donde se mezclan cuentos a medio hacer y otros realmente magistrales,[4] pocas veces la obra inaugural de un incipiente escritor ha recibido tanta atención como *Los días enmascarados*, la cual provocó todo tipo de reacciones, menos el silencio. Así, en su reseña literaria de las obras publicadas en 1954, Alí Chumacero le dedicó más espacio que a cualquier otro texto prosístico del período; no habían transcurrido aún seis meses desde su aparición y, sin embargo, el reseñista atestiguaba ya la enjundia con que se discutió: "De *Los días enmascarados* de Carlos Fuentes se dijo y escribió más que de los otros libros en prosa. Aficionados y profesionales de las letras emitieron opiniones sobre este joven escritor. Sus cuentos fueron comentados con la misma pasión que si se tratara de una obra de didáctica literaria o de desatinos políticos".[5] La pasión, lo sabemos bien, no suele ser la mejor ayuda para emitir juicios equilibrados; así, el propio Chumacero transcribe y en cierta medida se suma al reparo principal contra el libro: "Aunque todos concuerdan en «lo bien escrito», los disidentes han exigido al autor el abandono de lo que es, por definición, la tendencia que él prefiere: la de la fantasía, que se solaza con hermanar realidad e imaginación, con detrimento de la responsabilidad del literato ante la sociedad".[6]

Seguramente Chumacero no aclara el sentido de la expresión "responsabilidad del literato ante la sociedad" porque remite a un significado tácito y entendido por los lectores de su comentario: se refería al famoso compromiso social que exige al escritor sólo ocuparse de los problemas más apremiantes de su sociedad; este concepto resulta familiar para todas las culturas hispanoamericanas, pues pese a sus variantes, se ha repetido por casi dos siglos, en especial a raíz de la emancipación de nuestros países

---

[4] En una entrevista, Fuentes confiesa haber compuesto el libro con rapidez, "con una serie de temas que yo venía cargando y que recuerdo me senté y escribí en un mes, para tener el libro a tiempo para la feria del libro del año 54", (C. Fuentes *apud* Luis Harss [en colaboración con Barbara Dohmann], *Los nuestros*, Sudamericana, Buenos Aires, 1966, p. 348).

[5] Alí Chumacero, "Las letras mexicanas en 1954", *Universidad de México*, enero-feb. de 1955, núm. 5-6, p. 9.

[6] *Ibid.*, pp. 9-10.

respecto de España en el siglo XIX. A tal grado ha sido persistente esta exigencia, que incluso un escritor como Gabriel García Márquez, tan activo en la búsqueda de las justas reivindicaciones sociales, llegó a afirmar en alguna ocasión que el compromiso principal de un escritor era sobre todo escribir bien.

En esta línea de exigencia de compromiso social se ubicó uno de los ensayos que se dedicaron a discutir el asunto. En el influyente suplemento *México en la Cultura*, José Luis González escribió un artículo sobre la polémica entre realismo y fantasía, motivada, dice, "por la publicación de un libro de cuentos de un joven escritor",[7] lo cual es una inequívoca referencia a *Los días enmascarados*. Respecto de la tendencia seguida por Fuentes, afirma:

> La "literatura fantástica" artepurista de que venimos hablando ha surgido en los momentos en que la intelligenzia burguesa ya no puede darse el lujo de mirar de frente a la realidad, porque la realidad sólo puede revelarse que sus días están contados. No se trata, pues, de una manera "distinta" y "superior" de expresar la realidad; se trata lisa y llanamente de no expresar la realidad. La "literatura fantástica" de nuestros días es la literatura de avestruz.[8]

Después, el crítico enjuicia igualmente lo que llama realismo puro y, en cambio, pugna por un realismo socialista que no se conforme con describir la realidad, sino que se imponga la tarea de interpretarla y de actuar sobre ella para modificarla. Por último, acusa a la nueva tendencia de distanciarse de la realidad mexicana:

> En México está ahora de moda, entre una exigua pero vociferante minoría que se autodenomina la élite de la nueva generación, el universalismo literario. El universalismo de estos escritores tiene un punto de partida bien conocido: olvidarse de que México existe. Cualquier poema, cualquier cuento, cualquier novela que refleje

---

[7] José Luis González, "Cuatro cuestiones: literatura realista y literatura fantástica", *México en la Cultura*, supl. de *Novedades*, 28 de agosto de 1955, núm. 336, p. 3.

[8] *Idem.*

auténticamente las vicisitudes pasadas o presentes de este pueblo, es para ellos demagógico.[9]

Por su parte, al reseñar brevemente los cincuenta títulos hasta entonces aparecidos de la colección "Los Presentes", Alfredo Hurtado dijo sobre el segundo número de la segunda serie de esta colección: "El número 2 correspondió al título *Los días enmascarados*, de Carlos Fuentes. Libro de prosa bien cuidada: literatura evasiva y, por tanto, nada americana, aunque bastante elogiada por sus amigos. El autor no da un paso si no pone sus ojos en la decrépita literatura inglesa".[10]

No deja de ser curioso y hasta un tanto irónico observar que quienes desechaban lo fantástico en Fuentes no pensaban que el libro había aparecido, como adelanté, en una colección editorial de reciente cuño, "Los Presentes", dirigida por Juan José Arreola, cuyo *Confabulario* (1952) había trabajado en parte esta corriente; no obstante las obvias diferencias entre ambas escrituras, me pregunto si acaso no podrían haberse aplicado contra esa parcela de Arreola los mismos criterios de "responsabilidad social" con que se atacaba a Fuentes.

Como los juicios acerbos sobre la primera obra de Fuentes no bajaron de tono, Emmanuel Carballo, además de calificar al autor como la revelación más importante del año apenas terminado (1954), creyó pertinente precisar los parámetros estéticos y no sociológicos desde los cuales debía ejercerse la crítica literaria:

> Creí conveniente referirme a la verdad y a la utilidad de la obra literaria, porque repetidas veces se atacó al libro que comento, tachándolo de nocivo en su finalidad, de falso en su factura. Al condenar este libro, sus impugnadores, de paso, condenaban todo un movimiento: el fantástico. En literatura es válida la coexistencia pacífica entre las diversas modalidades estéticas. Para juzgarlas no hay que

[9] *Idem*.
[10] Alfredo Hurtado, "Los Presentes", *Estaciones*, otoño de 1956, núm. 3, p. 396. Por cierto que cuando Hurtado alude al libro de José Luis González titulado *De este lado* (núm. 12 de "Los Presentes"), lo describe, previsiblemente, como una obra con cuentos de "fuerte realismo social", que entregan el "relato vigoroso junto a la denuncia de lo injusto y deprimente" (*idem*).

basarse solamente en criterios políticos y éticos, hay que recurrir principalmente a los literarios [...] La bondad estética o la falacia de este libro no reside en las ideas, sí en la manera de tratarlas.[11]

Por su parte, con gran seguridad en sí mismo, el joven escritor asume esas críticas con total desenfado. Así se aprecia en una carta de 1955 dirigida a Elena Poniatowska, a la sazón en París, donde comenta la recepción de sus respectivas obras *Lilus Kikus* y *Los días enmascarados*; con un tono irónico que no creo erróneo calificar como mera socarronería, reseña a su amiga los ataques endilgados contra él por la prensa cultural:

A mí me ha tocado el aguacero más estúpido, con una polémica en *El Nacional* que más bien parece lista de todos los adjetivos inimaginables. El joven McGregor, haciendo méritos para integrar algún Politburó totonaca, me declara "enemigo del pueblo", " ránsfuga de la vida", "plutócrata pseudo-intelectual aristocrático", "títere de Octavio Paz", "feroz subjetivo" y otras maravillas. La defensa (No lo hagas, compadre) personificada en el Dr. Montes i Bradley, me declara, por el contrario "friático", "gracioso écuyère" y "pareológico" (no te preocupes: no aparecen en el diccionario). Lo bueno de todo esto es que el libro ya se agotó, y al fin de mes sacaremos la segunda edición (sólo tu tía Pita y yo).[12]

Antes de comentar en detalle esta cita, debo decir que su final me parece soberbio, pues muestra cómo, más allá de necios detractores o de burdos defensores, desde 1955 Fuentes fue consciente de que poseía la capacidad para conquistar eso que todos los escritores anhelan, aunque algunos, por soberbia o por estrategias de *captatio benevolentiae*, fingen repudiar: la tierna especie de los lectores. En efecto, desde el principio él ha gozado del múltiple favor de los receptores, algo poco frecuente en México, país con bajísimos índices de lectura; el dato no es meramente estadístico, porque le ha permitido consolidarse como el primer

---

[11] Emmanuel Carballo, "*Los días enmascarados*", *Universidad de México*, 1955, núm. 7, p. 4.
[12] C. Fuentes citado por Elena Poniatowska, "Carlos Fuentes", en *¡Ay vida, no me mereces!*, Joaquín Mortiz, México, 1985, p. 16.

escritor nuestro que ejerce una auténtica vida profesional literaria, la cual le proporciona tanto su identidad ideológica y cultural como sus medios de subsistencia.

A diez años de distancia de su primer libro, afianzado ya en una bien ganada fama, Fuentes se dio el lujo de pronunciar, en un conocido ciclo de conferencias impartidas por diversos escritores, su difundida y atacada frase de que en México no se perdona el éxito:

> No creo que sea la obligación del escritor engrosar las filas de los menesterosos, y quien lo afirme es, por lo menos, un hipócrita. Pero las ediciones internacionales dan otras satisfacciones. Desde luego, la de conocer, aproximadamente, el valor real de la propia obra. La crítica del *New York Times*, el *Sunday Telegraph* de Londres o el *Hamburger Zeitung* no está influida por consideraciones personales o por el eterno "tú no eres yo" de la crítica parroquial mexicana. Además, la de reírse del afán de castración de un país que lo perdona todo menos el éxito.[13]

Ahora bien, aunque en la carta a Poniatowska copiada más arriba Fuentes alude a la inminente reimpresión de su libro, al parecer ésta no se concretó, lo cual explicaría, en parte, por qué, según afirma Reeve (citado en la nota 1), una década después personajes del mundo literario tan destacados como Rodríguez Monegal y Benedetti no conocían el primer volumen del escritor mexicano. Según Gladys Feijoo, luego de la edición *princeps* de 1954, *Los días enmascarados* fue reimpreso hasta la década de 1980; para intentar explicar este extraño hecho, ella dice, con base en una entrevista a Fuentes, que quizá él no deseaba reimprimir su libro porque se había convertido en la fuente de sus novelas;[14] este dato es inexacto, pues la editorial Novaro sí reimprimió el volumen, en 1966; en fin, de todos modos no puede negarse que la difusión de *Los días enmascarados* fue exigua, lo cual contradice

---

[13] Carlos Fuentes, Texto sin título incluido en la colección *Los narradores ante el público*. INBA-Joaquín Mortiz, México, 1966, p. 151.

[14] Gladys Feijoo, *Lo fantástico en los relatos de Carlos Fuentes: aproximación teórica*, Senda Nueva de Ediciones, Nueva York, 1985, p. 12.

un tanto la práctica de promoción permanente de su obra impulsada después por el autor.

En su hábil paráfrasis de Macgregor dirigida a su amiga Poniatowska, Fuentes logró transmitir muy bien el sentido de la crítica que aquél hizo a *Los días enmascarados*, como se aprecia en esta cita:

> Los seis cuentos que componen *Los días enmascarados* revelan cierta ferocidad subjetiva, un alambicado afán de incomunicación claramente emparentados con la sensibilidad privativa de los círculos literarios "elegantes". Se trata, no cabe duda, de los tránsfugas de la vida [su imaginación se] preocupa por reflejar las vivencias de la "secta" presidida por Octavio Paz. Por eso es una falsa imaginación, sectaria y esotérica.
>
> Sin embargo, su vacío intelectual es relativo. Tiene su mundo, a pesar de todo. Y éste es el de una seudo aristocracia intelectual, tradicionalmente insulsa y anodina.[15]

En el colmo del deseo de no comprender, Macgregor aseguraba, con una críptica clasificación, que el libro no usaba la ironía verdadera, sino la "ironía descastada", es decir, la cultivada por Borges y el Arreola "impugnable", adjetivo este último con el cual reconocía que el escritor mexicano sí podía ejercer los dos tipos de ironía. Como ejemplo de la literatura que debería cultivarse, Macgregor ensalzaba un relato del ahora desconocido Luis Córdova, titulado "Los alambrados", del cual decía que era un "aguafuerte sobrio y conciso, punzante de la muerte, que no vida, de los braceros ilegales en el vecino país del Norte", luego de lo cual concluía de forma tajante contrastando esta obra con la de Fuentes: "Tal es el dilema: plutocracia o democracia, egoísmo o altruismo, soledad o solidaridad; en política como en literatura. Y no hay tercera posición que valga".[16] Lo menos que podría decirse para refutar los excesos declarativos de Macgregor es que su criterio estaba un tanto trasnochado, ya que desde 1948 Luis

---

[15] Joaquín Macgregor, "En torno a un folleto", *Revista Mexicana de Cultura*, supl. de *El Nacional*, 19 de dic. de 1954, p. 12.

[16] *Idem.*

Spota había tratado el dramático tema de los indocumentados (o "espaldas mojadas") en su novela *Murieron a mitad del río*.

Una semana antes del comentario de Macgregor, María Elvira Bermúdez publicó, en la misma sección del suplemento (titulada "Los libros"), una reseña muy elogiosa de la primer obra de Fuentes; ahí distinguió con claridad la vertiente fantástica del autor: "*Los días enmascarados*, de Carlos Fuentes, es un volumen que contiene seis cuentos. El primero de ellos, Chac Mool, pertenece claramente a un género fantástico sin ulteriores intenciones […] Cumple en forma cabal con el propósito de dicho género, esto es, suspender al lector en el desconcierto".[17] Si bien ella identificaba con certeza uno de los objetivos estéticos de la literatura fantástica ("suspender al lector en el desconcierto"), incurría en el desliz de considerar que el género no tenía "ulteriores intenciones", con lo cual tácitamente daba la razón a lo sustancial de los juicios de Macgregor. Quizá por ello decidió refutar a éste, intentando probar que lo fantástico tenía una función más allá de lo meramente estético; para ello, Bermúdez recurre a dos ejemplos extraídos de la literatura mexicana: "La cena", de Alfonso Reyes, y "La hora de todos" de Juan José Arreola; después de describir y analizar esta última obra, concluye:

> La escenificación de esta historia, esto es, el hecho de presentarla enmarcada en un juguete cómico, y el elemento fantástico que Harras representa, son precisamente las circunstancias que le otorgan calidad de franco testimonio. Ya no es ésta una cuestión de preferencias: es una demostración cabal de que la fantasía y la imaginación pueden ser vehículos efectivos para transmitir una intención pura de mejoramiento humano y social.[18]

No obstante esta loable defensa del género fantástico, respecto del cual se afirmaba con razón que también podía alcanzar un

---

[17] M. E. Bermúdez, "«Los Presentes» en su segunda serie", *Revista Mexicana de Cultura*, supl. de *El Nacional*, 12 de dic. de 1954, p. 10.

[18] M. E. Bermúdez, "Otro libro en la serie «Los Presentes»", *Revista Mexicana de Cultura*, supl. de *El Nacional*, 26 de dic. de 1954, p. 12.

nivel satírico, es decir, servir para fustigar los vicios de una sociedad, este rasgo no podía extrapolarse sin más a *Los días enmascarados*, ya que Bermúdez no ejemplificaba ese logro en la obra de Fuentes.

He expuesto someramente los datos anteriores sobre la recepción inicial de la obra para fundamentar uno de los objetivos centrales de este capítulo. Así, en cuanto a las acusaciones contra la tendencia artística de *Los días enmascarados*, me interesa desarrollar una hipótesis cuyo primer aspecto, según las citas copiadas, ahora puede parecer evidente: muchos de sus receptores inmediatos leyeron mal el texto, no comprendieron sus significados potenciales; aunque quizá sólo sirva como contraste para marcar con mayor intensidad el carácter negativo de esta lectura desviada, cito aquí el concepto de *Clinamen*, palabra de origen griego usada por Harold Bloom para designar una de sus principales hipótesis, según la cual la lectura provechosa de un gran poeta por otro se basa siempre en una interpretación errónea: "Poetic Influence —when it involves two strong, authentic poets,— always proceeds by a misreading of the prior poet, an act of creative correction that is actually and necessarily a misinterpretation".[19] El segundo y menos visible aspecto de mi hipótesis, que espero probar de forma fehaciente, es que incluso aceptando la restrictiva idea que exige un "compromiso social" al escritor, una parte sustancial de *Los días enmascarados* inventa un mundo fantástico que posee fuertes nexos con el México contemporáneo, con el cual y desde el cual discute.[20] Para lograr mi objetivo, analizaré algunos elementos de la construcción de "Chac Mool",

---

[19] Harold Bloom, *The anxiety of influence. A theory of poetry*, 2a. ed., Oxford University Press, Nueva York, 1997, p. 30.

[20] Al parecer, a diez años de publicado el libro persistía con suficiente fuerza la polémica sobre los nexos de Fuentes con la cultura mexicana, pues en la citada conferencia, él sintió la necesidad de reafirmar que el impulso de su obra provenía de sus raíces mexicanas: "Y quiero extenderme sobre el tema del país, la cultura y la sociedad dentro de los cuales trabajo, porque resulta obvio que ellos han sido el impulso externo más poderoso de mis ocho libros, *Los días enmascarados*, *La región* [...] y la otra novela que estoy terminando" (C. Fuentes en *Los narradores ante el público*, p. 138).

cuento que considero el más logrado del libro;[21] aclaro que no me propongo efectuar un examen exhaustivo del relato, sino tan sólo de aquellos puntos útiles para probar mis conjeturas respecto de su carácter fantástico.

En cuanto a su filiación genérica, quizá en parte el efecto inmediato que provocó el libro en la historia de la literatura mexicana pueda resumirse en la posterior evaluación de Pacheco citada al final del capítulo previo, pues él supo apreciar las implicaciones de la obra cuando señaló de manera tácita la relación indirecta de Fuentes con el acervo de tradiciones y leyendas del siglo XIX, más que con quienes parecerían ser sus antecesores inmediatos en el género.

Como espero demostrar, creo que en general "Chac Mool" se ubica dentro de la codificación fantástica discutida en el primer capítulo y descrita en sus líneas generales por Todorov, a la que tal vez podríamos llamar "clásica". Así, desde su inicio el cuento empieza a construir ese mundo de ficción que, en primer lugar, debe resultar familiar y cercano para los personajes:

> Hace poco tiempo, Filiberto murió ahogado en Acapulco. Sucedió en Semana Santa. Aunque despedido de su empleo en la Secretaría, Filiberto no pudo resistir la tentación burocrática de ir, como todos los años, a la pensión alemana, comer el choucrout endulzado por el sudor de la cocina tropical, bailar el sábado de gloria en La Quebrada, y sentirse "gente conocida" en el oscuro anonimato vespertino de la Playa de Hornos.[22]

Cabe destacar aquí la peculiar forma como el autor inventa ese mundo cotidiano, referente indispensable para alcanzar el

---

[21] Una versión previa del cuento apareció en la revista *Universidad de México*, 1954, núm. 12, pp. 7-9. Como el autor pertenece a la estirpe de los escritores que de hecho modifican poco o nada sus textos, la versión definitiva sólo afina algunas palabras o frases de la lección primigenia; así, por ejemplo, elimina dos inútiles líneas en las que se simulaba la intromisión de los ruidos de la urbe en el diálogo entre Filiberto y su amigo Pepe: "–Cuidado. /Clangclang, rututut".

[22] C. Fuentes, "Chac Mool", en *Los días enmascarados* (1954), Era, México, 1993, p. 9; todas las citas corresponden a esta edición.

efecto fantástico. Para este arranque, hubiera bastado con que el texto enlistara cualquier tipo de labores comunes y corrientes de los personajes; en lugar de ello, Fuentes decide forjar una ficción con numerosos elementos que remiten al mundo social y económico del lector real más inmediato: el receptor mexicano de mediados de la década de 1950. De este modo, desde los orígenes de su literatura el escritor ejercita uno de los rasgos que singularizarán toda su obra: la crítica, unas veces suavemente irónica y otras abiertamente satírica, de las costumbres de la clase media y/o de la burguesía mexicana de la segunda mitad del siglo xx. En el ejemplo transcrito, el narrador se burla de manera sutil de los hábitos de Filiberto, clasemediero burócrata chilango siempre dispuesto a aprovechar las oficiales vacaciones de Semana Santa para exhibirse en un Acapulco atestado; esta imagen del personaje se completará después, cuando se añada que vive en una vieja e ineficiente casona porfiriana, herencia de sus padres que él conserva casi como un recuerdo fetichizado.

Este oficinista medio es un producto típico de los gobiernos posrevolucionarios, como se percibe en una clara marca histórica del primer párrafo: la alusión al desarrollo económico de Acapulco, el cual se había iniciado a fines de la década de 1920 y recibió después un fuerte impulso por parte del alemanismo, régimen que acabó por convertir este puerto en un polo turístico, ideal no sólo para la burguesía, sino también para los trabajadores,[23] quienes con frecuencia sólo disponen del período de Semana Santa para vacacionar en un lugar que no implique un gran dispendio de recursos económicos; así pues, el protagonista del texto pertenece a esa urbana cultura de masas propia del siglo pasado. Todos estos elementos de "Chac Mool", a los que se suman después

---

[23] Una sucinta historia de la evolución socioeconómica de este puerto turístico se encuentra en la *Enciclopedia de México*, edición especial para *Enciclopaedia Británica de México*, México, 1993, t. I, pp. 43-47. La carretera de la Ciudad de México hacia Acapulco se empezó a construir en 1927, pero el desarrollo turístico del puerto se inició en 1933, durante la presidencia de Pascual Ortiz Rubio. En el gobierno de Miguel Alemán (1946-1952), surgieron nuevos fraccionamientos, se pavimentó la ciudad y se estableció una red de agua potable, a la vez que se edificó el aeropuerto internacional de Acapulco, pivote del prestigio mundial alcanzado por este polo turístico.

otros semejantes, apuntan incluso hacia algo no muy usual en el género: la construcción de un relato con fuertes tintes costumbristas.

Claro que para descodificar los elementos costumbristas, el receptor necesita tener un conocimiento más o menos amplio de la sociedad aludida en el texto. De lo contrario se corre el riesgo de incurrir en lecturas desviadas; por ejemplo, en una descripción de "Chac Mool" que en general resulta certera, de pronto hay un desliz motivado por el pasaje: "Me aventuré a leerlo [el diario de Filiberto], a pesar de las curvas, el hedor a vómito, y cierto sentimiento natural de respeto a la vida privada de mi difunto amigo" (p. 10), que sirve para la siguiente interpretación: "And most significantly, the diary which the friend begins to read gives off an overpowering odor".[24] En realidad, el hedor al cual se refiere el amigo de Filiberto no proviene del diario de éste, sino del vómito de los pasajeros del autobús, mareados por las curvas del camino; al describir el autobús en que viajará el cadáver de Filiberto, su amigo dice que está lleno de "fardos y huacales", con lo cual alude a un típico "camión guajolotero", como se denominaba en México a esos autobuses económicos usados para transportar tanto personas como animales ("guajolotes"). En fin, cabe destacar que este cuento demuestra que, en cuanto rasgo secundario, el costumbrismo puede entrar coherentemente en un texto fantástico sin desvirtuar su naturaleza; sólo se necesita que ese modelo literario se introduzca de forma pertinente, lo cual no sucede, por ejemplo, con Valle-Arizpe, según expuse en el capítulo anterior.

Ahora bien, si es verdad que, como expliqué al discutir el concepto de literatura fantástica, la construcción de un texto de este

---

[24] Shirley A. Williams, "Prisoners of the past: three Fuentes short stories from *Los días enmascarados*", *Journal of Spanish Studies. Twentieth Century*, 6.1 (1978), p. 41. Señalo, de paso, que deslices semejantes se presentan en la lectura de "Tlactocatzine, del jardín de Flandes", pues varios críticos creen que el narrador es amigo del dueño de la casa, al no percatarse de que habla de éste como "el licenciado Brambila", término mexicano muy posrevolucionario que no remite a un grado académico, sino que marca una posición de superioridad en el trabajo (en suma: el narrador es subordinado del licenciado Brambila y no su amigo).

género es indicial, cabe preguntarse cómo se presentan y a la vez se ocultan los indicios en el cuento. Creo que el joven escritor logró encontrar la solución verbal apropiada para codificar el enigma, el cual se construye desde las frases iniciales, cuando el narrador se pregunta por qué el personaje intentó nadar en circunstancias tan poco favorables: "Claro, sabíamos que en su juventud [Filiberto] había nadado bien, pero ahora, a los cuarenta, y tan desmejorado como se le veía, ¡intentar salvar, y a medianoche, un trecho tan largo!" (p. 9). Adelanto que a partir de este pasaje, se dosifican y conjugan con sabiduría dos propósitos narrativos complementarios: uno que ayuda a construir una ficción relacionada con el México de la época y otro que sirve para elaborar los particulares indicios de la caracterización fantástica.

Para "retardar" la solución del enigma, y lograr así un efecto estético potenciado, el escritor recurre a una estructura fragmentaria que combina dos grandes modos narrativos. El primero de ellos, presente en la apertura y el cierre del texto, es un relato en primera persona donde un anónimo narrador cuenta su viaje a Acapulco para recoger el cadáver de su amigo Filiberto; este narrador, quien ejerce el control de la voz y filtra la historia que llega al lector, parece ser en principio un mero testigo parcial de los sucesos, pero ya se verá cómo al final se convierte en personaje central. El segundo modo narrativo aparece en su viaje de regreso a la Ciudad de México, cuando encuentra y decide leer el cuaderno manuscrito dejado por Filiberto, cuya redacción, en primera persona, asume la forma general de un diario; gracias a estos artificios de la estructura del texto, en apariencia el lector real acompaña al narrador en este proceso, pues ambos van conociendo juntos la historia de Filiberto.

Pero antes de comenzar a asumir la función de editor del manuscrito, que eso es en última instancia, el anónimo narrador en tercera persona multiplica los signos de la incertidumbre al preguntarse por qué Filiberto sólo compró un boleto de ida a Acapulco y al aventurar que quizá la lectura del cuaderno explique por qué su amigo "fue corrido, olvidada la pensión, sin respetar los escalafones" (p. 10); de este modo, se lanza un fuerte indicio (la rara compra de un boleto sin regreso) pero de inmediato se encubre o atenúa, puesto que la lectura del cuaderno promete aclarar el despido de Filiberto y no su muerte. Claro está que el indicio más grande había surgido mucho antes, aunque en ese momento todos los lectores lo ignoramos; me refiero al título mismo del cuento, "Chac Mool", que de manera oblicua pero certera indica cuál será el eje del relato: no la vida personal del protagonista, sino la serie de insólitas peripecias sufridas por él luego de comprar una estatua del dios prehispánico Chac Mool en el mercado de la Lagunilla.

El diario, el segundo modo narrativo del texto, permite simular una simetría absoluta entre el tiempo de la enunciación y el tiempo de la historia, es decir, que los acontecimientos se producen de forma casi paralela a su registro en el cuaderno de Filiberto, quien efectúa una entrada por cada hecho que considera relevante. En este punto conviene aclarar que si bien el diario es el género a partir del cual se construyen esos fragmentos, en sentido estricto el receptor real no recibe el manuscrito de Filiberto, sino una edición de éste preparada por el amigo (por ejemplo, en general faltan las fechas específicas de cada entrada, pues sólo hay algunas de ellas, más bien esporádicas, indicadas en el discurso del narrador externo);[25] en lugar de ello, para marcar la temporalidad del relato, el texto recurre a los deícticos, como el adverbio de tiempo "hoy" con el que inician varios pasajes.

En virtud de que la forma del diario impide que Filiberto cuente su historia con la visión retrospectiva de quien ya sabe todo y, a su vez, el narrador en tercera persona transmite el manuscrito de su amigo sin adelantar ninguna conclusión, el resultado global es que el lector descubre junto con ellos, narrador y personaje principal, cómo se produce la paulatina humanización de la estatua del dios prehispánico Chac Mool. Descrito fuera de su contexto, este artificio parece secundario, pero no lo es, porque el autor ha logrado conjuntar en la escritura, hacer simultáneos, tres tiempos que en el mundo real más bien serían sucesivos: en un primer tiempo, Filiberto registra en el manuscrito sus experiencias

---

[25] El género del diario atrajo el interés exploratorio del joven narrador que entonces era Fuentes, quien también experimenta con él en otro relato del libro: "Tlactocatzine, del jardín de Flandes", aunque ahí cada pasaje sí tiene una fecha específica asentada por el autor del manuscrito.

con Chac Mool; después, el amigo que viaja a Acapulco para recoger el cadáver del protagonista lee el diario y se entera de los insólitos acontecimientos; por último, el lector recibe todo el relato, o sea tanto el diario como las anotaciones de ese narrador anónimo. Esta técnica ilustra, por cierto, una de las posibles maravillas del lenguaje: que pese a ser en esencia lineal y progresivo (no se pueden leer o escribir dos oraciones al mismo tiempo), en la literatura puede ser usado para representar como simultáneas acciones que en realidad son sucesivas.

Ahora bien, al editar el manuscrito de Filiberto, el narrador en tercera persona ya sabe el carácter verídico del extraño relato de su amigo, pero no puede confirmarlo de entrada, porque eso destruiría el efecto fantástico buscado en el clímax del texto; por ello, el narrador en tercera persona interviene en la transcripción del diario para desviar la atención del lector respecto de los varios indicios que se van acumulando. En este sentido, el narrador de "Chac Mool" debe proceder como el de muchos relatos policiales, donde quien cuenta invierte el proceso seguido por el detective para descubrir al culpable, pues su labor no es develar las pistas sino más bien ponerlas y ocultarlas al mismo tiempo; y puede alcanzar este artificio porque en el fondo está contando una historia que para él está terminada (el tiempo de la narración es siempre posterior al de los sucesos): sabe cuál será el desenlace del relato y por lo tanto conoce qué indicios se confirmarán.

Así, el narrador interrumpe la copia del manuscrito en el momento en que juzga que la crónica de Filiberto resulta increíble, es decir, cuando éste escribe respecto del reblandecimiento de su estatua, el cual en principio cree motivado por el engaño de haber comprado una figura de yeso y no de piedra: "Los trapos están en el suelo. Increíble. Volví a palpar a Chac Mool. Se ha endurecido, pero no vuelve a la piedra. No quiero escribirlo: hay en el torso algo de la textura de la carne, lo aprieto como goma, siento que algo corre por esa figura recostada... Volví a bajar en la noche. No cabe duda: el Chac Mool tiene vello en los brazos" (p. 18). Luego de esta sorprendente confesión, hay un párrafo donde el protagonista, quien ha anotado su errático comportamiento en el trabajo, se plantea: "Tendré que ver a un médico, saber si es imaginación, o delirio, o qué, y deshacerme de ese maldito Chac Mool" (p. 18). En primer lugar, en este pasaje está representada la vacilación del personaje que algunos teóricos consideran propia de la mayoría de los relatos de carácter fantástico; en efecto, Filiberto mismo es quien manifiesta dudas sobre lo que perciben sus sentidos, pues cree que tal vez esté delirando con la imagen de Chac Mool. Además, las dudas del protagonista incitan al narrador a interrumpir la transcripción del manuscrito para insinuar sutilmente la posibilidad de que Filiberto haya empezado a desquiciarse; su sospecha se funda no sólo en el carácter extraño de los hechos narrados por Filiberto, sino también en los cambios visibles en la escritura de éste: "Hasta aquí, la escritura de Filiberto era la vieja, la que tantas veces vi en memoranda y formas, ancha y ovalada. La entrada del 25 de agosto parecía escrita por otra persona. A veces como niño, separando trabajosamente cada letra; otras, nerviosa, hasta diluirse en lo ininteligible" (p. 19). Brushwood, quien hace un buen análisis de los narradores del texto, enfatiza la importancia de este comentario del que yo llamo editor (en realidad el lector recibe un texto impreso y no el manuscrito original): "This advice is an essential communication between Narrator One and the text reader (really coreader of the diary, along with Narrator One), since the printed text cannot reflect such a change".[26]

Y el siguiente pasaje transcrito abona la posibilidad de la locura, pues se trata de una estructura casi carente de sintaxis, compuesta por una serie de brevísimas oraciones no ligadas lógicamente entre sí, sino enlazadas como una especie de *sui generis* flujo de conciencia, marcado con numerosos puntos suspensivos; sin embargo, el lector descubrirá después que varias de esas aparentemente deshilvanadas frases, en particular las relacionadas con la obsesión de Filiberto respecto del agua, contenían veladas alusiones al Chac Mool; un párrafo de esta entrada resulta el más significativo, al representar un hecho extraordinario que cuestiona toda nuestra concepción de la realidad: "Si un hombre atravesara el Paraíso en un sueño, y le dieran una flor como prueba de que

---

[26] John S. Brushwood, "*Los días enmascarados* y *Cantar de ciegos*: Reading the stories and reading the books", en *Carlos Fuentes. A critical view*, eds. Robert Brody y Charles Rossman, University of Texas Press, Austin, 1982, p. 19.

había estado allí, y si al despertar encontrara esa flor en su mano… ¿entonces, qué…? (p. 19); se trata del famoso pasaje de Coleridge difundido por partida doble por Borges; primero, en la *Antología de la literatura fantástica* (1940) que compiló al alimón con Silvina Ocampo y Bioy Casares, y después en el ensayo "El sueño de Coleridge", que forma parte de *Otras inquisiciones* (1952). Si bien no es éste el espacio apropiado para analizar la enorme influencia ejercida por la *Antología de la literatura fantástica* para consolidar y canonizar el género en toda Hispanoamérica, baste decir que mediante ella muchos lectores y creadores de la región confirmaron que podía haber un corpus de esas características en sus respectivas tradiciones literarias.[27]

Con todos estos recursos, en el texto se logra mantener y acentuar la incertidumbre o vacilación característica del género fantástico, por lo que, hacia el final, la duda oscila entre dos polos diametralmente opuestos: o bien Filiberto está desquiciado, y por lo tanto la vivificación de la estatua de Chac Mool nunca ha sucedido, o, si acaso este hecho es verdad, la lógica causal de las leyes naturales codificadas al principio del cuento es insuficiente

---

[27] En este sentido, creo que debería estudiarse y hacerse extensivo a todos los países de lengua española este breve juicio sobre la importancia del volumen en Sudamérica: "Al contrario de los Estados Unidos, donde gran parte de la literatura fantástica sale en las desprestigiadas «pulp magazines», destinadas, en muchos casos, a las masas y a una juventud impresionable, en Sudamérica Borges da un prestigio enorme al género con sus relatos intelectuales. Es innegable la importancia de su *Antología de la literatura fantástica* que publica en 1940 en colaboración con Adolfo Bioy Casares y Silvina Ocampo; quizás más que cualquier otro libro, hace popular y aceptable la literatura fantástica" (Richard Reeve, "Los cuentos de Carlos Fuentes: de la fantasía al neorrealismo", en *El cuento hispanoamericano ante la crítica*, dir. y pról. Enrique Pupo-Walker, Castalia, Madrid, 1973, p. 250). Por su parte, en un ensayo que contiene útiles reflexiones sobre la función de antologador, Annick Louis –quien por cierto destaca que suele omitirse la participación de Silvina Ocampo– afirma: "Como el relato policial, próximo punto de ataque de Borges y Bioy por medio de antologías, una colección y textos literarios, el género fantástico parece haber tenido entonces un prestigio dudoso, y haber sido reducido a la categoría de género menor –por lo menos por ciertos literatos" ("Definiendo un género. *La antología de la literatura fantástica* de Silvina Ocampo, Adolfo Bioy Casares y Jorge Luis Borges", *Nueva Revista de Filología Hispánica*, 49 [2001], p. 416).

para explicarlo. En virtud de que el acto insólito que genera la sensación de lo fantástico debe fundarse en un testimonio individual y secreto (pues si todo sucediera en un ámbito abierto y frente a una audiencia colectiva, estaríamos en el reino de lo maravilloso), estructuralmente se requiere un elemento ajeno para corroborar que el hecho inexplicable sí ha sucedido y no es un mero producto de la afiebrada mente de un desquiciado. Por ello Fuentes debe concluir su relato introduciendo un testimonio externo como prueba de que el singular fenómeno descrito por Filiberto en su diario no es falso.

A partir de las confesiones vertidas por el personaje principal en su manuscrito, puede deducirse que el motivo real de su traslado a Acapulco es totalmente opuesto a las suposiciones iniciales del narrador: no ha viajado como un simple burócrata en busca de distracciones turísticas, sino que ha abandonado la Ciudad de México para huir de las esclavizantes exigencias del Chac Mool humanizado, a quien nadie excepto él ha visto. Pero cuando, en el pasaje final, el anónimo narrador lleva el féretro de Filiberto a la que cree deshabitada casa de éste para velarlo, experimenta una asombrosa visión que refuta *de facto* la idea de locura que él mismo había insinuado: "Antes de que pudiera introducir la llave en la cerradura, la puerta se abrió. Apareció un indio amarillo, en bata de casa, con bufanda. Su aspecto no podía ser más repulsivo; despedía un olor a loción barata; su cara, polveada, quería cubrir las arrugas; tenía la boca embarrada de lápiz labial mal aplicado, y el pelo daba la impresión de estar teñido" (p. 27).

Hasta este desenlace textual, tanto para el lector real como para el anónimo narrador, Chac Mool sólo existía en la imaginación de Filiberto, pero ahora el narrador mismo ha visto a ese "indio amarillo", por lo que su testimonio completa el sentido fantástico del texto.[28] No obstante haberse quedado en la Ciudad

---

[28] Por ello es inadmisible la deducción de que el final del cuento es ambiguo y que, por tanto, permite una lectura lineal y realista: "Ese Chac Mool parece criado recién enriquecido, y en esto reside el choque mayor de la obra; es posible interpretar el cuento de tal manera que el malogrado coleccionista resulta un enfermo mental, y el indio, un sencillo criado" (Frank Dauster, "La transposición de la realidad en las obras cortas de Carlos Fuentes", *Kentucky Romance*

de México, y por tanto no haber recibido la noticia del deceso de Filiberto, el indio sabe de antemano que aquél ha fallecido, por lo que interrumpe la balbuciente perorata del sorprendido amigo para pronunciar la respuesta lacónica e inquietante con que cierra el texto: "—No importa; lo sé todo. Dígale a los hombres que lleven el cadáver al sótano" (p. 27); de este modo, Filiberto acaba ocupando el lugar de abandono que él mismo había asignado a la estatua de Chac Mool después de comprarla. Para la eficiencia estructural del relato, es conveniente que éste termine aquí, es decir, con el compartido asombro del narrador y del lector; este final abierto y muy moderno deja a cargo del lector la interpretación última del texto, pues el narrador renuncia a enjuiciar en su conjunto los hechos relatados (deficiencia en la que, por ejemplo, sí incurre un excelente cuentista como Horacio Quiroga, quien en "El almohadón de pluma" hace que el narrador resuma y explique todo lo sucedido).

Antes de continuar con el análisis de diversos elementos del contexto histórico y cultural del cuento, quiero recapitular sobre sus rasgos respecto de la caracterización del género propuesta en el capítulo inicial. En primer lugar, hay que decir que la codificación realista presente en lo fantástico no sólo se produce en "Chac Mool", sino que incluso asume matices costumbristas, a tal grado que los personajes de ficción viven dentro de una realidad familiar y cognoscible para ellos, cuya descripción se efectúa con una abundancia de rasgos que remiten al México posrevolucionario. El suceso extraordinario en que se basa, es decir, la vivificación de la escultura de "Chac Mool", lo cual rompe la cosmovisión inicial, está preparado con un cúmulo de indicios que el narrador oculta con sabiduría; esto imprime un gran suspenso al texto. Al basarse en varias infracciones a la lógica de la disyunción (una estatua que encarna, un hombre que es al mismo tiempo dios, etcétera), el cuento se funda más bien en una lógica de la conjunción que sirve para desestabilizar nuestra creencia en los postulados de la lógica causal y racional que regulan la vida de los personajes

---

Quarterly, 19 [1979], p. 302). Además de refutar la intención fantástica esta lectura dejaría sin explicación varios elementos del texto, entre ellos, el sorpresivo conocimiento previo del "indio amarillo" respecto de la muerte de Filiberto.

y, en última instancia, la nuestra. Por último, al concluir en la incertidumbre plena respecto de las causas profundas de los sucesos (al final se confirma que el dios prehispánico denominado Chac Mool ha reencarnado, pero no se dice por qué y para qué), el texto cuestiona el paradigma vigente en esa época pero no proporciona uno nuevo para sustituirlo. Hasta aquí lo que concierne al modelo global del género seguido por Fuentes, que en este caso no dudo en calificar como literatura fantástica clásica; sin embargo, como dije desde el principio, ni una obra, y menos aún un género, se agotan en la descripción general de sus rasgos; por ello continuaré ahora con el examen particular de diversos detalles del cuento que permiten distinguir las modalidades específicas asumidas por el género en Fuentes, las cuales justifican su ingreso en un sitio preponderante, a la historia literaria de lo fantástico en México.

Antes del final del cuento, Filiberto había descrito ya la humanización de Chac Mool, originada por el contacto de la estatua con el agua, la cual desempeña una labor vivificante en él, según la decisión del escritor de encarnarlo como dios del agua, elemento de la naturaleza con que se ha asociado más a Chac Mool (no se sabe a ciencia cierta qué divinidad prehispánica representa, pero ha sido relacionado sobre todo con el agua, así como con el fuego, el maíz y el pulque). La identificación de Chac Mool como dios del agua ayuda también a descodificar como indicio un dato presente en el enigma planteado por el narrador en el arranque del texto: ahora puede deducirse que Filiberto no se ahogó por su impericia de nadador avejentado, sino porque en las aguas de Acapulco pudo cumplir el dios su amenaza de vengarse si aquél huía. Incluso el lugar último ocupado por Filiberto en la vieja casona es una muestra de que recibe un castigo, cuando el indio amarillo ordena que su cadáver sea llevado al sótano, lugar de abandono al que el mismo Filiberto destinó en principio la estatua de Chac Mool, como se ha visto. Por ello no creo que, como sugiere Paley, la muerte de Filiberto signifique su liberación, en contraste con el degradante proceso de envejecimiento perceptible en Chac Mool al final del texto: "Éste es el aspecto que Filiberto consigue evitar por medio de su muerte, que es, por lo tanto una liberación. Y si bien no muere en plena juventud, como había deseado, al menos no llega a la degradación total de la vejez".[29]

Por otra parte, según refiere Filiberto, el propio Chac Mool alude a Le Plongeon, el explorador francés que descubrió la efigie de esa divinidad durante sus excavaciones en Chichén Itzá en el último tercio del siglo XIX.[30] Hay muchas historias legendarias sobre las dificultades de este arqueólogo francés para mover la estatua, pues se dice que su labor fue permanentemente obstaculizada por adversos fenómenos naturales.[31] Le Plongeon bautizó la estatua, encontrada en lo que hoy se conoce como Tumba o Mausoleo de Chac Mool (o bien Chak Mool), a partir de una imagen del Templo de los Tigres que lo había impresionado: un guerrero pintado de rojo y con un hermoso escudo hecho de piel de jaguar; el nombre se compone pues con las palabras *Chac* (rojo) y *Mool* (garra). Por cierto que el origen del nombre explica la presencia en el texto de aspectos que aunque en principio podrían parecer absurdos, en verdad funcionan como indicios; por ejemplo, el pasaje donde un bromista compañero de la oficina de Filiberto pinta de rojo el agua de un garrafón, con lo cual se alude tanto a la inminente aparición de Chac Mool en su calidad de dios del agua, como al símbolo de la sangre implícito en el sacrificio de Filiberto.

[29] Martha Paley Francescato, "Acción y reflexión en cuentos de Fuentes, Garro y Pacheco", *Kentucky Romance Quarterly*, 33 (1986), p. 101.

[30] "El Chak Mool representa a un personaje de espaldas sobre un zócalo, con las piernas encogidas y la cabeza vuelta hacia un lado. Viste «maxtlatl» (especie de taparrabos) y sandalias. Porta una serie de adornos consistentes en rica diadema, orejeras, ajorcas, grecas, pulseras y un pectoral semejante a un pájaro estilizado o mariposa de fuego" (*Enciclopedia yucatanense*, 2a. ed., Gobierno de Yucatán, México, 1977, p. 139).

[31] Al propio Fuentes le gusta fomentar la leyenda, pues en la entrevista con Luis Harss le dice que los poderes de Chac Mool no parecen haber disminuido, ya que, según una nota periodística, en 1952, cuando una escultura del dios fue embarcada a Europa, durante el trayecto desencadenó tormentas en alta mar y lluvias en el continente, por lo que: "Se hizo famoso el hecho, y por ejemplo campesinos de ciertos valles de España donde nunca había llovido mandaban unas cuantas pesetas por correo al Palais de Chaillot, que las ponían en el estómago de Chac Mool, y llovía en ese valle después de cincuenta años" (C. Fuentes *apud* L. Harss, *op. cit.*, p. 349).

Para apreciar el significado de esa intromisión fantástica del dios prehispánico en el México contemporáneo, considero conveniente referirme al único personaje secundario identificado en el relato: Pepe, el amigo del que Filiberto habla en su manuscrito y que acaso sea el mismo anónimo narrador que edita todo el texto; no obstante su fugaz presencia, Pepe es básico para la economía argumental del relato. En primer lugar, porque cumple la función básica de destinador, como se diría en el lenguaje estructuralista, puesto que anuncia a su amigo la venta de la estatua de Chac Mool que cambiará el rumbo de la vida de Filiberto. En segundo lugar, porque Pepe, de quien se puede lucubrar que es una especie de *alter ego* de Fuentes, sirve para expresar una particular visión respecto del cambio cultural y cosmogónico que significó para las culturas prehispánicas la llegada de los españoles; en efecto, este personaje en apariencia secundario adelanta una parte primordial de la interpretación de la historia de México postulada desde entonces por el escritor, cuyas bases se mantienen a pesar de los diversos matices que asume después; Filiberto anota en su diario la siguiente hipótesis de Pepe que cito *in extenso*:

> Llegan los españoles y te proponen [que] adores a un Dios, muerto hecho un coágulo, con el costado herido, clavado en una cruz. Sacrificado. Ofrendado. ¿Qué cosa más natural que aceptar un sentimiento tan cercano a todo tu ceremonial, a toda tu vida?... Figúrate, en cambio, que México hubiera sido conquistado por budistas o mahometanos. No es concebible que nuestros indios veneraran a un individuo que murió de indigestión. Pero un Dios al que no le basta que se sacrifiquen por él, sino que incluso va a que le arranquen el corazón, ¡caramba, jaque mate a Huitzilopochtli! El cristianismo, en su sentido cálido, sangriento, de sacrificio y liturgia, se vuelve una prolongación natural y novedosa de la religión indígena. Los aspectos de caridad, amor y la otra mejilla, en cambio, son rechazados. Y todo en México es eso: hay que matar a los hombres para poder creer en ellos (pp. 13-14).

Así pues, el cristianismo logró sustituir a las cosmogonías prehispánicas precisamente por la semejanza entre algunos de los referentes sustanciales de ambas; en cambio, aquellos elementos del cristianismo que no podían ser asimilados (caridad, amor al prójimo), simplemente se desecharon. No puede negarse que esta conocida conclusión suena un tanto reduccionista, pero también es cierto que posee un gran fondo de verdad, pues es irrefutable que el particular cristianismo practicado en México tiene fuertes raíces indígenas. De todos modos, conviene matizar que la asimilación del sacrificio cristiano a las creencias prehispánicas se efectúa de manera gradual y compleja, como lo testimonian las cruces de las primeras iglesias novohispanas, las cuales estaban adornadas con símbolos bíblicos y de la pasión de Cristo, pero omitían deliberadamente la imagen de éste (¿cómo criticar y erradicar los sacrificios de los indígenas y al mismo tiempo difundir una religión monoteísta basada en otro sacrificio?).

Como el significado de la presencia del personaje Chac Mool en el México moderno de la ficción resulta complejo, ha suscitado múltiples interpretaciones. Antes de dialogar con ellas, cabe decir que la perspectiva crítica más pertinente consiste en buscar el sentido del personaje y del cuento en su contexto histórico y cultural, incluso pese a las declaraciones del propio autor, quien suele tender a relacionarse con el mundo occidental, aludiendo sobre todo a escritores anglosajones; por ejemplo, en cuanto a su literatura fantástica, enlista estas disímiles lecturas: "Y puesto que pocas veces he hablado del origen de mis textos fantásticos, *El Monje, El Castillo de Otranto, Melmot, El peregrino, Drácula, El Dr. Jekyll...*"[32] Preocupado siempre por reforzar su linaje occidental (que naturalmente sí tiene), Fuentes olvida aquí mencionar la serie de textos y relatos orales que, como dije al final del capítulo previo, menciona Pacheco en su función de enlace con la tradición mexicana del siglo XIX: las llamadas historias de aparecidos y espantos. Del mismo modo, en una de sus múltiples entrevistas,[33] Fuentes dijo que sus preocupaciones por una "segunda realidad" quizá provengan de sus lecturas infantiles de autores como Stevenson y Poe; sobre este punto, Williams comenta acertadamente: "But the other reality Fuentes sees beneath the surface of contemporary life is quite different from that perceived by Poe

---

[32] C. Fuentes en *Los narradores ante el público*, p. 149.
[33] Emmanuel Carballo, "Carlos Fuentes", en *Protagonistas de la literatura mexicana*, Eds. del Ermitaño-SEP, México, 1986, p. 535.

and Stevenson. It is a uniquely Mexican reality, a reality peopled by ghosts and phantasma from Mexico's past –a past that refuses to die, that remains eternally a part of the present".[34]

En última instancia, aunque el escritor tiene razón al enlistar todas estas fuentes de la literatura extranjera como parte del origen de su literatura fantástica, sin duda las modalidades que el género adquirió en su obra están mediadas por referentes históricos y culturales muy mexicanos, según he venido exponiendo. En el caso concreto de este cuento, Fuentes recuerda que lo concibió al leer una nota periodística de 1952, donde se describían "las tempestades y cataclismos" producidos por una estatua de Chac Mool en su viaje de exhibición por Europa; al enlistar sus motivaciones para la escritura, señala: "Los datos de la nota roja artística enfocaron mi atención en un hecho evidente para todos los mexicanos: hasta qué grado siguen vivas las formas cosmológicas de un México perdido para siempre y que, sin embargo, se resiste a morir y se manifiesta, de tarde en tarde, a través de un misterio, una aparición, un reflejo. La anécdota gira en torno a la persistencia de nuestras viejas formas de vida".[35]

Entre las opiniones sobre el personaje Chac Mool que se ubican en esta línea general enunciada por Fuentes, empiezo por citar la de Ruiz Abreu, quien afirma: "Este «indio amarillo» es una deformación de la historia y de la cultura del México antiguo. Algo que al mezclarse con otra historia, otra religión y otra cultura, dejó de ser. Somos prisioneros de ese pasado. Para liberarnos se necesita la invención de lo nuevo, la imaginación que doblegue esa deformación de nacimiento".[36] El crítico relaciona su hipótesis con el contexto de la cultura mexicana de las décadas de 1940 y 1950, es decir, en pleno auge de las discusiones sobre la identidad nacional; así, como respuesta a esa fuerte preocupación nacionalista, Fuentes propondría la superación del pasado mediante la invención de lo nuevo. Por su parte, luego de un buen análisis del texto, Gyurko concluye que la posición del escritor se

---

[34] S. Williams, art. cit., p. 40.
[35] C. Fuentes *apud* E. Carballo, "Carlos Fuentes", p. 535.
[36] Álvaro Ruiz Abreu, "Carlos Fuentes, del mito a la profecía", en *Carlos Fuentes. Relectura de su obra*, ed. cit., p. 80.

ubica enmedio de dos extremos: "Fuentes seems to be saying that the modern indigenous Mexican should neither idolize the barbarous aspects of the ancient past nor rush headlong into burgeois society, but rather preserve what is socially beneficial and ennobling in his ancestral heritage".[37]

Para seguir dialogando con estos pertinentes comentarios, me gustaría citar la apreciación de Cynthia Duncan, quien tal vez complemente la anterior:

> Chac Mool is portrayed by Filiberto as a character who is bitterly resentful of the present. He was once a god, a highly respected deity but, in the intervening centuries, he has been desecrated and forgotten. He resents the attitude of modern Mexicans who have abandoned their nation's indigenous heritage and are ignorant of their cultural history. Filiberto is guilty of this crime: he has purchased Chac Mool as a curiosity piece, and has treated him irreverently. He has no real knowledge of the culture that Chac Mool represents and he feels no spiritual bond to him.[38]

En efecto, Filiberto no comprende las culturas prehispánicas, a las cuales se aproxima no para entenderlas, sino como un simple coleccionista interesado por un arte escindido de su más amplio contexto; incluso él expresa de manera un tanto despectiva su inclinación por los objetos de esas culturas cuando escribe: "Pepe conocía mi afición, desde joven, por ciertas formas del arte indígena mexicano. Yo colecciono estatuillas, ídolos, cacharros" (p. 14); es obvio que la palabra "cacharros" resulta peyorativa y demerita el valor de los elementos de esta breve enumeración. Creo que desde una perspectiva simbólica, la inversión de los papeles de Filiberto y Chac Mool (el primero, ya muerto, termina arrumbado en el mismo sótano al que en principio mandó la estatua del dios prehispánico) podría implicar un doble significado:

---

[37] Lanin A. Gyurko, "Social satire and the ancient Mexican gods in the narrative of Fuentes", *Ibero-Amerikanisches Archiv*, 1 (1975), p. 120.

[38] Cynthia Duncan, "Carlos Fuentes' «Chac Mool» and Todorov's theory of the fantastic: a case for the twentieth century", *Hispanic Journal*, 8:1 1986), p. 132.

en primer lugar, la imposibilidad de la cultura mexicana moderna para enterrar ese pasado; en segundo lugar, el enorme riesgo de que pese al intento, ese mundo prehispánico resurja para vengarse de su postergación y olvido; la conclusión sería pues directa: ante la imposibilidad de cancelar ese pasado, sería mejor intentar comprenderlo y asimilarlo a nuestro presente.

El anterior tema es, sin duda, una de las permanentes obsesiones de Fuentes, quien lo formularía después en sus ensayos de la década de 1970. Por ejemplo, en *Tiempo mexicano* enuncia su famosa dicotomía de Quetzalcóatl y Pepsicóatl, como los polos irrealizables (uno por imposible y el otro por indeseable) de la realidad histórica mexicana; el primero simbolizaría la herencia de las culturas prehispánicas, mientras el segundo representaría la imposición a ultranza de un modelo modernizador de México que acepta acríticamente el capitalismo; frente a esta disyuntiva, Fuentes propone que México podrá alcanzar lo que él llama "verdades concretas" (entre ellas la justicia verdadera), mediante una síntesis:

> Pero para que existan esas verdades concretas, es preciso que la síntesis sepa respetar las aportaciones peculiares de la cultura indígena y esto, a su vez, supone una reforma política de gran alcance descentralizador, que confíe en la capacidad de las culturas locales de México para gobernarse, pero que, al mismo tiempo, cree una red de conexiones con un doble propósito: permitirnos conocer los valores aprovechables de esas culturas e impedir que la injusticia, nuevamente, las acose y dañe.[39]

Enunciado así, es decir, de forma general y abstracta, el propósito es loable; pero sabemos bien que cualquier cambio social e histórico está sujeto a infinitos y variables factores, entre ellos el agente que lo impulse, por lo que aquí cabría preguntarse: ¿quién decidiría cuáles valores de las culturas indígenas son "aprovechables" para el mundo moderno?

---

[39] Carlos Fuentes, *Nuevo tiempo mexicano*, Joaquín Mortiz, México, 1978, p. 38.

En fin, deducciones como ésta conducen a la aparente paradoja de la presencia, en la obra de Fuentes, de un elemento respecto del cual habría que reflexionar si puede formar parte del género fantástico sin desnaturalizarlo: el mito; para ello, conviene recordar que:

> El mito, en su interpretación más ortodoxa, es una verdad primigenia, cósmica, sagrada que instaura arquetipos paradigmáticos y eternos, uniendo al hombre de todos los tiempos en una naturaleza común, hecho explicado por algunos, siguiendo a Jung, como una manifestación del inconsciente colectivo cuyos componentes síquicos comparte toda la humanidad. Ésta sería la razón por la que el contenido esencial de todo mito se repite en las culturas más diferentes y apartadas.[40]

En este sentido, el mito no produce ninguna confrontación entre el orden lógico y causal de los hechos y otro que, aunque indefinido, se le oponga. Si, como he expuesto en el capítulo inicial, el género fantástico se delimita por medio de la concepción de la realidad que posee un grupo sociocultural específico, marcado históricamente, entonces la naturaleza de los mitos como estructuras narrativas ahistóricas sería inapropiada para construir el género: el mito no puede contrastarse contra ninguna concepción previa de la realidad, sino que se impone a los paradigmas de cualquier grupo social. Pienso que esta aparente paradoja podría tentativamente resolverse mediante dos vías. En primer lugar, si en verdad los mitos son estructuras narrativas presentes en cualquier cultura, también es cierto que sus manifestaciones concretas difieren hasta el infinito; así, si bien los mitos pueden reducirse a unos cuantos modelos generales, en éstos no se agotan las singularidades de cada una de sus expresiones. En segundo lugar, es necesario definir si la presencia de un mito en un texto implica siempre la construcción de un relato mítico; por mi parte, creo que en realidad los innegables rasgos míticos del cuento de Fuentes se integran, supeditados, al modelo rector de la literatura fantástica,

---

[40] G. Feijoo, *op. cit.*, p. 30.

es decir, que en última instancia "Chac Mool" no es un relato mítico sino fantástico.

En esta misma línea mítica, ahora me gustaría añadir una reflexión sobre la metamorfosis del personaje del título del cuento. Considero que ese "indio amarillo" acaba siendo una grotesca caricatura debido a su paulatina humanización, ya que Chac Mool no deja de ser funcional en el presente del protagonista nada más porque esté superado, sino también porque ha descendido de su trono sagrado para casi convertirse en un ser humano (y digo "casi" porque es obvio que conserva parte de su antiguo poder divino). Así, lejos de la imagen hierática que en todo momento debe conservar un dios, una vez humanizado Chac Mool empieza a mostrar rasgos de crueldad y vulgaridad extremas: demanda incesantemente agua en plena época de sequía —lo cual indica el descenso de un dios que se supone produce lluvia—, devora animales vivos, gusta de las lociones baratas y hasta quiere que haya una criada en la casa (petición mediante la cual se insinúan sus hasta entonces reprimidos y humanos deseos sexuales). Al transformarse en hombre, Chac Mool entra en el reino del tiempo y se sujeta a muchas de las vicisitudes propias de un ser humano, entre ellas la caducidad y las tentaciones; por ello la positiva imagen inicial de Chac Mool forjada por Filiberto se modifica hasta llegar al punto de desencanto final que él expresa antes de emprender la huida: "Creo que el Chac Mool está cayendo en tentaciones humanas, incluso hay algo viejo en su cara que antes parecía eterna" (p. 26).

Por otra parte, ignoro si Fuentes se propuso de forma consciente que su texto elaborara una tácita contraposición entre la imagen de Chac Mool y la de Cristo, pero creo que lo logró.[41] Así,

---

[41] Disiento en este punto del por lo general buen análisis de Gyurko, quien afirma: "It is significant that Filiberto dies on Good Friday. He becomes the parody of a Christ figure" (L. Gyurko, art. cit., p. 118). En primer lugar, si bien Filiberto viaja a Acapulco en Semana Santa, en ningún pasaje el texto sugiere que haya muerto en Viernes Santo (incluso se alude a una fiesta de Sábado de Gloria a la que él solía asistir); no creo pues que se establezca una relación simbólica entre Filiberto y Cristo, sino más bien entre Chac Mool y Cristo, ambos entidades divinas pero a la vez humanas.

me parece que si bien el dios prehispánico coincide con el cristiano en cuanto a su naturaleza híbrida, es decir, humana y divina, el proceso mediante el cual se develan sus respectivas identidades es totalmente inverso; mientras Cristo revela poco a poco su condición divina, hasta llegar a la Resurrección, Chac Mool en cambio deviene cada vez más humano que divino, en una evolución degradante (pese a conservar parte de su poder, Chac Mool no sabe o no puede ser un dios en el México moderno).

Pienso que, en última instancia, todas estas lecturas del cuento, con sus diferentes matices, son congruentes con una de las escasas reflexiones sobre la literatura fantástica emitidas por Fuentes, quien postula una explicación mítica sobre los orígenes del género y, por ende, de algunos de sus propios textos:

> La literatura fantástica nace de la convicción de que los monstruos nos ganaron la partida renunciando, mientras nosotros seguimos aferrados a esta envoltura mortal [...] Antes de los héroes, los monstruos eran parte del orden aceptado de un mundo proliferante e inclusivo. Y entonces uno se pregunta: ¿a qué monstruo mataron, antes de antes, para llegar a ser héroes, la Medusa y el Cíclope? De ahí nacieron varios textos míos: "Chac Mool" y "Por boca de los dioses" en *Los días enmascarados*, *Aura* y *La muñeca reina*.[42]

Para seguir exponiendo mi hipótesis central, quiero discutir ahora los eventuales significados implícitos en la decisión de Fuentes de construir este texto fantástico a partir de un profundo diálogo con algunos elementos de la historia y la cultura mexicanas.

He dicho que para alcanzar el efecto fantástico no es necesario que el texto contenga precisiones de carácter histórico o costumbrista, sino que basta con que elabore un mundo de ficción aparentemente común y cotidiano, donde después se producirá un hecho extraordinario. En el caso de Fuentes, este mundo de ficción se construye mediante un vasto conocimiento de la historia mexicana; el autor no sólo parece estar preocupado por escribir un relato fantástico sino, además, por inventar un mundo de

---

[42] C. Fuentes en *Los narradores ante el público*, p. 150.

ficción en donde se reflexione sobre los puntos neurálgicos de la evolución histórica de su país, propósito que se mantiene y hasta se acentúa a lo largo de su obra.

Si añadimos al caso de Fuentes lo que años después realizará José Emilio Pacheco, por ejemplo en cuentos como "Tenga para que se entretenga" y "La fiesta brava" (analizados en el siguiente capítulo), donde además de la postulación fantástica se construye una imagen histórica y literaria del México sociopolítico posrevolucionario, puede concluirse que esa mezcla es un rasgo frecuente en la literatura fantástica mexicana. Tanto Fuentes como Pacheco parten de un profundo conocimiento de la sociedad y de la historia de su país, lo cual demuestra que, en última instancia, los elementos que estructuran sus textos no sólo buscan lograr el efecto fantástico, sino también proporcionar una imagen literaria de la sociedad contemporánea.

Quizá una especie de contraejemplo ayudaría a afinar mis argumentos. Recurro para ello a una voz de la literatura argentina: Julio Cortázar, quien en "La noche boca arriba" trabaja el tema de las guerras floridas del mundo azteca, etnia a la cual contrapone un inexistente grupo llamado los "motecas". Para la construcción del efecto fantástico, es secundario que los motecas sean una mera licencia de la imaginación cortazariana.[43] En cambio, tales "errores" (si acaso fuera posible usar esta palabra) serían inconcebibles en Fuentes o Pacheco, y no sólo porque son mexicanos y como tales deban conocer mejor su tradición cultural, sino sobre todo porque la estructura de sus textos no busca limitarse a lograr de forma eficaz ese efecto fantástico.

De lo anterior puede deducirse que aunque la frecuencia de textos de carácter fantástico es menor en México que en el Río de la Plata, en la primera región el género asume funciones específicas y modalidades que se relacionan de manera directa con un proceso de examen del pasado de la nación; como dice Duncan: "In

---

[43] Como en este texto del autor argentino se privilegia lo lúdico e irónico, cabe la posibilidad de que la palabra "motecas" derive de "moto", es decir, del vehículo en que se transporta el personaje principal cuando sufre un accidente. En el siguiente capítulo realizo un examen más detallado de algunos aspectos de "La noche boca arriba" en relación con la obra de José Emilio Pacheco.

Mexico, the fantastic has never had the immense popularity it has enjoyed in the River Plate region, yet it is an important vehicle of self-criticism and self-examination for the Mexican writer who challenges the narrow conception of reality that has come to characterize our century. It is not merely a literary game, but an alternative view of the world".[44]

En la literatura de Fuentes, el creciente interés por la más remota tradición cultural mexicana se manifiesta ya desde el título de su libro inaugural: *Los días enmascarados*, expresión que remite a los *nemontemi* o cinco días que completaban el calendario del año azteca, durante los cuales se suspendía toda actividad porque se consideraban aciagos.[45] Además de provenir del contexto histórico-cultural del autor, esta referencia le llega filtrada por la propia literatura, pues él la toma de un poema de José Juan Tablada, "El ídolo en el atrio", donde puede leerse la siguiente descripción poética del calendario azteca:

> En torno de esa Tabla de la Ley
> gladiatorios o místicos agrúpanse los meses
> entre bélicos cantos y rumores de preces
> como en torno de un Rey...
>
> Y al final los días rezagados
> los "nemontemi"... Cinco enmascarados
> con pencas de maguey...
>
> Días en cuyas noches se derrite
> la luna como turbio chalchihuite;
> en que mancha de sombra luce el oro del Sol
> como la piel del tigre o como el girasol...[46]

---

[44] C. Duncan, art. cit., p. 126.

[45] "*Nemontemi* [o *Nemontami*]: (Nomás están en vano allí.) Era el nombre de los cinco últimos días del año nahua (que los aztecas llamaban *zihuil*) de 365 días. Puesto que el año se componía de 18 grupos de 20 días cada uno, dando un total de 360, quedaban al final cinco días considerados como aciagos, durante los cuales no se emprendía ninguna obra y se evitaba todo riesgo" (*Enciclopedia de México*, t. X, p. 5774).

[46] José Juan Tablada, "El ídolo en el atrio", en *Obras. I. Poesía*, pról., ed. y notas Héctor Valdés, Universidad Nacional Autónoma de México, México, 1971,

Ahora bien, en la primera edición del libro había un juego literario con múltiples alusiones. En primer lugar, en la portada se reproducía la imagen de la estatua del dios, sobre la cual se recostaba un hombre; esta figura aludía a la dualidad de Chac Mool y anunciaba la importancia de este cuento dentro del conjunto. Asimismo, como señala Georgina García Gutiérrez,[47] el juego tipográfico del título, donde en dos líneas se combinaban mayúsculas con minúsculas en dos colores distintos, permitía una doble lectura: los DÍAS EN-/ MASCARA DOS.

Para comprender a cabalidad este tipo de elementos codificados en varios de los primeros relatos de Fuentes, el lector debe compartir, si no una tradición cultural completa, por lo menos una serie de referentes históricos; cuando no sucede así, la evaluación global de sus primeros cuentos es muy distinta de la que he hecho, según se percibe en el siguiente juicio crítico:

> *Los días enmascarados* consiste de seis cuentos, todos los cuales incluyen algún elemento de fantasía. Tres de ellos, "En defensa de la trigolitia", "Letanía de la orquídea" y "El que inventó la pólvora", son invenciones borgianas de fantasía pura [...] Los otros tres cuentos también contienen algunos elementos fantásticos, pero ocurren en México y la fantasía se entrelaza con la historia mexicana y la tradición cultural indígena.[48]

Aunque creo que es apropiada esta división en dos rubros diferenciados, disiento de la valoración implícita en la conjunción adversativa "pero", que sugiere que los "otros tres cuentos", donde "la fantasía se entrelaza con la historia mexicana", poseen un

---

p. 483. Por cierto que la Tabla de la Ley a la que aquí se remite aparece desde el primer verso de Tablada: "Una Piedra del Sol", el cual alude a la piedra sacrificial de los aztecas: "Una Piedra del Sol/ sobre el cielo de la mañana/ asoma en lo alto/ el ancho rostro de basalto/ a la orilla de un charco de obsidiana/ y parece que su boca vierte/ un reguero de sangre humana/ y zempazúchiles de muerte..." (p. 482).

[47] G. García Gutiérrez, *Los disfraces: la obra mestiza de Carlos Fuentes*, 2ª. ed., El Colegio de México, México, 2000, p. 20.

[48] Raymond Leslie Williams, *Los escritos de Carlos Fuentes*, tr. Marco Antonio Pulido Rull, Fondo de Cultura Económica, México, 1998, pp. 49-50.

menor nivel estético; en realidad el crítico valora más los otros textos porque los relaciona con los temas típicos de Borges (como si de entrada la filiación con la escritura borgeana fuera un atributo *per se*). Por el contrario, yo me atrevería incluso a aventurar que, en su conjunto, esos "otros tres cuentos" ("Chac Mool", "Tlactocatzine, del jardín de Flandes" y "Por boca de los dioses") son superiores, ya que en ellos Fuentes logró conjuntar dos propósitos: la construcción de un efecto fantástico y la codificación literaria de la historia mexicana.[49]

En suma, respecto de una de mis hipótesis centrales, creo que ahora, decenios después de publicado el cuento, sus lectores podemos distinguir algo esencial, poco visible para los receptores contemporáneos a Fuentes: que la codificación de lo fantástico no era para el joven escritor un medio de evasión, sino un excelente recurso para discutir la historia de México y apuntar hacia el futuro del país; por ello el texto construye una irónica crítica de los hábitos clasemedieros urbanos del México posrevolucionario, así como una propuesta para revisar nuestro pasado prehispánico y acaso proyectarlo hacia nuevos horizontes. Cabe concluir entonces que una lectura atenta demuestra cuán equivocados estaban los primeros receptores de *Los días enmascarados* al exigir a su autor que asumiera algo que en realidad ya estaba en el libro: su responsabilidad como literato ante la sociedad.

He postergado hasta este momento la discusión de un aspecto de la obra de Fuentes que enuncié tangencialmente al principio de este capítulo: sus nexos con Arreola. En un fértil comentario, Luis Leal intenta ubicar a Fuentes como cuentista entre Arreola y Rulfo:

> Después de Arreola y Rulfo, el narrador que más se ha distinguido es Carlos Fuentes. En su primer libro [...] logró combinar elementos ya presentes en ambos cuentistas y forjar un relato diferente que

---

[49] No obstante esta evaluación global, confieso que, como lector, "Por boca de los dioses" es el texto que menos me convence en cuanto a su estructura fantástica. Empero, cabe rescatarlo, entre otras razones, debido a que su modelo de escritura prefigura el habla desaforada de ese complejo y enigmático personaje de Fuentes que es Ixca Cienfuegos en *La región más transparente* (1958).

no es ni arreolesco (fantástico o satírico) ni rulfesco (neorrealista o de realismo mágico); es, más bien, una síntesis de ambas tendencias, un verdadero cuento nacional en el sentido de que por primera vez en la narrativa mexicana encontramos una obra que borra las fronteras entre lo regional y lo cosmopolita. No menos importante en la narrativa de Fuentes es el hecho de que logra incorporar una ideología nacional, una ideología que expresa el descontento con los resultados de la Revolución.[50]

Se trata, sin duda, de un juicio cuya discusión completa requeriría amplio espacio; sin embargo, para los objetivos de este trabajo basta con detenerse un poco en la relación de Fuentes con Arreola. En efecto, este último, con sus libros *Varia invención* (1949) y *Confabulario* (1952), había diversificado la literatura mexicana, hasta entonces demasiado atada a las tendencias realistas y a los temas derivados de la Revolución. Pero por más "exóticos" que parezcan algunos de sus textos, habría que matizar su adscripción a lo fantástico, puesto que ésta sólo es plena en unos pocos, entre ellos en "Un pacto con el diablo". Sospecho que parte de la confusión deriva del impreciso concepto de lo fantástico aplicado por cierta crítica a los textos de Arreola, tal vez debido a las enormes dificultades para colocarlos en otro rubro. Así, de acuerdo con el concepto de literatura fantástica expuesto en el primer capítulo de este libro, varios de los más conocidos cuentos de Arreola no pertenecerían a ese rubro. Como ejemplo puede tomarse el que quizá sea su más difundido y antologado texto: "El guardagujas"; si bien la situación argumental construida en este texto es del todo anómala, los sucesos extraordinarios que en él se presentan poseen una codificación literaria más cercana al absurdo que a lo fantástico, pues no hay una inicial codificación de tipo realista respecto de la cual se contrasten los sucesos extraordinarios contados en el diálogo entre el guardagujas y el desconcertado viajero (¿cómo llegó éste al lugar si no sabe cómo funciona el sistema de los trenes?, por ejemplo); claro está que la

---

[50] Luis Leal, "El nuevo cuento mexicano", en *El cuento hispanoamericano ante la crítica*, p. 292.

imposible adscripción del texto al género fantástico no implica ningún elemento negativo para su valoración literaria.

Por mi parte, pienso que sería más preciso afirmar que Fuentes, el joven discípulo, concreta y sublima en *Los días enmascarados* los tintes fantásticos que estaban insinuados en su maestro Arreola. En realidad el interés de Fuentes por este género se encuentra en los más remotos orígenes de su escritura; de hecho, unos pocos meses antes de la aparición de "Chac Mool" en la revista *Universidad de México*, él había publicado otro relato de corte fantástico: "Pantera en jazz"; en este temprano cuento, un anónimo hombre, dueño de un pequeño departamento urbano, se enfrenta a la inexplicable intromisión de una pantera en su baño; este acontecimiento insólito trastorna su vida, a tal grado que él abandona su trabajo y, desesperado, acaba por arrojar al baño a una niña para alimentar a la pantera, a la cual no ve pero sí escucha; al final, él mismo siente cómo su cuerpo se transforma en el de un felino:

> Entonces el hombre arañó la pared, arañó su cuerpo y sintió su brazo desnudo grueso y aterciopelado y sus uñas convirtiéndose en garras de clavo y algo como caucho ardiente tostando su nariz y todo su cuerpo un torso desnudo, trémulo y peludo como el de un animal, y sus piernas acortándose al reptar sobre el tapete para arañar las almohadas y destrozarlas y entonces esperar y esperar, mientras, sin duda, pisadas cautelosas ascendían la escalera con el propósito de tocar en su puerta.[51]

En fin, al margen de lo que haya dicho la crítica contemporánea sobre el primer libro de Fuentes, lo cierto es que éste influyó notablemente en escritores jóvenes que por esa época se iniciaban en la literatura: "Sergio Pitol, quien comenzó a escribir en ese mismo tiempo, recuerda *Los días enmascarados* como un libro seminal para la literatura mexicana de la época en que apareció debido a que el uso de la fantasía y de las técnicas narrativas

---

[51] C. Fuentes, "Pantera en jazz", *Ideas de México*, enero-febrero de 1954, p. 124.

innovadoras constituía una anomalía en relación con el tipo de literatura que estaba de moda".[52]

Ahora bien, como la descrita polémica sobre la naturaleza literaria de *Los días enmascarados* resulta esencial para la consolidación del género fantástico en México, es necesario proyectar sus efectos, así sea someramente, a la obra posterior de Fuentes (y con ella a la literatura mexicana en general). En principio, las dos siguientes novelas de Fuentes, *La región más transparente* (1958) y *Las buenas conciencias* (1959), se afiliaron más a la línea temática de lo que el nacionalismo consideraba necesario para el país, aunque no hay que olvidar que la forma de la primera provocó el desconcierto y hasta el disgusto de quienes juzgaban que carecía de una verdadera estructura novelística. Pero poco después, en 1962, este escritor volvió a la literatura fantástica con la novela breve (o *nouvelette*) *Aura*, cuyo análisis pormenorizado no pretendo asumir, ya que sólo aludiré a algunos efectos de su recepción.

Sorprende, en primer lugar, el hecho de que a ocho años del inaugural y cuestionado ejercicio de Fuentes en la literatura fantástica, los editores decidieran señalar la continuidad entre esas dos obras, pues en la contraportada del libro se especificaba que *Aura* pertenecía, al igual que *Los días enmascarados*, al género fantástico: "*Aura* es más que una intensa historia de fantasmas: es una lúcida y alucinada exploración de lo sobrenatural, un encuentro de esa vaga frontera entre la irrealidad y lo tangible, esa zona del arte donde el horror engendra la hermosura". Sin duda, este comentario es un indicio de que se consideraba que había ya en México un pequeño grupo de lectores potenciales para ese tipo de literatura, a los cuales ahora se convocaba.

Esa percepción no fue errónea, pues como registró Emmanuel Carballo en enero de 1963,[53] durante los 185 días transcurridos desde la aparición de *Aura* (mayo de 1962), se habían vendido ya 1,613 ejemplares, o sea un promedio de 8.7 volúmenes

---

[52] R. L. Williams, *op. cit.*, p. 49. [A partir de una entrevista del crítico con Pitol, celebrada el 14 de julio de 1991.]

[53] Emmanuel Carballo, "La novela", *La Cultura en México*, suplemento de *Siempre!*, 2 de enero de 1963, núm. 46, pp. ii-iii.

diarios; Carballo, muy bien enterado de datos y cifras, añadía que a Fuentes le habían correspondido 1,935 pesos de regalías, que sumados a las de *La muerte de Artemio Cruz*, novela difundida apenas unos pocos días después de *Aura*, demostraban que en México un escritor todavía no podía vivir de su pluma (logro que, como dije, eventualmente sí conquistó Fuentes). Este relativo éxito de ventas fue acompañado por una muy positiva y casi unánime crítica, la cual, en contraste con los juicios vertidos sobre *Los días enmascarados*, ahora no mezclaba elogios con fuertes comentarios negativos. Por ejemplo, Isabel Fraire escribía en una brevísima nota "La novela tiene la pureza de lo perfectamente construido. Nada sobra. Es un objeto perfecto".[54] Del mismo modo, al saludar en 1964 la rápida reimpresión de *Aura*, Salvador Reyes Nevares titula su nota con un breve pero muy significativo título: "Una obra maestra".[55] Claro que para entonces el reconocimiento a la obra de Fuentes empezaba a ser internacional, pues en Montevideo Emir Rodríguez Monegal había publicado un elogioso artículo[56] y en Perú el joven crítico José Miguel Oviedo otro igualmente laudatorio; este último fue reproducido de inmediato en México por la revista *Siempre!* para acallar las críticas vertidas contra *La muerte de Artemio Cruz*, en especial porque Oviedo finalizaba con un lacónico y tajante ditirambo: "Carlos Fuentes es el novelista joven que México y nuestro continente necesitaban".[57]

La producción literaria de Fuentes podía considerarse abundante hacia 1962, pues se trataba de un escritor todavía muy joven. Esta profusión planteaba la necesidad crítica de ubicar *Aura* en contraste con el resto de su obra, según dos vertientes complementarias; la primera y más inmediata de ellas fue, lógicamente, relacionar esta novela corta con *Los días enmascarados*, como

---

[54] Isabel Fraire, "La otra cara de Carlos Fuentes", *Revista Mexicana de Literatura*, sept.-oct. de 1962, núms. 9-10, p. 57.

[55] Salvador Reyes Nevares, "Una obra maestra", *La Cultura en México*, suplemento de *Siempre!*, 22 de julio de 1964, núm. 127, p. xix.

[56] Emir Rodríguez Monegal, "La temprana madurez de Carlos Fuentes", *El País* (Montevideo), 3 de diciembre de 1962.

[57] José Miguel Oviedo, "Muerte y realidad en Carlos Fuentes", *La Cultura en México*, suplemento de *Siempre!*, 10 de oct. de 1962, núm. 34, p. xiv.

intentó Henrique González Casanova desde el título mismo de su comentario: "*Aura*: día enmascarado", donde decía de la obra: "Se piensa en Buñuel y en Cocteau: pero predomina el fulgor mágico y racional de Edgar Allan Poe".[58] La pertinencia de este comentario se puede apreciar en una entrevista posterior concedida en Francia por Carlos Fuentes; ahí, cuando la entrevistadora, Elena de la Souchere, menciona que en *La región más transparente* las páginas sobre la burguesía mexicana alternan con pasajes que transportan al lector al universo del subconsciente y los símbolos, el escritor informa sobre un proyecto en ciernes:

> Este aspecto esta más acentuado en una novela corta que Buñuel filmará dentro de poco. El protagonista de esta breve novela, titulada *Aura*, es un joven que ha sido contratado como secretario por una anciana muy rica, viuda de un político célebre. Una joven de gran belleza vive con ella, en una casa fastuosa, sofocante. En seguida constata una similitud de gestos y de actitudes entre las dos mujeres. La joven pierde su belleza entre los brazos del protagonista. Ella se identifica poco a poco con la anciana de la cual es proyección. Y el joven queda prisionero de la horrible vieja. Usted juzgará, el año próximo en París, *Aura*, que se inscribe en la línea a la vez cruelmente realista y simbólica de los últimos filmes de Buñuel, y, en particular, de *El ángel exterminador*.[59]

Es una verdadera lástima que este proyecto no se haya efectuado, pues sin duda Buñuel era el cineasta idóneo para llevar a la pantalla el alucinante mundo de *Aura* (como también lo hubiera sido para *Pedro Páramo*, obra que sigue esperando una realización cinematográfica cuyo nivel artístico sea paralela a su expresión literaria) Hubo, en cambio, durante esa misma década de 1960, una versión cinematográfica de *Aura* filmada en Italia, respecto

---

[58] Henrique González Casanova, "*Aura*: día enmascarado", *La Cultura en México*, suplemento de *Siempre!*, 27 de junio de 1962, núm. 19, p. xvi.
[59] Carlos Fuentes citado por Elena de la Souchere, "La nueva novela mexicana", *La Cultura en México*, suplemento de *Siempre!*, 18 de sept. de 1963, núm. 23, p. xvi.

de la cual Fuentes expresó su disgusto en una entrevista con María Luisa Mendoza.[60]

En cuanto a la tendencia crítica de alinear *Aura* con el resto de los textos de su autor, Reyes Nevares contestaba así al interrogante de si este libro estaba al margen de la anterior obra de Fuentes:

> Creo que es al contrario, es decir, que *Aura* forma parte, con toda congruencia, de ese todo que es la obra de Carlos Fuentes. Se inserta no en el muñón del realismo precisamente; pero sí en determinados puntos que no faltan en todas las demás páginas de su creador.
>
> Es frecuente recordar el primer libro de éste: *Los días enmascarados*. Ahí, en ese volumen de cuentos, hay uno que recuerda y prefigura la atmósfera de *Aura*. La misma atmósfera que huele mal, a plantas podridas por una humedad que las corroe en la oscuridad de muebles de estilo antiguo, de ancianos que vegetan entre las cortinas pesadísimas y que se extinguen a modo de fantasmas que se esfuman. Y ¿no hay mucho de esto en *Las buenas conciencias*? ¿No lo hay inclusive en determinados pasajes de *Artemio Cruz*?[61]

Es obvio que si se busca la atmósfera de cada uno de los textos, podrán encontrarse similitudes entre ellos; pero resulta riesgoso sólo enfatizar semejanzas menores en la escritura de las diversas obras de Fuentes, porque se corre el riesgo de dejar de percibir la diferencia radical que existe entre una postulación literaria realista y otra de carácter fantástico, que son, *grosso modo*, los dos campos trabajados por el autor de manera alternada en este primer período. Más razonable, en cambio, resulta señalar al mismo tiempo las diferencias y las semejanzas, como pretendió hacer Ramón Xirau en una reseña publicada en *Books Abroad* en 1963:

> *Aura*, el nuevo libro de Carlos Fuentes, tiene escasa relación con sus tres novelas previas (*La región más transparente*, *Las buenas conciencias* y *La muerte de Artemio Cruz*) [...] *Aura* no posee sugerencias políticas o sociales, ni intención crítica; es más

---

[60] María Luisa Mendoza, "Largo viaje de un día a Carlos Fuentes", *El Día*, 5 de noviembre de 1967, p. 8.
[61] S. Reyes Nevares, art. cit, p. xix.

bien un experimento en la novela corta y tiene afinidad cercana con el primer libro de Fuentes, *Los días enmascarados*, aunque éste recibió más bien la influencia del surrealismo, mientras que *Aura* está más cercana al nuevo grupo de los novelistas franceses de la objetividad. Su uso de la segunda persona del singular, por ejemplo, parece derivar de *La modificación*, de Butor [Sin embargo] Fuentes desarrolla más una visión poética, la cual de hecho alcanza mediante la yuxtaposición de diversos niveles de percepción parecida a los sueños.[62]

En esta última frase, Xirau demostraba ser mejor lector que algunos de sus contemporáneos, quienes habían equivocado de forma radical la lectura de *Aura* al afirmar que, del final de esta novela breve, se deducía que todos los sucesos narrados sólo habían acontecido en la mente del protagonista, lo cual de ningún modo se sugiere en el texto; así, en un artículo global sobre Fuentes que, por otra parte, no carece de interés, Robert Mead incurriría en ese error respecto de la trama de *Aura*: "El lector acaba pensando que toda la historia, desde el principio hasta el final, es un largo sueño, una cadena de sucesos que nacen, viven y mueren en la imaginación de Felipe Montero".[63] Esta interpretación destruye de forma absoluta la lectura fantástica, ya que, como bien señala Todorov en su *Introducción a la literatura fantástica*, si los hechos narrados parecen en principio reales aunque son inverosímiles, y al final todo se explica como un sueño o una alucinación de quien los percibe, entonces no se construye el efecto fantástico, por lo que el texto pertenecería a otro género: lo extraño.[64]

En el lapso transcurrido entre la publicación de *Los días enmascarados* y *Aura*, los parámetros de la crítica se han desplazado de forma sutil pero muy significativa, como se aprecia con claridad

---

[62] Ramón Xirau, "Review of *Aura*", *Books Abroad*, invierno de 1963, vol. 37, núm. 1, p. 61 (la traducción es mía).

[63] Robert G. Mead, Jr., "Carlos Fuentes, Mexico's angry novelist", *Books Abroad*, otoño de 1964, vol. 38, p. 382 (la traducción es mía).

[64] Cf. Tzvetan Todorov, *Introducción a la literatura fantástica*, p. 37.

en una de las reseñas un tanto escolares de Carlos Valdés, quien al final de sus comentarios solía calificar los libros con notas como "bueno" o "muy bueno". Al reseñar *Aura* el año mismo de su aparición, él ponía un "pequeño reparo" al libro: el error de haber incluido diálogos en francés, lo cual no obstaba para que al final lo calificara con la nota de "muy bueno". Pero más que este juicio global, me interesa destacar el precavido punto de partida de Valdés al aludir a la tendencia artística de la obra y, al mismo tiempo, al eludir especificarla: "Sin que yo tenga en cuenta los marbetes «realista» o «fantástico», me atrevo a afirmar que, a diferencia de sus novelas, Carlos Fuentes consigue en *Aura* plenamente lo que se propone: un relato de terror donde la fantasía se desboca, y las pasiones de los personajes son descritas con maestría".[65]

En su renuncia a usar lo que él llama los "marbetes" de lo realista y lo fantástico, de forma implícita Valdés exhibe que el eje de la crítica ha cambiado, pues lo que antes parecía nodal para discutir *Los días enmascarados*, es decir, saber si la literatura fantástica tenía un lugar en la cultura mexicana, resulta ahora secundario o prescindible. No obstante, no podría concluirse algo definitivo con base en este ejemplo aislado, pues en la literatura hispanoamericana en general, todavía menudearon en la década de 1960 los dardos venenosos contra la literatura fantástica, como éste de 1967 expelido por Manuel Pedro González respecto de Leopoldo Marechal:

> Todo lo dicho explica la ausencia de la novela fantástica y de los cuentos de hadas espontáneos en nuestras literaturas, el carácter de producto exótico, importado y artificial, especie de flor de invernáculo, que revisten los pocos que por acá se han escrito [...] Tanto la novela fantástica como los cuentos de hadas son expresiones autóctonas, tan congénitas y naturales en el ambiente físico, en la tradición y el espíritu de aquellas literaturas nórdicas como su flora y su fauna. En la América nuestra, en cambio, resultan artificiosos, intelectualizados y contrahechos [...] Confieso mi escaso entusiasmo

---

[65] Carlos Valdés, "Reseña de *Aura*", *Revista de la Universidad de México*, julio de 1962, núm. 11, p. 30.

por la novela fantástica tanto como por la policiaca, sobre todo por las que en América se han publicado. Son productos intelectualizados, cerebrales, transplantados —flores de invernáculo, como antes dije [...] Es literatura para minorías ociosas, frívolas y snob, literatura exhibicionista.[66]

Se trata, no obstante, de juicios más bien esporádicos, sobre todo en la cultura mexicana, donde puede afirmarse que a inicios de la década de 1960, la batalla en defensa de la literatura fantástica y en contra del nacionalismo reduccionista había sido ganada, puesto que a partir de esa fecha ya no se endilgó a un escritor como defecto principal el que optara por ese género. Así, cuando José Emilio Pacheco difunde en 1972 *El principio del placer*, obra que asume expresamente la herencia de Fuentes para modificarla, los parámetros de la crítica se rigen más bien por el análisis de los textos, sin cuestionar que éstos pertenezcan o no a la vertiente fantástica; al mismo tiempo, la crítica tiene una mejor perspectiva de apreciación, lo cual le permite, por ejemplo, distinguir el particular uso de la historia mexicana que hace Pacheco en sus textos fantásticos. Para decirlo de otra manera, por fin lo fantástico ha acabado por enraizarse en la cultura mexicana, dentro de la cual constituye una tradición literaria tan legítima como cualquier otra. Y, sin duda, Carlos Fuentes contribuyó de manera sustancial a este proceso cultural, mediante la escritura de *Los días enmascarados* y *Aura*, obras que abrieron el camino para la diversificación de la literatura mexicana de la segunda mitad del siglo xx.

---

[66] Manuel Pedro González, "Leopoldo Marechal y la novela fantástica", *Cuadernos Americanos*, marzo-abril de 1967, núm. 151, pp. 203-204.

JOSÉ EMILIO PACHECO:
EL PRINCIPIO DE LO FANTÁSTICO

El principio del placer (1972) significó la consolidación de una vertiente de la obra de José Emilio Pacheco que él había practicado tenuemente en su narrativa: la literatura fantástica;[1] en efecto, cuatro de los seis relatos que componen el libro pertenecen a este género: "La fiesta brava", "Tenga para que se entretenga", "Langerhaus" y "Cuando salí de La Habana, válgame dios"; los dos restantes, "El principio del placer" y "La zarpa", se afilian a una tendencia realista de ulteriores repercusiones en su obra, sobre todo el primero, que prefigura su exitosa novela breve *Las batallas en el desierto* (1981), la cual se ha convertido en una especie de icono para los adolescentes que empiezan a acercarse a la literatura. Como suele suceder cuando una obra se vuelve emblemática, incluso

---

[1] Por ejemplo, "Civilización y barbarie", cuento agregado a la segunda edición de *"El viento distante" y otros relatos* (Era, México, 1969), es una historia que se desarrolla en tres planos paralelos y alternados que poco a poco se combinan: una batalla donde los apaches, encabezados por Jerónimo, lanzan un ataque contra una fortificación de los blancos; las cartas de un joven dirigidas a su padre, Mr. Waugh, describiendo sus gozosas experiencias en la guerra de Vietnam; y, por último, el relato de cómo el racista padre del joven se atrinchera en su departamento del sur de Estados Unidos por miedo a las protestas de los negros; al final se impone la mal llamada barbarie, pues el joven muere al caer en una trampa vietnamita, cultura a la que él considera muy inferior en su tecnología; al mismo tiempo, sorprendentemente los apaches irrumpen en la vida de Mr. Waugh, pese a que por ese pasaje se deduce que la batalla apache era parte de una película que él estaba viendo. Un útil análisis de este cuento se encuentra en Russell M. Cluff, "La inmutabilidad del hombre y el transcurso del tiempo: dos cuentos de José Emilio Pacheco", en su libro *Siete acercamientos al relato mexicano actual*, Universidad Nacional Autónoma de México, México, 1987, pp. 59-80.

muchos de sus lectores identifican a Pacheco con *Las batallas en el desierto*; esta loable popularidad implica, no obstante, el olvido tanto de *El principio del placer* como de su compleja y rica novela experimental *Morirás lejos* (1967), uno de los hitos para la renovación de la novela en México.

No es ninguna novedad decir que en la colección de cuentos que forman *El principio del placer*, en cierta medida Pacheco continuó con éxito la línea de lo fantástico impulsada por Carlos Fuentes, a quien incluso rinde homenaje en "La fiesta brava"; así, dentro de este texto se reproduce un cuento del mismo título atribuido a Andrés Quintana, contra quien el personaje llamado Arbeláez ejerce una crítica demoledora acusándolo de copiar el estilo de Fuentes:

> Tu anécdota es irreal en el peor sentido, muy *bookish* ¿no es cierto? Además, esto del "sustrato prehispánico enterrado pero vivo" como que ya no. Fuentes hizo cosas muy padres con ello y al hacerlo también agotó el tema. Claro que tú lo ves desde otro ángulo pero de todos modos... Y el asunto se complica por el empleo de la segunda persona de singular. Es un recurso que ya perdió su novedad y acentúa el parecido con Fuentes, *you know*.[2]

En este pasaje, Pacheco juega hábilmente con las expectativas del lector, pues la frase que habla del sustrato hispánico remite sin duda al cuento "Chac Mool", y la mención de la técnica de la segunda persona de singular refiere a *Aura*. A las acusaciones del poco simpático Arbeláez, seguidor incondicional de la cultura y, sobre todo, de la economía estadunidenses, Quintana responde con energía: "Ya todo se ha escrito. Cada cuento sale de otro cuento ¿verdad? Pero en fin, ni hablar: tus objeciones son irrebatibles... excepto en lo de Fuentes: jamás he leído un libro suyo. No leo literatura mexicana... por higiene mental" (p. 108). De este modo, Pacheco codifica un doble mensaje para sus receptores:

---

[2] José Emilio Pacheco, *El principio del placer*, Joaquín Mortiz, México, 1972, pp. 107-108; salvo indicación en contrario, las citas del libro provienen de esta edición primigenia de la obra, la cual sufrió después ingentes cambios, como estudio más abajo.

por un lado, admite su innegable relación con Fuentes, pero por otro aconseja implícitamente que se busquen tanto sus diferencias como sus coincidencias.

Si bien en "La fiesta brava" esta relación intertextual con Fuentes asume un marcado tono irónico —Quintana dice no haber leído nada de Fuentes y hasta se vanagloria tontamente de no leer nunca literatura mexicana—, cabe destacar que de este modo Pacheco enuncia ya una de las ideas más reiteradas de su concepto del arte verbal: la aceptación y hasta exhibición de que la literatura presente es siempre deudora del pasado, incluso más como voluntad expresa que como herencia inconsciente.[3] Este rasgo resulta tan fuerte que propicia la proliferación de rasgos metaliterarios en sus textos, aspecto que les imprime una gran modernidad artística y que ha merecido la atención de la crítica.[4]

De acuerdo con mi intención más bien global que exhaustiva, conviene detenerse en el análisis de algunos rasgos de "La fiesta brava" y "Tenga para que se entretenga", relatos que considero los más ricos de la colección desde la perspectiva fantástica.[5] Para

---

[3] Respecto de esta relación pretendidamente conflictiva (y hasta parricida) con sus antecesores que establecería un autor, en uno de sus más recientes poemas Pacheco escribe: "Al doctor Harold Bloom lamento decirle/ que repudio lo que él llamó «la ansiedad de las influencias»./ Yo no quiero matar a López Velarde ni a Gorostiza ni a Paz ni a Sabines./ Por el contrario,/ no podría escribir ni sabría qué hacer/ en el caso imposible de que no existieran/ *Zozobra, Muerte sin fin, Piedra de sol, Recuento de Poemas*" ("Contra Harold Bloom", en *Tarde o temprano [Poemas 1958-2000]*, ed. Ana Clavel, Fondo de Cultura Económica, México, 2000, p. 602).

[4] Véase Magda Graniela-Rodríguez, *El papel del lector en la novela mexicana contemporánea: José Emilio Pacheco y Salvador Elizondo*, Scripta Humanistica, Potomac, Maryland, 1991. Por la enorme importancia que tiene la primera novela de Pacheco en relación con este tema, el capítulo que se dedica a su obra se centra en el análisis de *Morirás lejos* y, muy brevemente, de *Las batallas en el desierto*; no obstante, creo que algunos de los juicios críticos de Graniela-Rodríguez pueden hacerse extensivos al resto de la literatura del autor.

[5] Como espero probar, el término "fantástico" es el más apropiado para este tipo de literatura, aunque se han propuesto otros: "Desde estos primeros relatos J. E. Pacheco se define como firme cultor de lo que alguien llamara «la otra literatura»: paracelsiana, irracional, demiurga. Mejor que el término fantástico, convendría usar en su caso el que Joaquim Marco empleara a propósito de *La*

justificar esta selección, al menos parcialmente, debo confesar que, desde mi particular visión crítica, "Cuando salí de La Habana, válgame dios" carece de indicios fuertes y bien estructurados que hagan verosímil literariamente su desenlace fantástico. En este texto, narrado en primera persona, don Luis, representante de una casa comercial de Estados Unidos, huye de La Habana en 1912 atemorizado por una rebelión de negros en el oriente de Cuba; en el vapor que lo conducirá de La Habana a Veracruz, conoce a una joven española a la que quiere enamorar, pese a que él está casado y en serio declive físico. Durante la última noche en el barco, agobiado por una decepción amorosa, don Luis se emborracha, estado del cual lo despertará la propia joven con una noticia increíble: "y ahora ella pregunta ¿cuándo salimos de La Habana? Respondo: el 20 de mayo de 1912 ¿y sabes qué día es hoy? 23, 24, no sé / no no es, me contesta llorando: es el 30 de junio de 1982, algo pasó, tardamos en llegar setenta años..." (p. 162); de este modo, lo que se había construido como un argumento de carácter realista —o sea, la historia de un amor frustrado y ridículo—, al final se intenta dirigir hacia uno de los motivos fantásticos por excelencia: el viaje en el tiempo; sin embargo, este desenlace resulta poco convincente, porque no está preparado mediante la codificación de indicios textuales que anuncien o atenúen (como hubiera dicho Bioy Casares) su final sorpresivo.

En cuanto al cuarto relato de corte fantástico de la colección, "Langerhaus", en el cual tampoco me detengo por falta de espacio, cabe decir que su conclusión, aunque también sorpresiva para el lector, está preparada de forma eficiente; este relato empieza con un narrador en primera persona que rememora a su recientemente muerto ex compañero y amigo de la infancia Pedro

---

botánica oculta, del catalán Joan Perucho: «lo fantasmático»" (Luis A Díez, "La narrativa fantasmática de José Emilio Pacheco", *Texto Crítico*, 1976, núm. 5, p. 104). El problema es que ese novedoso término, deslumbrante en el título del ensayo, queda tan vago en el análisis, que el propio crítico vuelve después al otro, más tradicional y aceptado: "El tercer libro de narrativa de José Emilio Pacheco [*El principio del placer*], publicado en 1972, marca su definitiva consagración en lo fantástico, pese a que la homónima novela corta tenga muy poco que ver con el género" (p. 112).

Langerhaus, a cuyo entierro dice haber asistido; pero ya en esta acción empiezan a presentarse elementos extraños, pues el narrador no encuentra ahí a ninguno de sus ex compañeros, e incluso a nadie conocido; cuando días después menciona a sus antiguos amigos la muerte de Langerhaus, ninguno de ellos recuerda que en la escuela secundaria haya habido un compañero con ese nombre; ante la insistencia del narrador, éste pacta una apuesta con uno de ellos, la cual se dilucida poco a poco mediante la consulta de diversos testimonios (el anuario escolar, el periódico donde se supone apareció la esquela de Langerhaus, el registro de decesos de la Agencia Gayosso), los cuales prueban irrefutablemente que no ha existido nadie llamado Langerhaus; el indicio más fuerte del texto es el anuario escolar: el narrador cree recordar que la fotografía de Langerhaus se encuentra entre sus ex compañeros Arana y Ortega, sin embargo, entre ellos se ubica precisamente la imagen del narrador mismo; al final, éste regresa a su casa muy confundido, y aunque se toma un somnífero, lo despiertan antiguos y conocidos sonidos musicales que lo ligan con Langerhaus, quien de niño tocaba el clavecín: "...y sin embargo la música llegará desde la sala, la inconfundible música del clavecín de mi infancia, la sonata de Bach cada vez más próxima ahora que bajo las escaleras temblando" (p. 130); con este final inconcluso pero muy sugerente, en las últimas líneas se materializa con habilidad el inquietante tema fantástico del doble presagiado por varios indicios del texto: Langerhaus es otro y a la vez el propio narrador.

En fin, desde la perspectiva de este libro, la elección de los dos cuentos seleccionados se justifica, en primer lugar, porque representan, según espero demostrar, las dos variantes generales del cuento fantástico. Asimismo, creo que poseen una enorme riqueza literaria e histórico-cultural.

"La fiesta brava", el primero de los relatos que deseo examinar con mayor detenimiento, comienza con una especie de aviso periodístico donde se ofrece una gratificación a quien proporcione datos sobre Andrés Quintana, persona extraviada en el trayecto de la Avenida Juárez a la calle de Tonalá; para hacer más sugerente ese anuncio, en el lugar donde tendría que aparecer la fotografía del sujeto perdido sólo hay un cuadro en blanco. Inmediatamente después del aviso, se reproduce un cuento titulado "La fiesta brava", cuya autoría se atribuye precisamente a Andrés Quintana;[6] concluido este texto, de cuya trama me ocuparé más adelante, arranca otro relato en el que aparece Andrés Quintana como personaje de la ficción y no como autor. Así, de entrada el lector se enfrenta a una compleja estructura textual, pues dentro de un cuento de Pacheco llamado "La fiesta brava", encuentra otro con el mismo título pero atribuido a un tal Andrés Quintana, quien es tanto el protagonista de la trama mayor como el autor de la otra, aunque en el aviso inicial se ha informado sobre su desaparición. Mediante esta estructura, descrita aquí sucinta y quizá confusamente, el texto pone en tela de juicio las categorías de realidad y ficción, las cuales además de no distinguirse con claridad, incluso se contaminan: Andrés Quintana es autor de un cuento dentro del propio cuento, pero a la vez ente ficticio de la trama global; el título "La fiesta brava" alude tanto al texto adjudicado a Quintana como al de Pacheco, no obstante que el primero es parte del segundo. En síntesis, se trata de una pensada arquitectura verbal cuyos orígenes remiten sin duda a los magistrales juegos literarios de uno de los maestros del autor: Jorge Luis Borges,[7] quien, por ejemplo, finaliza la primera versión de "Tlön, Uqbar, Orbis Tertius" (1940) con una falsa posdata fechada en 1947, donde dice que reproduce el texto de "Tlön" tal como apareció en mayo de 1940 en la revista *Sur*, cuando ése es justamente el número de la revista que el lector tiene en sus manos.

[6] Por cierto que en la edición original de *El principio del placer*, el texto adjudicado a Quintana se reproducía mediante una tipografía que simulaba la de una máquina de escribir, lo cual reforzaba la verosimilitud de que se trataba de un texto inédito.

[7] Pacheco es muy autocrítico respecto de la influencia del escritor argentino en los inicios de su obra: "Mi devoción respecto a Borges fue tan fervorosa como torpe. Cometí la ingenuidad de querer imitarlo. A veces siento que sobrevaloré a Borges o quiero librarme de él. Lo releo y vuelvo a quedar en la misma inocencia deslumbrada de 1958" (José Emilio Pacheco, Texto sin título incluido en la colección *Los narradores ante el público*, p. 246). Sin duda, esta influencia, que comenzó con la *imitatio*, se transformó poco a poco en una asimilación productiva de los modos de expresión literaria de Borges.

En lo que respecta al argumento del cuento de Quintana, más allá de sus particularidades sintácticas (oraciones que se enlazan sólo con comas, separación más bien arbitraria de los párrafos, inicio de cada uno de ellos con minúsculas), se puede resumir así: el capitán Keller, quien comandó una de las masacres estadunidenses contra la población de Vietnam (¿acaso por eso su nombre es cercano a "killer", "asesino" en inglés), es cautivado, y de hecho hipnotizado, por la efigie de la diosa Coatlicue exhibida en el Museo de Antropología de la Ciudad de México, donde se encuentra gracias a su pensión de veterano; con la esperanza de descubrir ocultos secretos de la cultura azteca ofrecidos por un extraño, Keller se interna junto con él en un mundo subterráneo adyacente a los túneles del metro, pero al final se topa con la desagradable sorpresa de que todo ha sido una trampa para conducirlo a la piedra de los sacrificios, donde le sacarán el corazón para ofrecerlo al dios jaguar.

Apenas concluido este argumento, en la siguiente página comienza el segundo, cuya primera frase dice: "Andrés Quintana miró la hoja de papel Revolución que acababa de introducir en la Smith-Corona" (p. 91), con lo cual, como he dicho, Quintana deja de ser el autor de la ficción para convertirse en protagonista de ésta. Se trata de un personaje típico representado en la literatura de la época: clasemediero con estudios universitarios truncos, inmerso en un matrimonio que naufraga entre la mediocridad y el conformismo, se dedica a traducir del inglés para apenas sobrevivir; de esta rutina lo saca una llamada telefónica de Ricardo Arbeláez, ex compañero de la Facultad de Filosofía y Letras y antiguo pretendiente de Hilda, con quien finalmente Quintana se casó. La vida común del personaje es interrumpida por la insólita petición de un cuento bien pagado para una nueva revista apoyada por capital estadunidense, la cual Arbeláez describe de este modo: "Se trata de hacer una especie de *Esquire* hispanoamericano. Mejor dicho, una mezcla de *Esquire*, *Playboy*, *Penthouse*, *The New Yorker*, pero con una proyección latina" (p. 94). La importancia de esta propuesta es proporcional al significado que estas revistas pueden tener para el personaje:

Los títulos de estas bien conocidas publicaciones, algunas "adaptadas al medio latino", configuran con más nitidez aún el universo del colonialismo cultural que invade el espacio nacional; un nivel al que Quintana no ha tenido acceso. Acceder a este nivel —publicar en la revista— significa para el actante salir del estrecho espacio de realización personal, recuperando su frustrada vocación de escritor.[8]

Por otra parte, basta esta sola descripción inicial para comprender en gran medida el carácter ridículo de Arbeláez, quien en su juventud, además de escribir editoriales en defensa del movimiento ferrocarrilero y de la Revolución cubana, "proyectaba una «gran novela» que, en sus propias palabras, sería para los burgueses de México lo que *À la recherche du temps perdu* fue para los de Francia" (p. 97).[9]

De este modo, Quintana recobra el impulso para continuar con una vocación literaria abandonada hace mucho tiempo, aunque el texto recalca los motivos pecuniarios para ello: "Por seis mil pesos, en fin, había recuperado su extinta vocación literaria y dejaba atrás los pretextos que ocultaban su fracaso esencial" (p. 95). Cuando él se apresta a escribir, el narrador focaliza el relato en el personaje para construir una visión retrospectiva de la vida de Quintana: inscrito en la carrera de Arquitectura por exigencia paterna, asiste como oyente a Filosofía y Letras, donde conoce a Arbeláez, con quien forma un grupo literario con tendencias políticas izquierdistas; Hilda, a quien conoce gracias a Arbeláez, acepta casarse con él el 28 de marzo de 1959, el mismo día en que el gobierno rompe la huelga ferrocarrilera y encarcela a

---

[8] Yvette Jiménez de Báez, Diana Morán y Edith Negrín, *Ficción e historia. La narrativa de José Emilio Pacheco*, El Colegio de México, México, 1979, p. 149.

[9] Sin que pueda afirmarse de manera rotunda una influencia de Augusto Monterroso en Pacheco, este pasaje se emparienta con un texto del primero de su colección de relatos de 1959 titulada *Obras completas (y otros cuentos)*, en "Leopoldo (sus trabajos)", Leopoldo Ralón, ridículo aspirante eterno a escritor, tiene el siempre postergado propósito de alcanzar, mediante un absurdo relato sobre un perro y un puercoespín, una síntesis de grandes obras de la cultura occidental: "Anhelaba hacer de su obra una sutil mezcla de *Moby Dick*, *La comedia humana* y *En busca del tiempo perdido*" (Era, México, 1999, p. 96).

Demetrio Vallejo; luego de fracasar en su intento por vivir del producto de su carrera literaria, limitada a la publicación de un solo volumen de cuentos, Quintana se resigna a ganarse el pan como corrector de estilo y traductor; todos estos rasgos apuntan hacia el típico personaje mediocre característico de gran parte de la literatura contemporánea.

El cuento escrito por Quintana a petición de su ex amigo y entregado a éste es, claro está, "La fiesta brava", el cual ya ha sido leído por el lector real. Luego de discutirlo a solas con el editor en jefe de la nueva revista, Arbeláez comunica a Quintana que el texto resulta inaceptable para la publicación; además de los juicios copiados al inicio de este capítulo sobre la influencia de Fuentes en el texto de Quintana, Arbeláez aduce que la historia del capitán Keller es muy lineal: "no se alcanza a ver al personaje. Te falta precisión. Tienes algunos párrafos muy enredados, el último por ejemplo, gracias a tu capricho de sustituir por comas todos los demás signos de puntuación" (p. 107). En el punto más álgido de la discusión, Arbeláez, antiguo luchador revolucionario que ahora trabaja para el capital yanqui, introduce elementos que marcan con claridad su desplazamiento ideológico:

> A Mr. Hardwick la trama le pareció baratamente antiyanqui y tercermundista [...] El final parece sugerir algo que no está en el texto. Una metáfora política, digamos, un buen deseo, levemente ilusorio por otra parte. Como si quisieras ganarte el aplauso de los acelerados de la Universidad o hicieses una reverencia nostálgica a nuestros tiempos de *Trinchera*: "México será la tumba del imperialismo yanqui, como un siglo atrás sepultó las ambiciones de Napoleón Tercero" —¿no es eso? Si me perdonas te diría que te falló el olfato. Mr. Hardwick también está en contra de la guerra de Vietnam, por supuesto, y tú sabes que en el fondo mi posición no ha variado: cambió el mundo, lo que es muy distinto. Pero mira que traer a una revista pagada con dinero de allá arriba un cuento en que proyectas deseos de ahuyentar al turismo y de chingarte a los gringos... (p. 109).

La explicación de Arbeláez para justificar su cambio de postura ideológica ("cambió el mundo, no yo"), más allá de la irónica intención autoral, resulta francamente patética (pero por desgracia más real que ficticia). Si bien el relato está focalizado por medio de la mirada de Quintana, ello no implica que su imagen individual sea condescendiente, ya que él mismo se aplica una fuerte autocrítica que lo presenta como un fracasado; a tal grado, que por necesidad económica Quintana debe soportar la humillación de recibir de Arbeláez, pese al rechazo de su cuento, la cantidad de mil pesos como reconocimiento por el esfuerzo realizado. Aunque no puedo detenerme en ello, resulta muy interesante el juego literario de que, en última instancia, el lector real tenga en sus manos el cuento atribuido a Quintana y rechazado por Arbeláez y Mr. Hardwick, si bien dentro de la ficción de Pacheco el texto supuestamente nunca se publicó pues fue destruido por el propio personaje.[10]

El pasaje final del texto, cuando Quintana abandona la oficina de Arbeláez para dirigirse a su departamento, funciona para unir las tres disímiles partes previas: el aviso sobre el extravío de Andrés Quintana, el cuento de éste titulado "La fiesta brava" y, por último, el argumento de su frustrado intento por publicarlo en la futura revista de Arbeláez, así como su posterior secuestro. En efecto, al salir de la lujosa oficina de éste, Quintana camina hacia la estación Juárez del metro, ubicada en la avenida de mismo nombre, la cual había sido descrita por el aviso como uno de los puntos de referencia del trayecto en el que Quintana se extravió; después de transbordar en la estación Balderas, Quintana: "Descendió en Insurgentes cuando los magnavoces anunciaban que era la última corrida y las puertas de la estación iban a cerrarse" (p. 112); esta descripción enlaza su historia con la del capitán Keller, pues precisamente ese personaje había recibido, por parte del enigmático hombre que le prometió mostrarle algo inolvidable del mundo azteca, la indicación de subir al último tren de la noche en la estación Insurgentes; poco después, Quintana alcanza

---

[10] Si bien Quintana, decepcionado, destruye su copia del cuento al salir de la oficina de Arbeláez, éste conserva la otra para justificar ante los directivos de la revista el pago parcial de mil pesos. No descarto que, con base en este dato, algún crítico especulativo —es decir, de los que gustan llevar sus interpretaciones fuera del texto— lance la hipótesis de que la copia conservada por Arbeláez es la que llega a manos del escritor.

a ver en el último carro del metro a un hombre "inconfundiblemente norteamericano: camisa verde, Rolleiflex, pipa de espuma de mar entre los labios" (p. 113), rasgos que corresponden a Keller. El párrafo final del texto entrelaza magistralmente todos los elementos: "Andrés gritó palabras que el capitán Keller ya no llegó a escuchar y se perdieron en el túnel. Se apresuró a subir las escaleras anhelando el aire libre de la plaza. Con su única mano hábil empujó la puerta giratoria. No pudo ni siquiera abrir la boca cuando lo capturaron los tres hombres que estaban al acecho" (p.113). Hay que notar cómo al inicio de este pasaje, el texto identifica a plenitud al hombre que poco antes ha percibido Quintana: se trata del capitán Keller, con lo cual la primera ficción, "La fiesta brava" escrita por Quintana, y la segunda, "La fiesta brava" firmada por Pacheco, se fusionan de manera absoluta. Con ello, los niveles de realidad y ficción se confunden, porque Andrés Quintana acaba por ser víctima colateral de la trampa inventada por él mismo para su personaje de ficción, el capitán Keller.

Con este final abierto tan moderno, el destino de Quintana queda inconcluso. En este sentido, el cuento cumple con una de las características estructurales de lo fantástico enunciadas en el primer capítulo: muchas obras del género suelen tener un desenlace textual pero no un desenlace argumental. Ahora bien, ha habido varias interpretaciones críticas sobre este final interrumpido; en un extremo, algunos afirman que los elementos del texto permiten deducir que "el posterior secuestro y la desaparición de Andrés sugieren que le ocurrirá lo mismo que a Keller",[11] es decir, la muerte en la piedra prehispánica de los sacrificios. En cambio, Paley sostiene: "Uno de los elementos que enriquecen este relato es precisamente la ambigüedad del final: no sabemos qué le ocurre a Andrés. Es verdad que desaparece en el mismo lugar que Keller, y se pueden sugerir varios desenlaces, pero ninguno está dentro del texto. Su desaparición es un misterio que nadie puede resolver".[12] Supongo que en gran medida la riqueza

---

[11] Yvette Jiménez de Báez, Diana Morán y Edith Negrín, *op. cit.*, p. 152.

[12] Martha Paley Francescato, "Acción y reflexión en cuentos de Fuentes, Garro y Pacheco", *Kentucky Romance Quarterly*, 33 (1986), p. 112, n. 11.

de un final abierto reside precisamente en suscitar interpretaciones múltiples y encontradas, dependiendo de los elementos textuales considerados; así, por ejemplo, en otro análisis del cuento, se propone incluso que los hombres que capturan a Quintana podrían ser simples ladrones, atraídos por el billete de mil pesos exhibido por el personaje:

> De repente cree divisar a Keller, pero en vez de ser testigo del secuestro de Keller, Quintana mismo es capturado por tres hombres que han visto el dinero que él recibió de Arbeláez. Así que el cuento termina de una manera ambigua. ¿Son ladrones los hombres que lo capturan? El final del cuento nos recuerda el principio, y el aviso ha indicado una desaparición total. ¿O pueden ser los secuestradores devotos del dios jaguar, y es posible que Quintana sufra el mismo destino que él había reservado para Keller? La ambigüedad permite una doble interpretación: el cuento es a la vez un comentario social y un sueño mítico-realista. Los antiguos aztecas sobreviven en la forma de los pobres, los hambrientos, los luchadores por la justicia.[13]

En fin, lo determinante es que el lector entiende que, de un modo ambiguo pero a la vez seguro, Quintana resulta víctima de su propia trama, por lo que no puede impedir el previsto sacrificio de Keller, el cual se cumple tanto en el cuento escrito por Quintana (nivel de la ficción) como en los hechos concretos vividos y sufridos por él mismo (nivel de la realidad).

Si bien el carácter de obra abierta fomenta múltiples interpretaciones con base en la conclusión del texto, opino que no todas ellas son aplicables o pertinentes. Por ejemplo, una de las primeras reseñas del libro señalaba una línea de lectura difícil de sostener: "«La fiesta brava» plays with the theme of the double and includes a sensitive depiction of the writer's natural enemy..."[14]

---

[13] Nancy Gray Díaz, "El mexicano naufragado y la literatura «pop»: «La fiesta brava» de José Emilio Pacheco", *Hispanic Journal*, otoño de 1984, núm. 1, p. 133. Habría que corregir en esta lectura que el cuento presenta el reconocimiento de Keller por parte de Quintana como una certeza y no como una "creencia", según afirma Gray Díaz.

[14] Alicia Betsy Edwards, "Reseña de *El principio del placer*", *Books Abroad*, verano de 1973, vol. 47, núm. 3, p. 532.

Esta escueta enunciación sin pruebas se convierte, en otro comentario crítico, en uno de los ejes de la lectura:

> El protagonista que crea Quintana, el capitán Keller, es en realidad uno de los desdoblamientos de Quintana (el otro es Arbeláez, como veremos) *porque Quintana, como traductor de la cultura norteamericana, participa en los crímenes cometidos por ese país* [...] Keller/Quintana es atraído por la violencia simbolizada en la estatua, y al mismo tiempo la imagen de Coatlicue le da a él una fuerza creativa.[15]

En efecto, hay en el texto la intención de marcar con fuerza las contradicciones ideológicas de Quintana, quien pese a ser un crítico feroz de la política yanqui, sobrevive de traducir al español textos en inglés proclives a buscar una mayor influencia estadunidense en México,[16] además de que está inmerso en una cultura con múltiples elementos de esa procedencia (el rock que involuntariamente escucha, la máquina en la que escribe, la coca-cola que bebe, los cigarrillos que fuma, etcétera), como analiza bien Gray Díaz. No obstante, esas contradicciones, típicas de la relación amor-odio entre México y Estados Unidos,[17] no convierten

---

[15] Nancy Gray Díaz, art. cit., p. 135; las cursivas son mías. En aras de la justicia crítica, debo decir que no obstante esa absurda igualación extrema entre Keller y Quintana, Gray Díaz percibe de modo apropiado que la violencia del capitán, ejercida con verdadero salvajismo en Vietnam, es diferente de la del mundo prehispánico: "Así es que, el arte azteca, aunque violento, es sagrado. Se dedica a los dioses, siempre hambrientos y feroces, pero protectores de sus devotos. El rito de sacrificio, aunque sangriento, es un acto espiritual, una comunión con lo divino, y así da significado profundo a la vida humana" (p. 136).

[16] "El relato cita un fragmento del texto *The population bomb*. Es un libro de divulgación científica sobre el problema de la explosión demográfica mundial, escrito por el doctor en biología Paul R. Ehrlich. En cierto modo el texto corresponde al tipo de literatura de *1984* de Orwell, aunque sus proyecciones historicosociales son mucho más cercanas en el tiempo" (Y. Jiménez de Báez, D. Morán y E. Negrín, *op. cit.*, p. 169). A Quintana le preocupa cómo traducir un párrafo de este catastrofista libro, obra que, pretextando los riesgos latentes en la explosión demográfica, desarrolla una postura anticomunista sobre la cual no reflexiona el personaje.

[17] En "Gulliver en el país de los megáridos", ficción elaborada bajo el notorio influjo de Swift, Pacheco construye una imagen satírica de esta relación ambigua

automáticamente al personaje en un cómplice de las acciones imperialistas de ese país, como la guerra de Vietnam, criticada con acritud dentro del cuento escrito por Quintana. En este punto, me parece más atenuada y atendible la postura de Paley, para quien:

> Andrés Quintana proyecta el mal al capitán Keller, a Mr. Hardwick, a Ricardo. Pero al aceptar la colaboración en el proyecto ya ha demostrado que él también participa en el mal colectivo. No siente escrúpulos en colaborar con el mismo poder al que ataca en su cuento; al contrario, en cuanto se le ofrece la oportunidad la acepta y hasta la considera un "milagro". También está dispuesto a recibir una remuneración de ese mismo poder y su complicidad con el proyecto que le propone Ricardo es voluntaria.[18]

De acuerdo con la imagen juvenil de Quintana incluida en el texto, su participación en una revista como la que proyecta Arbeláez —con capital estadunidense— hubiera sido impensable en sus años universitarios. Al parecer, la contestataria postura ideológica del personaje se reduce ahora a la nostalgia, visible en su recuerdo de que Hilda aceptó su propuesta de matrimonio el mismo día en que Demetrio Vallejo fue encarcelado. Así pues, al igual que en Arbeláez aunque con menos dureza, en este personaje estaría implícita una fuerte crítica al abandono de los ideales revolucionarios, si bien un tanto atenuada por las exigencias impuestas por las ineludibles necesidades pecuniarias, así como por las frustraciones individuales de Quintana:

---

de México con Estados Unidos; dentro del típico esquema de un visitante extranjero que llega a un país absolutamente desconocido, se describen con ironía extrema las relaciones de los "megáridos" (es decir, los mexicanos) con sus vecinos: "Contra lo que ellos mismos dicen, no son los megáridos el mayor problema de Megaria sino la cercanía de una gran isla llamada Argona. Su relación es más o menos la misma de Inglaterra con Irlanda. Ellos creen odiar a los argones pero en realidad los admiran hasta la locura y tratan de imitarlos en todo: su habla, sus comidas, su sexualidad, sus escuelas, sus espectáculos, sus vestimentas, sus ambiciones, la disposición de las ciudades que arrasan de continuo para abrir paso a sus vehículos" (*"La sangre de Medusa" y otros cuentos marginales*, Era, México, 1990, p. 127).

[18] M. Paley Francescato, "Acción y reflexión...", p. 107.

En el presente de Andrés y Ricardo persiste el contrapunto de afinidades y diferencias. Los dos, desde sus respectivas posiciones, están colonizados. Sin embargo, existen matices diferenciadores en la condición colonizada de los dos amigos. Ricardo colabora activamente con el colonizador [...] Andrés, en cambio, es un colonizado pasivo [...] su desvalorización no es producto de ponderar el modelo colonizador, sino de sus frustraciones.[19]

Deliberadamente he prescindido hasta aquí del análisis de las referencias intertextuales esgrimidas por Arbeláez para criticar el cuento de Quintana; además de señalar la influencia de Fuentes ya descrita, el personaje menciona a Darío y Cortázar; en cuanto al primero, dice: "—Y ya que hablamos de influencias o antecedentes, como quieras llamarles, pensé en un cuento de Darío... «Huitzilopóchtli» creo que se titula. Es de lo último que hizo, lo publicó en Guatemala" (p. 108); el desconocimiento de Quintana sobre la veta cuentística de Darío podría aludir a las dudosas capacidades narrativas del escritor nicaragüense, quien sin duda fue mejor poeta que cuentista, según se aprecia en el relato citado, el cual, por cierto, tiene como subtítulo "Leyenda mexicana", si bien no se relaciona con esta forma tradicional (la cual traté en el segundo capítulo). En efecto, el 10 de mayo de 1915, en el guatemalteco *Diario de Centro-América*, Darío publicó "Huitzilopoxtli", texto que había aparecido antes, el 5 de junio de 1914, en *La Nación* bonaerense. En su trama, un anónimo periodista narra cómo él y otro colega, Mr. John Perhaps, tuvieron que cruzar, durante la Revolución, la frontera de Estados Unidos para internarse en México. Desde el principio, la lejanía del narrador respecto de la realidad que percibe lo induce a hipérboles como ésta: "El misterio azteca, o maya, vive en todo mexicano por mucha mezcla social que haya en su sangre, y esto en pocos".[20] Guiados por el coronel Reguera, quien es a la vez revolucionario y sacerdote, el narrador y Mr. Perhaps se adentran a caballo en el camino, pero en el

---

[19] Y. Jiménez de Báez, D. Morán y E. Negrín, *op. cit.*, p. 158.
[20] R. Darío, "Huitzilopoxtli", en *Cuentos completos*, ed. Mayra Hernández Menéndez, est. preliminar Raimundo Lida, notas Ernesto Mejía Sánchez y Julio Valle-Castillo, Arte y Literatura, La Habana, 1990, p. 413.

trayecto el estadunidense se pierde de vista; mientras Reguera duerme en medio del campo, el narrador escucha el aullido de los coyotes, por lo que, pistola en mano, camina hacia un lugar donde descubre un enorme ídolo y altar rodeado por serpientes vivas, que, ilógicamente, él reconoce como de Teoyaomiqui, la diosa de la muerte: "Me adelanté. Sin aullar, en un silencio fatal, llegó una tropa de coyotes y rodeó el altar misterioso. Noté que las serpientes, aglomeradas, se agitaban; y al pie del bloque ofídico, un cuerpo se movía, el cuerpo de un hombre. Míster Perhaps estaba allí".[21] En un final demasiado confuso y poco eficiente, pues no se entiende qué hace el narrador luego de percibir esa extraña visión, él llega por fin a un campamento revolucionario y requiere de la atención de un médico, luego de lo cual el relato cierra con la frase: "Vino a mi cerebro, como escrito en letras de sangre: *Huitzilopoxtli*".[22] Como se ve, más allá de sus notables diferencias en cuanto a calidad narrativa, la semejanza entre el cuento de Darío y el de Pacheco reside en la imagen del sacrificio de un estadunidense, Perhaps en un caso, Keller en el otro.

La otra influencia indicada por Arbeláez es "La noche boca arriba", de Julio Cortázar. Este dato me parece una provocativa pero hasta cierto punto falsa pista colocada por Pacheco para, al mismo tiempo, engañar al lector e indicarle un camino, según espero probar. En "La noche boca arriba" alternan dos historias que, en principio, remiten por separado tanto al plano real como al onírico: se trata de un hombre que durante su estancia en el hospital, motivada por un accidente en motocicleta, sufre la recurrente pesadilla de sentirse un guerrero del mundo prehispánico contra quien se ejerce una persecución en la llamada guerra florida; al final, tanto el protagonista como el lector real perciben con sorpresa su engaño, puesto que es más bien el hombre del mundo antiguo quien sueña con algo que los lectores identificamos como una difusa modernidad, de la cual el personaje despierta definitivamente cuando está a punto de ser sacrificado por sus enemigos:

---

[21] *Ibid.*, p. 416.
[22] *Idem.*

Con una última esperanza apretó los párpados, gimiendo por despertar. Durante un segundo creyó que lo lograría, porque otra vez estaba inmóvil en la cama, a salvo del balanceo cabeza abajo. Pero olía la muerte, y cuando abrió los ojos vio la figura ensangrentada del sacrificador que venía hacia él con el cuchillo de piedra en la mano. Alcanzó a cerrar otra vez los párpados, aunque ahora sabía que no iba a despertarse, que estaba despierto, que el sueño maravilloso había sido el otro, absurdo como todos los sueños, un sueño en el que había andado por extrañas avenidas de una ciudad asombrosa, con luces verdes y rojas que ardían sin llama ni humo, con un enorme insecto de metal que zumbaba bajo sus piernas.[23]

Se confirman así diversos indicios del texto, entre ellos el extraño hecho de que al comenzar el sueño que supuestamente remitía al pasado, el hombre pensara: "Como sueño era curioso porque estaba lleno de olores y él nunca soñaba olores" (p. 387), frase con la cual se adelanta que en verdad él no está en el plano onírico; o bien el sentido del epígrafe, que remite al desenlace de la trama: "Y salían en ciertas épocas a cazar enemigos, la llamaban la guerra florida" (p. 386). Si bien el final del argumento, un sacrificio de origen prehispánico, es paralelo al del texto de Pacheco, me he detenido en la descripción de este cuento para que se noten mejor sus diferencias con "La fiesta brava", donde no hay inversión entre lo real y lo onírico, ni tampoco ningún juego fantástico con el tiempo, como sucede con la posibilidad de que se sueñe con el futuro, con lo no visto. Si no se revisa con cuidado el argumento de las obras mencionadas en el cuento de Pacheco, se puede incurrir en una peligrosa igualación entre éste y los textos citados: "Las dos obras de arte literario específicamente mencionadas que quedan vivas, diseminadas y leídas son «La noche boca arriba» de Cortázar y «Huitzilopóchtli» de Rubén Darío, dos cuentos en los cuales —al igual que el cuento de Quintana— el pasado azteca irrumpe con ferocidad en la actualidad";[24] de mi breve descripción de su trama se deduce que en "La noche boca arriba" el

---

[23] Julio Cortázar, "La noche boca arriba", *Final del juego*, en *Cuentos completos*, Alfaguara, Madrid, 1994, vol. 2, pp. 391-392.

[24] N. Gray Díaz, art. cit., p. 138.

pasado prehispánico no irrumpe en el presente; por el contrario, su carácter fantástico se funda precisamente en la realización de algo imposible porque invierte el sentido del mundo cotidiano: poder soñar con el futuro.

Para intentar distinguir mejor la influencia del escritor argentino en Pacheco, propongo, además de la anterior falaz pista, la comparación con el breve y magistral cuento "Continuidad de los parques". En este texto, un hombre rico que había abandonado días antes la lectura de una novela, se sienta plácidamente a reanudarla una vez que ha arreglado sus asuntos económicos; inmerso en la lectura de una sórdida trama de triángulo amoroso, asiste a la planeación y ejecución del asesinato del tercero en discordia, o sea, del común e infamemente llamado "cornudo"; en la conclusión, la sorpresa extrema para el lector real es distinguir cómo el hombre que dentro de "Continuidad de los parques" está leyendo la novela, es el mismo que está a punto de ser asesinado dentro de la trama leída, aunque él todavía no se percate de ello, pues con un final inconcluso muy moderno y hábil, Cortázar decide cortar el relato en ese pasaje climático en extremo: "Nadie en la primera habitación, nadie en la segunda. La puerta del salón, y entonces el puñal en la mano, la luz de los ventanales, el alto respaldo de un sillón de terciopelo verde, la cabeza del hombre en el sillón leyendo una novela".[25] Entre los varios indicios que permiten identificar inequívocamente al lector de la novela con el personaje que resulta la víctima dentro de ésta, sin duda el dato del sillón de terciopelo verde es el más fuerte de ellos, pues el texto insiste dos veces en que el hombre se ha sentado en un sillón así para disfrutar la lectura, tal como en la trama de la novela leída el asesino encuentra al marido de su amante. En suma, en "Continuidad de los parques" los planos de realidad y ficción acaban por entremezclarse, de una manera tan sutil que al lector real le resulta imposible saber con exactitud en qué pasaje sucedió esto. Pues bien, pienso que esta trama cortazariana es semejante a la de Pacheco, porque ambas postulan la posibilidad fantástica de que los planos de realidad y ficción se fundan y

---

[25] Julio Cortázar, "Continuidad de los parques", *Final del juego*, en *Cuentos completos*, p. 292.

confundan: el nivel supuestamente imaginario y supeditado de la literatura asciende para incidir de forma directa y palpable en las vidas de quienes se sienten "reales".

En una de sus acostumbradas reflexiones geniales, Borges se preguntó por qué razón produce tanta inquietud entre los lectores la posibilidad de que en numerosos textos, por ejemplo en el *Quijote* y en *Hamlet*, haya una ficción dentro de la ficción principal:

> ¿Por qué nos inquieta que el mapa esté incluido en el mapa y las mil y una noches en el libro de *Las mil y una noches*? ¿Por qué nos inquieta que don Quijote sea lector del *Quijote*, y Hamlet, espectador de *Hamlet*? Creo haber dado con la causa: tales inversiones sugieren que si los caracteres de una ficción pueden ser lectores o espectadores, nosotros, sus lectores o espectadores, podemos ser ficticios. En 1833, Carlyle observó que la historia universal es un infinito libro sagrado que todos los hombres escriben y leen y tratan de entender, y en el que también los escriben.[26]

En suma, tanto "Continuidad de los parques" como "La fiesta brava" funcionan de forma paralela a los textos de Cervantes y de Shakespeare citados por Borges, pues ponen en duda extrema nuestra percepción de la realidad y, con ella, las explicaciones que asignamos a los fenómenos del mundo circundante, basadas en nuestra seguridad de pertenecer a un cognoscible mundo real y no ficticio. Si el personaje de Cortázar acaba por ser víctima del argumento de la novela que lee, y para Andrés Quintana su cuento se convierte en una realidad oprobiosa, ¿qué certeza tenemos entonces los lectores reales de que vivimos en un mundo concreto y tangible diferenciado radicalmente del mundo propio de la ficción? ¿no seremos acaso todos meros entes ficticios que ignoramos cuál es el arbitrio que decide nuestras acciones?[27]

En cuanto al cierre inconcluso y sorpresivo de "La fiesta brava",

---

[26] Jorge Luis Borges, "Magias parciales del *Quijote*", *Otras inquisiciones*, en *Obras completas*, v. 2, p. 47.

[27] En "Ajedrez", un poema unitario formado por un par de sonetos, Borges multiplica al infinito este interrogante; primero, se describen los movimientos de las poderosas piezas del ajedrez en su lucha encarnizada en el tablero; pese a

cabe señalar que éste resulta tan intempestivo que Quintana no tiene la más mínima oportunidad de cuestionarse cuál es la naturaleza de lo que está sucediendo: si bien en el texto no se dice de manera explícita, obviamente Quintana, al igual que el narrador, ha deducido que el hombre que ve en el metro es el capitán Keller de su relato, y debido a que sabe el destino fatal de su personaje —a quien él mismo ha condenado al escribir su cuento—, quiere primero salvarlo y luego huir de ahí, lo cual es impedido por los tres hombres que lo atrapan a la salida del metro. Así pues, en el texto no se presenta la vacilación del personaje que en el primer capítulo he descrito como típica de la literatura fantástica: Quintana no tiene tiempo de preguntarse si lo que está sucediendo es real o sólo un engaño de sus sentidos. ¿Cómo explicar entonces esta aparente contradicción con el modelo de lo fantástico aquí expuesto? Habría que decir, para empezar, que si bien la vacilación no está tematizada en el texto, éste sí cumple con la intención profunda definida como típica del género: buscar la desestabilización del mundo confiado y seguro donde está inmerso el lector real. Aclaro, en segundo lugar, que "La fiesta brava" ilustra muy bien la vertiente de final sorpresivo que también puede aparecer en lo fantástico.

Quizá de igual importancia sean los nexos de este relato con la más reciente variante del género. En efecto, con una técnica de escritura cuyas intenciones lo asimilarían en parte a lo neofantástico más que a lo fantástico clásico, el autor juega con la estructura de su cuento para cambiar el énfasis del argumento del narrador y los personajes al receptor mismo; la superposición de los niveles de realidad y ficción presente en "La fiesta brava" es mucho más perceptible e impactante para el lector que para el protagonista; por ello, en cierta medida, en este texto se aprecia

---

su fuerza, estas piezas no son autónomas, ya que: "No saben que la mano señalada/ del jugador gobierna su destino,/ no saben que un rigor adamantino/ sujeta su albedrío y su jornada"; en el último terceto, el juego de causas y efectos se lleva a un nivel superior, para concluir de inmediato con la más profunda duda: "Dios mueve al jugador, y éste, la pieza./ ¿Qué dios detrás de Dios la trama empieza/ de polvo y tiempo y sueños y agonías?" ("Ajedrez", *El hacedor*, en *Obras completas*, v. 2, p. 191).

el cambio de lo fantástico entendido sobre todo como un fenómeno de percepción por parte de los personajes, rasgo típico del siglo XIX, a lo fantástico como un fenómeno de escritura y lectura, aspecto que algunos teóricos han descrito como elemento sustancial de lo neofantástico en el siglo XX, según sucede en cuentos como el mencionado "Continuidad de los parques". Sin embargo, ya que, al mismo tiempo, en Pacheco se construye un mundo de ficción acorde con los códigos realistas, el cual después se socava con un hecho extraordinario preparado por medio de indicios, no puede decirse que su obra pertenezca plenamente a lo neofantástico. En fin, como dije en el capítulo inicial, resulta imposible resolver esta polémica teórica sobre el género en cuanto a sus denominaciones específicas de fantástico o neofantástico, espectro este último que incluso rebasa la gama de textos aquí analizados. Señalo, asimismo, que mi selección de este texto de Pacheco dentro del corpus estudiado obedeció, en parte, a que resulta representativo de una variante de lo fantástico que podría permitir ligar la postulación clásica de Fuentes con expresiones posteriores del género.

Ahora bien, cuando una obra funda su naturaleza fantástica en un final sorpresivo, cabe reflexionar sobre si éste ha sido preparado eficientemente por medio de indicios; si no es así, entonces el lector sentirá que se usa un ineficiente y anquilosado recurso de *Deus ex machina*, como he dicho al discutir el concepto de literatura fantástica. El primer indicio del texto es, obviamente, el título "La fiesta brava", porque al ser compartido por el cuento del mismo nombre escrito por Quintana y por la trama global firmada por Pacheco, se está señalando su íntima relación, la cual se cumplirá en el desenlace. En cuanto a su significado, la frase "fiesta brava", referencia al espectáculo de las corridas de toros, apunta hacia el futuro sacrificio del capitán Keller, personaje que, irónicamente, presencia con horror extremo las barbaridades cometidas contra el pobre toro y disfrutadas por los incivilizados mexicanos.[28] También es indicial el anuncio de que Andrés

---

[28] Tal vez un pasaje como éste haga recordar a más de un lector la novela *La serpiente emplumada* de Lawrence, cuya confusa y hasta absurda trama comienza

Quintana ha desaparecido, pues sólo comprenderemos la importancia de este dato cuando los tres hombres, cómplices de quienes secuestran al capitán Keller, impidan a Quintana salir de la estación del metro.

Cabe recordar que los indicios son elementos textuales con una primera función menor —más bien descriptiva— en el instante en que aparecen, y que asumen un significado más profundo en un pasaje posterior; para que el lector perciba la verdadera función indicial de una frase, debe conservar en su memoria, así sea levemente, la primera aparición del elemento textual (por ello no es extraño que sea hasta una segunda lectura, en la cual los lectores conocemos ya el desenlace de la trama, cuando notemos con mayor nitidez la función indicial de alguna frase). Ya he descrito cómo Quintana ve en el metro a un hombre cuya vestimenta es inconfundible: "camisa verde, Rolleiflex, pipa de espuma de mar", rasgos que habían aparecido, en ese mismo orden, en la descripción del capitán Keller elaborada dentro del texto firmado por Quintana; la primera vez que los rasgos se presentan, sirven para caracterizar al personaje; la segunda, en cambio, funcionan para identificar con certeza que el hombre visto por Quintana en su realidad es el mismo capitán Keller de su cuento, lo cual concreta la confusión de los niveles de realidad y ficción ya analizada; claro que sólo hasta esta segunda aparición sabemos los lectores que la vestimenta del capitán era un indicio y no un dato circunstancial.

Las dos historias que forman el texto —es decir, por un lado, el relato sobre el capitán Keller escrito por Quintana y, por otro, el encuentro de Quintana con Arbeláez, así como su posterior

---

precisamente con la representación de una corrida de toros, percibida con horror por uno de los personajes extranjeros, en quien el narrador focaliza la descripción de los hechos; sin embargo, fuera de este arranque, no veo ningún otro nexo entre Lawrence y Pacheco, sobre todo porque en este último la corrida de toros es usada con una intención irónica, en lugar de signo de la barbarie mexicana, como lo hizo Lawrence, cuya novela tuvo que ser incluso precedida por una breve nota en la que los editores se distanciaban de las opiniones tan acerbas sobre la cultura mexicana incluidas por el autor en su obra (D. H. Lawrence, *La serpiente emplumada*, tr. Carmen Gallardo de Mesa, Losada, Buenos Aires, 1940).

secuestro— están yuxtapuestas[29] y no alternadas paulatina y fragmentariamente (como sucede, por ejemplo, en "La noche boca arriba"). Esta estructura presenta el desafío de buscar con mucho cuidado cómo relacionar ambas partes en la mente del lector, para quien la primera historia no sólo puede haber quedado ya muy atrás, sino que en principio es ajena a la segunda que está leyendo; además, como hasta poco antes del final no hay ningún suceso extraño, ajeno a la realidad cotidiana de los personajes y que provoque vacilación en ellos, se corre el riesgo de que el lector sienta un tanto abrupto el cierre del texto, donde se ligan ambas partes (el cuento escrito por Quintana y la historia donde a su vez él es protagonista). Quizá por ello decidió el autor reforzar los indicios en la segunda edición del libro, según expondré.

A las múltiples genealogías clasificatorias de los escritores, propongo añadir una más, de tipo dicotómico, compuesta por dos partes complementarias (si bien hay creadores que combinan ambas posturas): por un lado, la de los autores que una vez publicado un texto, no lo vuelven a revisar, y, por otro, la de quienes someten su obra a un proceso de reescritura permanente e infinito. José Emilio Pacheco pertenece a la última categoría, pues ejerce una labor de revisión de sus textos denominada por él mismo como "la historia interminable" y a la cual define como autocrítica, según confiesa en esta cita:

> ... corrijo, suprimo, añado, aclaro, cambio títulos, con la certeza de que, como dice otro partidario de la autocrítica activa, Frank O'Connor, si es una falsificación se trata de falsificar un cheque

---

[29] Conviene enfatizar que se trata de una estructura formada por fragmentos yuxtapuestos; por ello, no resulta pertinente la siguiente descripción, la cual alude más bien a la clásica estructura de texto enmarcado por otro texto (que, como vimos, sí está presente en "Chac Mool"): "El fingido descubrimiento del texto manuscrito de «La fiesta brava» parece contradecir lo que Barthes denota como una técnica rechazada por los escritores contemporáneos..." (Owen L. Kellerman, *Estudios de la voz narrativa en el relato latinoamericano contemporáneo*, Tesis Doctoral, Arizona State University, 1975, p. 50). Como ningún pasaje de la obra de Pacheco dice que alguien haya encontrado un manuscrito, es obvio que no hay un "fingido descubrimiento" del texto manuscrito sino tan sólo su transcripción.

caducado hace bastantes años. Prefiero ver en los textos iniciales la colaboración entre un escritor precoz y otro tardío que aún está aprendiendo su oficio. Al joven que fui le digo en desagravio que las modificaciones a los textos de años más próximos no han sido menos severas.[30]

Sobre esta postura, en principio Ruffinelli apunta pertinentemente que podría deberse tanto a un sentimiento individualista de la escritura, como al concepto de "socialización" del lenguaje, luego de lo cual concluye: "No creo que Pacheco simplemente se considere propietario de una escritura del pasado, cercano pariente del escritor joven que él mismo fue, sino que la escritura literaria misma, como el lenguaje, es un bien común";[31] para él, una prueba de esta concepción es el hecho de que Pacheco incluya, dentro de sus propios libros, versiones y traducciones de poemas ajenos, que el escritor ha preferido denominar "aproximaciones". Quizá Pacheco vería este proceso de revisión como parte de su personal inseguridad en la escritura: "Rodin aconsejaba no temer las críticas injustas. Sólo aceptar las que confirman en una duda. Lamentable o venturosamente, siempre tengo dudas. Cuando adquiera seguridad en lo que escribo me sentiré perdido".[32]

Sería reduccionista intentar adjudicar a un solo motivo la voluntad autoral de modificar "La fiesta brava", pues de seguro ella obedece a múltiples factores; por el momento, me centraré tan sólo en algunos de los cambios que sirven para reforzar su construcción indicial. El primero de ellos, aparentemente tenue pero en realidad sustancial, es la precisión, en el aviso periodístico, de la fecha en que desaparece Andrés Quintana. En la primera

---

[30] J. E. Pacheco, "Nota. La historia interminable", en *"La sangre de Medusa" y otros cuentos marginales*, p. 10.

[31] Jorge Ruffinelli, "Al encuentro de la voz común. Notas sobre el itinerario narrativo de José Emilio Pacheco", en *La hoguera y el viento. José Emilio Pacheco ante la crítica*, sel. y pról. Hugo Verani, Era-UNAM, México, 1993, p. 172. En este artículo, el crítico aporta productivas reflexiones sobre la reescritura de los textos de Pacheco que podrían ser aprovechables para la obra global de éste, independientemente del género.

[32] J. E. Pacheco en *Los narradores ante el público*, p. 251.

versión, se decía simplemente que había desaparecido "el martes 5", dato débil para ligar a Quintana con el capitán Keller, a quien el desconocido había indicado que subiera al metro "la noche del martes". En cambio, en la nueva versión se lee: "Se extravió el pasado viernes 13 de agosto de 1971..."; [33] más allá de su simbolismo (exactamente 450 años antes, el 13 de agosto de 1521, cayó Tenochtitlan), la fecha sirve para reforzar la relación de Quintana con el capitán Keller, ya que éste recibe la indicación de subirse "al último metro el viernes 13 de agosto en la estación Insurgentes" (2ª. ed., p. 71).

De igual fuerza resulta el pasaje añadido a la descripción del viaje del capitán Keller en el vagón del metro: "al arrancar el convoy usted verá en el andén opuesto a un hombre de baja estatura que lleva un portafolios bajo el brazo y grita algo que usted no alcanzará a escuchar" (2ª. ed., p. 72). Como debe suceder con los indicios, en la secuencia cronológica de la lectura, este dato parece en principio superfluo; pero adquirirá una significación enorme cuando en el último párrafo se diga enfáticamente que el capitán Keller no alcanzó a escuchar los gritos de Quintana, cuya evidente intención era alertarlo para que no cayera en la trampa que lo conduciría al sacrificio en la piedra ritual, de la cual él sabía por haberla ideado en su cuento.

Gracias a los dos cambios descritos, el carácter indicial del texto se fortalece, a tal grado que incluso Pacheco se permite atenuar el pasaje original donde Quintana reconocía desde lejos al capitán Keller en el metro. Recordemos que en la versión primigenia, tanto en el cuento de Quintana como en la conclusión de la trama total, se describía al capitán con "camisa verde, Rolleiflex, pipa de espuma de mar"; en la nueva versión, en cambio, al final sólo se dice: "Andrés advirtió entre los pasajeros del último vagón a un hombre de camisa verde y aspecto norteamericano" (2ª. ed., p. 98).

---

[33] José Emilio Pacheco, *El principio del placer*, 2ª. ed., Era, México, 1997, p. 67. Como a partir de este momento puedo usar ambas ediciones del libro de forma alterna, cuando en lo sucesivo cite el texto de la primera sólo pondré la página respectiva entre paréntesis; si, en cambio, se trata de la segunda, además de la página aclararé que uso esa edición.

Aunque no es mi objetivo analizar en detalle este cuento, señalo, de paso, que la gran cantidad de cambios decididos por el autor, si bien haría laboriosa e ingente la tarea de edición del texto, al mismo tiempo ha enriquecido de diversas maneras su interpretación. Sin duda, Pacheco es un lector muy cuidadoso con su propia obra, a la cual suele exigirle una coherencia absoluta, por lo que intenta detectar y corregir algunas leves deficiencias, o bien reforzar algún significado del texto. Por ejemplo, para hacer más verosímil la comunicación entre el capitán, quien habla un deficiente español, y el hombre que lo conduce al subterráneo mundo prehispánico, en la descripción de este último añade: "habla en un inglés que asombra por su naturalidad, ¿en dónde aprendió?, le pregunta, nací en Buffalo, vine por decisión propia a la tierra de mis antepasados" (2ª. ed., p. 73). Asimismo, una simple frase nueva ayuda a enfatizar el sentido del sacrificio del capitán Keller, de quien ahora se dice que "fue elegido" (2ª. ed., p. 73) para ver la Piedra Pintada de Ahuizotl; el supuesto privilegio de ser un "elegido" funcionará, con un tono de ironía, como la marca de que precisamente él tiene que ser la víctima del sacrificio.

Como adelanté, mi selección de "La fiesta brava" y "Tenga para que se entretenga" obedece a que se trata de formulaciones de lo fantástico diferenciadas y a la vez complementarias. Ya he dicho que el primer cuento recurre a la búsqueda del asombro del lector mediante un final sorpresivo que desestabiliza de manera contundente el mundo del personaje, a quien no le es posible reflexionar un solo instante sobre la naturaleza insólita de los sucesos. En cambio, la estructura del segundo cuento es distinta, porque desde su arranque se afirma que los hechos cuya narración será el eje resultan inverosímiles, según consigna el detective privado Ernesto Domínguez Puga en la carta que acompaña su informe: "Tuve que hacerlo dos veces para dejarlo claro, ante lo difícil y aun lo increíble del caso" (p. 133), frase que, por cierto, en la segunda edición todavía se hace más fuerte: "Tuve que redactarlo varias veces..." (2ª. ed., p.115). Así, el escrito titulado "Informe confidencial" no se presenta de forma directa al lector, sino precedido por una breve carta del detective dirigida a un anónimo destinatario, a quien llama "Distinguido señor"; como en el resto del cuento no se proporcionan datos sobre quién ha solicitado al detective esa investigación, sólo puede deducirse que se trata de alguien interesado en el caso por razones muy personales y hasta quizá familiares. Asimismo, hay que reparar en que además de calificarse como "confidencial", el informe está dirigido a un destinatario individual, por lo que el hecho de que se haga público —para nosotros, los lectores reales— viola su supuesta privacidad; es un recurso similar al que nos permite conocer el cuento de Andrés Quintana, pese a que él haya destruido su copia.

Como debería ser en un documento que busca la objetividad, el informe del detective Domínguez Puga comienza con la mención de la fecha, lugar y personajes: "El 9 de agosto de 1943 la señora Olga Martínez de Andrade salió de su domicilio en Tabasco 106, Colonia Roma, acompañada por su hijo de seis años, Rafael Andrade Martínez" (p. 134). Antes de encaminarse a su destino final y aprovechando la temprana hora, la señora Andrade lleva a su hijo a Chapultepec. Ya en la descripción de este lugar aparece la intención textual de crear el típico ambiente de misterio: "Cierto detalle que incluso ahora, tantos años después, pasa inadvertido a los transeúntes, llamó inmediatamente la atención de Olga: los árboles que crecen allí tienen formas extrañas, sobrenaturales se diría. No puede atribuirse al terreno caprichoso ya que parecen aplastados por un peso invisible" (p. 134).

Durante el tiempo que pasan en el bosque madre e hijo, el sitio se queda desierto. Mientras, como parte de sus juegos infantiles, el niño se divierte obstaculizando el movimiento de un caracol, sucede algo sorpresivo:

De pronto se abrió un rectángulo de madera oculto bajo la hierba rala del cerro y apareció un hombre que dijo a Rafael:
—Déjalo, no lo molestes. Los caracoles no muerden y conocen el reino de los muertos (p. 136).

En virtud de que uno de los rasgos típicos de la postulación fantástica consiste en no sustituir el sentido literal por el figurado, hay que entender que, en efecto, el hombre surge súbitamente de en medio de la tierra, cruzando ese rectángulo de madera que sirve como una especie de puerta o pasaje fantástico (a semejanza de "La puerta en el muro", de H. G. Wells). Las palabras pronunciadas por él son doblemente extrañas, tanto en su sintaxis como en su significado, pues usa la conjunción "y" de forma atípica, para enlazar dos elementos disímiles: por un lado, el hecho físico y material de que los caracoles no muerden, lo cual justificaría su petición de que Rafael no los moleste; por otro, su mención de que estos seres vivos conocen el reino de los muertos (por algo en México se les llama caracoles panteoneros),[34] enigmática sentencia que no puede dirigirse a un niño de seis años, puesto que éste no podría comprenderla.

Según expuse en el primer capítulo, al reflexionar sobre el hecho de que muchas personas consideren siniestro en extremo todo lo que se relaciona con la muerte, Freud menciona como una probable razón para ello: "Aun es probable que [ese primitivo temor] mantenga su viejo sentido: el de que los muertos se tornan enemigos del sobreviviente y se proponen llevarlo consigo para estar acompañados en su nueva existencia".[35] Ya veremos cómo ese mecanismo opera en el texto, pues determina el desarrollo de su argumento.

Inmediatamente después de su insólita aparición, el hombre: "Salió del subterráneo, fue hacia la señora, le tendió un periódico doblado en dos y una rosa con un alfiler: / —Tenga para que se entretenga. Tenga para que se la prenda" (p. 136). De nuevo, el habla del personaje resulta rara; ahora incluso por la forma poética de su expresión, ya que la frase está compuesta por dos versos eneasílabos que no sólo riman entre sí, sino que poseen rima interna; además, aunque su disposición es prosística, los versos forman una especie de dístico. La primera frase, "Tenga para que se entretenga", se dirige a la señora Andrade acompañada de un periódico, con lo cual se implica que la lectura del diario le servirá de entretenimiento; pero como al mismo tiempo se trata del título del texto, también sirve para indicar al lector real que en el

---

[34] Entre los diversos elementos simbólicos asociados al caracol, están el de la muerte y el de la resurrección. Véase Jean Chevalier, *Diccionario de los símbolos*, Herder, Barcelona, 1986, *s. v.*

[35] S. Freud, "Lo siniestro", p. 2498.

cuento encontrará algo apropiado para su entretenimiento. Los diversos sentidos del título se completan con humor mediante el tono de merolico que tiene la frase, identificable de inmediato en el habla popular mexicana.

Apenas el misterioso hombre ha surgido de improviso de lo que semeja un túnel, el niño inquiere si vive ahí: "—¿Ahí vives? —preguntó. —No: más abajo, más adentro" (p. 136). Ante la curiosidad de Rafael por conocer el sitio, la mamá accede, aunque con renuencia, a que el hombre se lleve al niño, sin reparar en que es increíble que alguien viva ahí. El supuesto paseo momentáneo por el túnel se convierte en la desaparición permanente del niño y del misterioso hombre, pese a las pesquisas exhaustivas que efectúan de inmediato tanto el detective privado Domínguez Puga como las autoridades públicas, quienes ni siquiera encuentran el hoyo o subterráneo del cual salió el secuestrador, pero sí los rastros del niño: "pude comprobar que en la tierra había huellas del niño, no así del hombre que se lo llevó" (p. 140).

Aunque no hay ningún elemento textual útil para datar con exactitud cuándo realiza el detective su investigación y cuándo redacta su informe (tiempo de los sucesos y tiempo de la escritura), se trata de labores muy distanciadas entre sí, pues la redacción del informe se emprende muchos años después de los increíbles hechos, según se deduce de una frase ya citada: "...ahora, tantos años después..." Desde esta lejanía de los sucesos, escribe el detective su visión retrospectiva de ellos, dentro de la cual recuerda su posterior entrevista con la señora Andrade, quien se culpa por no haber percibido los graves riesgos de su encuentro con el extraño hombre, cuya rareza remarca el detective al preguntarle:

> —Continuemos. En mi libreta anoté las palabras que le dijo a usted el hombre. "Tenga para que se entretenga. Tenga para que se la prenda". ¿No le parecen bastante extrañas?
> —Sí, muy raras. Pero en ese momento no me di cuenta. Qué imbécil. No me lo perdonaré jamás (p. 146).

De hecho, el informe había señalado ya el desconcierto inmediato que provocó en la señora Andrade su encuentro con el extraño hombre: "Olga dio las gracias, muy confundida por la brusquedad de la aparición y las desusadas aunque cordiales palabras del recién llegado [...] La sorprendió —insisto— hallarlo tan amable" (p. 137). Resulta curioso y muy significativo que, en su respuesta al detective, este personaje femenino ejerza una función paralela a la de la crítica, ya que, muy *a posteriori*, lee los extraños rasgos que de inmediato percibió en el hombre como elementos indiciales de lo que podría suceder, es decir, el gran peligro en que colocaba a su hijo al encomendárselo al desconocido hombre. En principio, los lectores del cuento reaccionamos igual que la señora Andrade, pues no nos percatamos del enorme significado de la expresión "Tenga para que se entretenga", pese a que funciona en dos niveles distintos (es tanto el título del cuento como una frase pronunciada por un personaje, lo cual indica su doble importancia). Por su valor indicial, he dejado hasta este momento la mención de otro de los significados que puede tener el verbo mexicano "entretener": distraer a alguien o tardarse en algo; así, en este sentido, en verdad el misterioso hombre está diciendo a la señora Andrade: "Tenga para que se distraiga mientras me llevo a su hijo".

Volviendo al argumento, he dicho que, no obstante la inusual diligencia desplegada por las autoridades, la señora Andrade no logra recuperar a su hijo, cuya desaparición es definitiva. En los fragmentos que describen la labor de búsqueda del niño, el texto alcanza dimensiones satíricas pocas veces igualadas en la obra de Pacheco, en la cual, por cierto, abundan las críticas sociales. De acuerdo con la propuesta teórica de Linda Hutcheon, para diferenciar entre parodia y sátira —términos que con frecuencia se traslapan—, es necesario distinguir el blanco u objetivo hacia el que se apunta; así, mientras un texto paródico tiene como fin otro texto o bien ciertas convenciones literarias, el objetivo de la sátira es extratextual:

> La distinción entre la parodia y la sátira reside en el "blanco" al que se apunta. La sátira es la forma literaria que tiene como finalidad corregir, ridiculizándolos, algunos vicios e ineptitudes del comportamiento humano. Las ineptitudes a las que de este modo se apunta están generalmente consideradas como extratextuales en el sentido en que son, casi siempre, morales o sociales y no literarias [...] el

género puramente satírico en sí está investido de una intención de corregir, que debe centrarse sobre una evaluación negativa para que se asegure la eficacia de su ataque.[36]

La ironía es el recurso estructural por excelencia de toda sátira, ya que posibilita la evaluación negativa indispensable para la constitución del género. En cuanto a la afirmación de Hutcheon de que la sátira tiene la finalidad de corregir los vicios de la sociedad, esta postura sólo puede avalarse desde una concepción ingenua y romántica de la literatura, pues la eficacia del arte para incidir en la realidad concreta e histórica es limitada, como bien saben los creadores, y en particular Pacheco; así, al preguntarse cuál es el lugar del escritor en un mundo convulsionado por la desigualdad social y el exterminio de los seres humanos, él reconoce las limitaciones de la literatura para transformar el mundo y, sin embargo, asume la escritura como un irrenunciable compromiso ético:

> ¿Qué puede hacer el escritor en un mundo en que millones de seres mueren de hambre, y otros son incinerados en los arrozales de Vietnam, y otros se suicidan al no resistir las tensiones de una sociedad tecnológica cuyo fin es la abundancia de objetos que cosifican y enajenan? [...] Si no se puede transformar un mundo que pertenece a los técnicos y a los empresarios, a los políticos y los militares, lo mejor ¿no es desertar? Ya que casi la única manera de no ser cómplice en nuestra época es la resistencia pasiva, el silencio puede ser un modo de protesta contra la injusticia y la abyección contemporánea. Pero este nihilismo es hoy una actitud profundamente reaccionaria: es necesario escribir precisamente porque hacerlo se ha vuelto una actividad imposible.[37]

Por ello creo que en los propósitos satíricos de su obra predomina, más que la voluntad imposible de corregir los vicios de una sociedad, el deseo de señalarlos y fustigarlos con ironía. Me he

---

[36] Linda Hutcheon, "Ironía, sátira, parodia. Una aproximación pragmática a la ironía", en *De la ironía a lo grotesco*, tr. Pilar Hernández Cobos, UAM-Iztapalapa, México, 1992, p. 178.

[37] José Emilio Pacheco en *Los narradores ante el público*, p. 260.

detenido en las ideas del escritor sobre la relación entre el arte y su sociedad para que se entienda mejor la parte satírica de "Tenga para que se entretenga".

En primer lugar, gracias a esta intención satírica, se logra una de las mejores y más sintéticas descripciones del funcionamiento del sistema político mexicano, pues cuando se presenta en el lugar de la desaparición el ingeniero Andrade, padre del niño y personaje relacionado con las más altas esferas del sistema, empiezan a moverse con celeridad las autoridades:

> El ingeniero tenía negocios y estrecha amistad con el general Maximino Ávila Camacho, hermano del Señor Presidente y por entonces —como usted recordará— ministro de Comunicaciones y la persona más importante del régimen. Bastó una llamada telefónica del general para movilizar a más o menos la mitad de todos los efectivos policiacos, cerrar el bosque, expulsar a los curiosos, detener e interrogar a los torerillos (p. 139).

En efecto, Maximino era hermano de Manuel Ávila Camacho, el presidente en turno (el "Señor Presidente", como lo llama el detective), a quien aspiraba a suceder en el cargo; su poder en el período —amonedado en múltiples anécdotas orales sobre sus abusos y barbaridades— no tuvo límites, pero su muerte durante el mandato de su hermano libró a México del riesgo de que asumiera la presidencia. Pacheco usa en su cuento estos antecedentes del personaje público, ya que cuando un diario amarillista insinúa que la señora Andrade sostenía relaciones sexuales con los dos torerillos presentes en Chapultepec al momento de la desaparición del niño, Maximino Ávila Camacho de inmediato actúa desde el poder: "Esa versión absurda y difamatoria no prosperó: don Maximino lanzó una orden fulminante para que el calumniador fuera cesado y se perdiera en la noche de los tiempos, a riesgo de que se le aplicara el clásico carreterazo" (p. 141). La palabra "carreterazo", que si no me equivoco es un mexicanismo, es muy significativa, pues alude a un no muy lejano período de la historia mexicana cuando, desde el poder, se ordenaba la eliminación física de los adversarios, políticos o de otra índole, fingiendo que habían muerto en un accidente de carretera

La última "vuelta de tuerca" de este referente de la política real mexicana es el pasaje donde se menciona que, entre las múltiples especulaciones sobre el inexplicable caso, hubo incluso una de carácter electoral dirigida a evitar que Maximino Ávila Camacho llegara a ser presidente: la sugerencia de que él mismo había hecho desaparecer al niño, quien era testigo molesto e involuntario de los amoríos entre el propio general y la señora Andrade.

El cuento asume macabros tintes satíricos cuando describe cómo solucionaron las autoridades el caso: por medio de la tortura, los dos jóvenes torerillos confiesan que, aprovechando la soledad del lugar y la mala vista de la señora Andrade, urdieron un plan para secuestrar al niño y pedir un cuantioso rescate, pero que, atemorizados, "dieron muerte a Rafaelito, lo descuartizaron y arrojaron sus restos al Canal del Desagüe" (p. 143). Esta versión oficial es desacreditada de inmediato por el narrador y detective, quien critica la credulidad de la opinión pública, cuya pasividad no pide que se aclaren algunas irresolubles contradicciones:

> Por ejemplo: a qué horas descuartizaron los torerillos al niño y lo echaron a las aguas negras —situadas en su punto más próximo a unos veinte kilómetros de Chapultepec— si, como antes dije, uno llamó a la policía y al ingeniero Andrade; otro permaneció junto a Olga, y ambos estaban en el lugar de los hechos cuando llegaron la familia y las autoridades (pp. 143-144).

El último giro de este pasaje alcanza un fuerte tono de humor negro, pues para justificar su versión, las autoridades difunden las fotografías de la cabeza y el torso de un cuerpo sacado del Canal del Desagüe, recurso sobre el cual el narrador opina que era fácil comprobar que se trataba de alguien de once o doce años y no de seis como Rafael. Y de inmediato añade una ácida burla sociopolítica: "Esto sí no es problema: en México siempre que hay una desaparición y se busca un cadáver se encuentran muchos otros en el curso de la pesquisa" (p. 144).

La penúltima parte del texto se inicia con la frase "Dicen que la mejor manera de ocultar algo es ponerlo a la vista de todos" (p. 144), con la cual el detective, quien al inicio ha confesado su afición por la escritura (rasgo borrado en la segunda edición del cuento), alude a "La carta robada" de Edgar Allan Poe, única referencia intertextual que distingo en el cuento; en efecto, al inicio de "La carta robada", el prefecto de la policía de París visita a Auguste Dupin, amigo del narrador, para consultarle un caso:

>—¿Y cuál es la dificultad? —pregunté—. Espero que no sea otro asesinato.
>—¡Oh, no, nada de eso! Por cierto que es un asunto muy sencillo y no dudo de que podremos resolverlo perfectamente bien por nuestra cuenta; de todos modos pensé que a Dupin le gustaría conocer los detalles, puesto que es un caso muy *raro*.
>—Sencillo y raro— dijo Dupin.
>—Justamente. Pero tampoco es completamente eso. A decir verdad, todos estamos bastante confundidos, ya que la cosa es sencillísima y, sin embargo, nos deja perplejos.
>—Quizá lo que los induce a error sea precisamente la sencillez del asunto— observó mi amigo.
>—¡Qué absurdos dice usted! — repuso el prefecto, riendo a carcajadas.
>—Quizá el misterio es un poco *demasiado* sencillo— dijo Dupin.
>—¡Oh, Dios mío! ¿Cómo se le puede ocurrir semejante idea?
>—Un poco demasiado evidente.[38]

El misterio se centra en una comprometedora carta (de seguro amorosa) robada a la reina por un ministro sin escrúpulos, quien la esgrime como arma de chantaje permanente para lograr sus fines políticos. Pese a las exhaustivas pesquisas efectuadas por el prefecto en la casa del ministro, no logra encontrar la carta. En principio, Dupin finge no interesarse por el caso y sólo le recomienda volver a efectuar la búsqueda; transcurrido un mes, cuando el prefecto regresa desolado como consecuencia de una nueva derrota, Dupin le entrega la carta, una vez que se ha asegurado la promesa de una buena recompensa. Al contar a su amigo cómo la obtuvo, Dupin explica que el problema del prefecto fue que no logró identificar su intelecto con el de su oponente; él compara

---

[38] Edgar Allan Poe, "La carta robada", en *Cuentos*, pról., tr. y notas Julio Cortázar, Alianza, Madrid, 1970, p. 515.

el método del ministro para ocultar la carta con el de un astuto jugador que al desafiar a su adversario a distinguir un nombre en un mapa, lo engaña escogiendo no las letras más pequeñas sino los grandes caracteres extendidos a lo largo del mapa; de ello concluye en relación con el prefecto: "Jamás se le ocurrió como probable o posible que el ministro hubiera dejado la carta delante de las narices del mundo entero, a fin de impedir mejor que una parte de ese mundo pudiera verla";[39] como el ministro necesitaba tener disponible la misiva, cuyo uso podría requerir en cualquier momento, Dupin deduce que "para esconder la carta, el ministro había acudido al más amplio y sagaz de los expedientes: el no ocultarla".[40] Por ello, él visita al ministro en su oficina, donde descubre, visible para todos, la carta robada, si bien sus características exteriores han sido cambiadas con la intención de engañar sobre su importancia; en una segunda visita, Dupin efectúa un golpe de audacia e intercambia la carta por un escrito de apariencia similar. Más que los complejos análisis lacanianos sobre el cuento de Poe, me interesa la función argumental del objeto robado, pues, como se verá, los objetos desempeñan una función muy diferente, e incluso contrapuesta, en el texto de Pacheco.

La citada frase del detective alusiva a Poe es su intento de disculparse por no haber procedido de inmediato a interrogar a la señora Andrade, aunque codificando un nuevo indicio adelanta: "Tal vez un presentimiento de lo que iba a encontrar me hizo posponer hasta lo último el interrogatorio" (p. 145). En las tres semanas transcurridas entre la desaparición de su hijo y la visita del detective, la señora Andrade ha envejecido veinte años. En el punto culminante del interrogatorio, el detective pide ver los objetos entregados por el extraño hombre:

> Señor, en mi trabajo he visto cosas que horrorizarían a cualquiera. Sin embargo nunca había sentido ni he vuelto a sentir un miedo más terrible del que experimenté cuando el ingeniero Andrade abrió la bolsa.

---

[39] *Ibid.*, p. 530.
[40] *Ibid.*, p. 531.

Sacó una rosa negra marchita (no hay en este mundo rosas negras), un alfiler de oro puro muy desgastado y un periódico totalmente amarillo que casi se deshizo cuando lo abrimos para ver que era *La Gaceta del Imperio*, con fecha 2 de octubre de 1866, periódico del que —supimos después— sólo existe otro ejemplar en la Hemeroteca (pp. 148-149).

De este modo, los objetos testimoniales constituyen, según es común en la literatura fantástica, un medio de comprobación de que los sucesos inexplicables son reales. Como se recordará, en mi análisis de "La confesión de una muerta", de Valle-Arizpe, critiqué la multiplicación innecesaria de los objetos perdidos por el sacerdote, quien extravía tanto su pañuelo como su rosario; dije entonces que la presencia de dos objetos pertenecientes a un mismo campo semántico era poco económica, porque con uno solo hubiera bastado para producir el efecto literario deseado. En cambio, los objetos del cuento de Pacheco no pertenecen al mismo campo semántico y, por lo tanto, tienen funciones distintas. Por un lado, está la imposible rosa negra, que alude a un objeto inexistente en el universo físico de los personajes y en el nuestro, además de remitir a una larga tradición literaria occidental y mexicana:

Uno de los objetos que es prueba de la "realidad" de lo narrado, la rosa, obviamente es una convención literaria: el narrador de "La cena" de Alfonso Reyes se encuentra al final del relato con una "florecilla modesta" que él no cortó en el ojal; el protagonista de H. G. Wells trae del porvenir una flor marchita; Borges recuerda este episodio en "La flor de Coleridge" y nos remite a la nota del poeta, que a su vez está incorporada a las reflexiones de Filiberto sobre la realidad en "Chac Mool" de Fuentes.[41]

Hay que sumar a ello la larga tradición retórica sobre la rosa, que los clásicos de los Siglos de Oro codificaron con un doble sentido: por un lado, como símbolo de la belleza extrema de la

---

[41] M. Paley Francescato, "Acción y reflexión…", p. 110.

naturaleza y, en particular, de las mujeres; por otro, como representación de lo efímero y la caducidad (*carpe diem*); se trata, entonces, de un elemento simbólico que alude al complejo indisoluble de vida-muerte. Pero en este caso la rosa no sólo está marchita, sino que es negra, el color de la muerte por antonomasia, con lo cual se enfatizan sus rasgos negativos y su pertenencia al reino de los muertos.

Por su parte, si bien la *Gaceta del Imperio* no es un objeto imposible dentro de la realidad de los personajes, sí es una entidad de existencia muy poco probable, además de que su intromisión parece descontextualizada: ¿por qué tendría que leer la señora Andrade un diario de la década de 1860?; como describiré más abajo, una de sus funciones es remitir a una época específica de la historia mexicana. En fin, resulta sustancial notar que no es un objeto ubicado en el mismo nivel que la rosa negra marchita. Además, mediante una simple transposición en los dígitos del año, la fecha concreta de publicación de la *Gaceta* (2 de octubre de 1866) remite, dentro del reciente contexto histórico del autor y de sus lectores inmediatos, a los sangrientos sucesos del 2 de octubre de 1968, cuando el gobierno en funciones reprimió salvajemente las exigencias de democracia y participación encabezadas sobre todo por estudiantes universitarios. Ahora bien, si por un lado debe destacarse la presencia de este referente histórico en la literatura de Pacheco, por otro conviene precisar que un elemento de esa naturaleza suele introducirse de forma oblicua, pues este tema no se convierte en uno de los ejes de éste u otros textos; en "Tenga para que se entretenga", la alusión es posible mediante el cambio de dígitos que he mencionado; en "La fiesta brava" aparece en la inscripción grafitera "Asesinos, no olvidamos Tlatelolco y San Cosme" (p. 113), leída por Andrés Quintana, quien no aclara que la frase remite a los dos sitios de las más recientes y sangrientas represiones gubernamentales (la del 2 de octubre de 1968 y la del 10 de junio de 1971), sino que, fiel a sus hábitos de corregir la redacción, se limita a pensar que debió haberse escrito "*ni* San Cosme", en lugar de la conjunción "y".

Por último, en la descripción del tercer objeto entregado a la señora Andrade, "un alfiler de oro puro muy desgastado", sólo encuentro una referencia a la antigüedad del alfiler, el cual no parece tener otra función que la meramente práctica de servir para que la mujer se prenda la flor, pues incluso el detective prescinde de él en sus explicaciones.

En cuanto a la forma literaria del texto, es obvio que Pacheco recurre a una trabajada mezcla entre dos géneros populares, el policial y el fantástico (a semejanza, en cierta medida, de lo que ya había hecho Borges en textos clásicos como "La muerte y la brújula"):

> In the initial pages of the story, Pacheco manipulates the reader through style, structure, character, and plot, into a position of false security: everything in the story seems to indicate that we are reading a detective tale and, although we cannot predict with certainty just how the crime will be solved, we proceed calmly toward the end of the story with the firm belief that a solution will be found. What we do not anticipate is the fact that two solutions are found, one of a natural character and one of a supernatural character. The introduction of the supernatural or the uncanny in the text and the narrator's refusal to choose between the two explanations pushes the text out of one mold and recasts it in another: it is no longer detective fiction but, instead, has become an example of the fantastic.[42]

Aunque en sus líneas generales esta descripción es pertinente, es necesario hacerle algunas correcciones. En primer lugar, conviene aclarar que la construcción del texto no parte del género policial y luego cambia al fantástico, sino que, como demuestra el propio análisis completo de Duncan,[43] ambos géneros se entremezclan con maestría desde el comienzo; por ejemplo, el detective contradice su confianza en la racionalidad, la cual debería estar en la base de su oficio, cuando introduce indicios como éste: "Pero al fin y al cabo todo en este mundo es misterioso y no hay acontecimiento, por nimio que parezca, que pueda ser aclarado satisfactoriamente" (p. 144). Además, cabe precisar que,

---

[42] Cynthia Duncan, "Detecting the fantastic in José Emilio Pacheco's «Tenga para que se entretenga»", *Inti. Revista de Literatura Hispánica*, otoño 1990-primavera 1991, núms. 32-33, p. 41-42.

[43] De hecho, al final de su artículo ella afirma: "Only a meta-reading of the tale reveals that the fantastic and the detective genre have co-existed, side by side, in the text from the very beginning" (*ibid.*, p. 50).

como expuse en el primer capítulo, un cuento fantástico no plantea dos explicaciones entre las cuales deban decidir el personaje (en este caso el detective) o el lector; aquí sólo se presenta la absurda explicación de los sucesos difundida por las autoridades, la cual es desmentida en forma contundente por el detective, quien por su parte se concreta a proporcionar una desnuda crónica de los hechos: el niño Rafael ha desparecido en circunstancias que no tienen explicación lógica posible. Así, el texto concluye con la incertidumbre absoluta, lo cual derruye la seguridad de los personajes de vivir en un mundo racional donde todos los sucesos obedecen a leyes cognoscibles.

Me parece que las fronteras entre los géneros policial y fantástico podrán entenderse mejor con la siguiente reflexión de Vax, pertinente para este cuento de Pacheco:

> Las técnicas de ambos géneros difieren muy profundamente. Lo "sobrenatural", en las narraciones policiales, sólo está puesto para ser suprimido. Aparece, con preferencia, al comienzo; se presenta como algo increíble, pasmoso. Es necesario que al principio la razón se escandalice, para tener después la última palabra. En el cuento fantástico, el planteamiento es inverso; lo sobrenatural, ausente al principio, domina el proceso que lleva al desenlace; es necesario que se insinúe poco a poco, que adormezca a la razón en lugar de escandalizarla.[44]

Para ilustrar esta cita, pienso de inmediato en un texto de un gran maestro en ambos géneros: Edgar Allan Poe. En "Los crímenes de la calle Morgue",[45] el lector se enfrenta a un par de asesinatos cuya ejecución parece imposible sin la ayuda de medios sobrenaturales, pues están rodeados de circunstancias muy especiales: al dirigirse a la habitación de un cuarto piso de donde han surgido gritos femeninos de auxilio, los testigos escuchan dos voces en agria disputa, aunque resulta imposible reconocer el idioma de una de ellas; luego de forzar la puerta, que estaba cerrada

---

[44] Louis Vax, *Arte y literatura fantástica*, EUDEBA, Buenos Aires, 1963, p. 13.
[45] E. A. Poe, "Los crímenes de la calle Morgue", en *op. cit.*, pp. 418-457.

por dentro, descubren los cuerpos de dos mujeres asesinadas con saña inaudita: una de ellas tiene cercenada la cabeza, mientras la otra ha sido introducida con fuerza sobrehumana por el tiro de una chimenea; pese a que acuden de inmediato, tanto un policía como los testigos no logran ver al asesino, cuya huida por las ventanas es imposible, debido a la altura de la habitación. Al final, todo el misterio se diluye gracias a que se impone la racionalidad absoluta de Augusto Dupin, quien primero deduce y luego comprueba que los crímenes (si acaso puede usarse esta palabra) no fueron cometidos por un hombre, sino por un orangután de Borneo, el cual, gracias a su enorme agilidad, pudo tener acceso a lugares vedados a un ser humano, así como la fuerza física bruta para cortar de tajo la cabeza de una de las víctimas e introducir a la otra por la chimenea.

En "Tenga para que se entretenga", en cambio, la intencionalidad fantástica mina la base policial del texto, pues el detective Domínguez Puga nunca afirma poder explicar la extraña desaparición del niño, a la cual desde el principio califica como "increíble"; la supuesta racionalidad de su oficio se diluye poco a poco, hasta dar paso a la confirmación de sucesos inexplicables; así, el detective acaba por refutar de forma implícita su oficio: en lugar de resolver el misterio, sirve como testigo para confirmar el irresoluble enigma, con lo cual, irónicamente, fracasa en sus funciones detectivescas. En síntesis, todo el complejo entramado del texto sirve para que se cumpla con la más profunda de las funciones del género fantástico, pero usando elementos del relato policial

> The fantastic also operates on two levels: it is a literature which is meant to entertain but, at the same time, to undermine the ideology that detective fiction upholds. A first reading of Pacheco's story, "Tenga para que se entretenga", calls attention only to the first of its two functions, or its entertainment value. A meta-reading of the text, however, reveals its masterful construction and its more serious social message. No matter how we choose to interpret the events which take place in "Tenga para que se entretenga", the story carries a disturbing message.[46]

---

[46] C. Duncan, art. cit., p. 49.

Ahora bien, es obvio que, en contraste con los textos fantásticos de Roa Bárcena y de Fuentes que he analizado, en este cuento de Pacheco el hecho insólito es de naturaleza distinta: mientras en los primeros hay una clara confirmación de que ha sucedido algo sobrenatural (el regreso momentáneo de un muerto al mundo de los vivos o la vivificación de una estatua identificada con una deidad prehispánica), aquí tenemos más bien un hecho inexplicable que si bien rompe con la normalidad en que se mueven los personajes, por otra parte no es estrictamente sobrenatural. Desde esta perspectiva, es claro que "Tenga para que se entretenga" presenta ya rasgos de la postulación fantástica más moderna, a la cual algunos críticos se han referido como lo neofantástico, según describí en el primer capítulo. Aunque no utiliza esta última terminología, Campra describe de forma apropiada una de las diferencias fundamentales entre lo fantástico clásico y lo fantástico moderno:

> La estética del contraste predominante en el siglo pasado ofrecía, de todos modos, un margen de seguridad. El nivel semántico podía proponer contradicciones insolubles, pero proponía también un significado reconocible. Al vampiro, si es que existe, se lo puede combatir [...] En el cuento fantástico contemporáneo, esa mínima seguridad ha sido, o tiende a ser, suplantada por el silencio. No ya la lucha, sino la imposibilidad de explicación de algo que, a menudo, ni siquiera se sabe si ha ocurrido o no. En un mundo enteramente natural, inscrito en un sistema de realidad identificable, se abre el abismo de la no significación. Que para la actividad del lector, hoy, resulta mucho más estimulante —mucho más fantástica— que una legión de fantasmas. Referido a su destinatario, ese silencio significa una programación de la ilegibilidad. La lectura oscila entonces entre la suposición de la nada y la sospecha de algo insondable, entre la reconstrucción de una causalidad oculta y la aceptación del sin sentido: en ese vacío acecha la plenitud semántica del peligro.[47]

En efecto, en el caso del cuento de Pacheco no sabemos siquiera qué ha ocurrido, fuera de la segura desaparición del niño.

---

[47] R. Campra, "Los silencios del texto en la literatura fantástica", p. 57.

Por lo menos se puede decir que el fenómeno extraño alrededor del cual se construye lo fantástico es poco diáfano; no obstante, esto puede generar inquietud extrema en el receptor, quien carece de ese contraste que era parte de la formulación del género en el siglo XIX. Como las historias de fantasmas como tales no dicen nada al lector moderno, pues ya están "automatizadas" (como dirían los formalistas rusos), entonces lo fantástico se renueva recurriendo a un grado todavía mayor de indeterminación: antes sabíamos qué había sucedido, sin embargo no teníamos la racionalidad y causalidad de los hechos; ahora, en cambio, los mismos acontecimientos son poco identificables.

Debido a que se relaciona con los mencionados hábitos de reescritura del autor, he dejado hasta el final el análisis de un aspecto del periódico entregado a la señora Andrade por el extraño hombre: la *Gaceta del Imperio*, publicación que remite a una época específica de la historia mexicana, es decir, el Imperio de Maximiliano (1864-1867). Suele pensarse que, por lo general, un creador presta nula atención a los comentarios críticos vertidos sobre su obra. Pero no siempre sucede así, como demuestran algunos cambios de "Tenga para que se entretenga". En la versión original del cuento, la señora Olga describe, a petición del detective, los rasgos del misterioso hombre que se llevó al niño; después de afirmar que aquél vestía con uniforme azul, hablaba con acento alemán, olía mal y era fofo, el detective le pregunta si era chaparro y gordo, a lo cual la señora Olga responde:

—No, no: altísimo, muy delgado… ah, con barba.
—¡Barba¡ Pero si ya nadie usa barba.
—Pero él tenía… No: más bien eran mostachos o patillas… como grises o blancas, no sé (pp. 147-148).

Aquí es obvio que, debido a su inestable estado de ánimo, la señora Olga describe al personaje de forma dubitativa, a tal grado que incluso corrige su afirmación inicial de que el hombre misterioso tenía barba. No obstante, con base en esos difusos rasgos, parte de la crítica ha querido identificarlo con la imagen de Maximiliano (con lo cual, además, este texto se ligaría con "Tlactocatzine, del jardín de Flandes", de Fuentes, donde las referencias a Maximiliano y Carlota son diáfanas). De esta identificación se derivarían múltiples interpretaciones simbólicas, entre ellas el regreso del personaje histórico para ejercer una especie de venganza por su fusilamiento en el Cerro de las Campanas en 1867. Por ejemplo, en una de las primeras reseñas sobre el libro, se lee: "Algo parecido ocurre en «Tenga para que se entretenga», donde es otra manifestación del pasado que devora al presente: es la imagen de Maximiliano todavía poderosa como para poder invadir el mundo moderno y llevárselo al reino de los muertos".[48] Debe decirse que parte de la interpretación podría derivar también de que el nombre de Maximiliano sí aparece en el texto, en un pasaje inicial donde el detective describe ciertos árboles únicos —distintos de los ahuehuetes originarios de Chapultepec— sembrados en el siglo XIX: "Maximiliano ordenó sembrarlos en vista de que la zona fue devastada en 1847 a consecuencia de la batalla de Chapultepec y la toma del Castillo por el ejército norteamericano" (p. 135). Asimismo, la fecha exacta de la *Gaceta del Imperio*, 2 de octubre de 1866, resulta determinante para los sucesos históricos de esa época, pues entonces se publicó un decreto de Maximiliano donde se autorizaba a pasar por las armas, sin juicio previo, a todos los mexicanos que lucharan contra el Imperio; esta decisión fue después uno de los argumentos judiciales esgrimidos para pedir y obtener la condena a muerte del emperador.

Como en su texto primigenio Pacheco deseaba aludir a la Intervención Francesa pero no al emperador mismo, en la segunda edición hizo absolutamente explícito que no podía identificarse al extraño hombre con Maximiliano (si bien en la siguiente

---

[48] Martha Paley Francescato, "Reseña de *El principio del placer*", *Revista Iberoamericana*, enero-marzo de 1974, núm. 40, p. 193. Por su parte, Cynthia Duncan incurre en la misma interpretación al hablar de los objetos que recibe la señora Andrade: "Together with her description of the stranger, these objects clearly suggest that Rafael's abductor was none other than the Archduke Maximilian, returned from the grave in search of human companionship" (C. Duncan, art. cit., p. 42). Más cauta, Barbara Bockhus Aponte alude a la posibilidad de que el hombre no sea Maximiliano sino alguien de su corte: "Todo indica que el emperador Maximiliano o uno de los de su corte ha vuelto de la tierra de los muertos, que otro mundo ha invadido el de nuestra vida" ("José Emilio Pacheco, cuentista", en *La hoguera y el viento*, ed. cit., p. 197).

aclaración, la señora Andrade liga misteriosamente a su familia con el trágico emperador):

> —No, señor, todo lo contrario: muy alto, muy delgado... Ah, además tenía barba.
> —¿Barba? Pero si ya nadie usa barba— intervino el ingeniero Andrade.
> —Pues él tenía— afirmó Olga.
> Me atreví a preguntarle:
> —¿Una barba como la de Maximiliano de Habsburgo, partida en dos sobre el mentón?
> —No, no. Recuerdo muy bien la barba de Maximiliano. En casa de mi madre hay un cuadro del emperador y la emperatriz Carlota... No, señor, él no se parecía a Maximiliano. Lo suyo eran más bien mostachos o patillas... como grises o blancas... no sé (2ª. ed., p. 126).

Según la crítica textual más reciente, el texto de una obra tal como lo conocemos sus lectores no es producto de la voluntad única e individual del autor, ya que "it can be claimed that every person involved in transmission of literary works helps, in some sense, to shape the effect that a work will have on a reader"; con base en esta idea, puede llegarse a la conclusión de que "The literary work is frequently the result, in a pure sense, of composite authorship".[49] De este modo, al editar una obra debería considerarse que quizá en la fijación de su texto intervino alguien más aparte del autor: desde los copistas de un manuscrito, como sucedía en la antigüedad, hasta todos los que participan en el proceso de impresión en el mundo moderno (el editor mismo, los

---

[49] James Thorpe, *Principles of textual criticism*, The Huntington Library, San Marino, California, 1972, pp. 26 y 30, respectivamente. Por su parte, Jack Stillinger dice: "a careful explication of the poem from beginning to end will examine a collaboratively produced work, no matter how disproporcionated the shares [...] multiple authorship —the collaborative authorship of writings that we routinely consider the work of a single author— is quite common, and that instances [...] can be found virtually anywhere we care to look" (*Multiple authorship and the myth of the solitary genius*, Oxford University Press, Nueva York, 1991, p. 22).

correctores, los tipógrafos, etcétera). Un caso extremo y reciente de esta autoría múltiple es *The Waste Land* de T. S. Eliot, poema respecto del cual sabemos ahora que fue decisiva la injerencia de Ezra Pound, quien fungió como editor y corrigió abundantemente el texto "original". En fin, el ejemplo de José Emilio Pacheco demuestra que en ocasiones los propios críticos, si bien de forma indirecta, pueden ser parte de esta autoría múltiple de los textos, pues debido a una interpretación que juzgó ajena a sus intenciones originales, el escritor decidió efectuar algunos de los cambios visibles en el texto actual de "Tenga para que se entretenga"; tal vez esta reacción demuestra el respeto que el escritor tiene por la crítica, manifiesto de forma explícita en el epígrafe que abre este libro (aunque, para ser sincero, también debo reconocer que esa opinión se produjo antes de que Pacheco publicara su gran obra narrativa y poética).

Pero además de modificar ese diálogo para rechazar una lectura que considera errónea, Pacheco aprovecha la segunda edición de su libro para introducir otros numerosos cambios, con diferentes niveles de significación. En primer lugar, como era previsible, refuerza los indicios del texto fantástico; quizá el más notable de ellos sea la frase añadida a la descripción del hombre tal como lo percibe la señora Andrade: "Olga dio las gracias, extrañada por la aparición del hombre y la amabilidad de sus palabras. Lo creyó un vigilante, un guardián del Castillo, *y de momento no reparó en su vocabulario ni en el olor a humedad que se desprendía de su cuerpo y su ropa*" (2ª. ed., p. 117; las cursivas son mías); estos últimos rasgos se suman a los otros como indicios que sirven para identificar al hombre como alguien proveniente del mundo de los muertos.

En segundo lugar, en la nueva versión Pacheco introduce datos provenientes de su pasión por nuestra historia. Así, cuando la señora Andrade afirma que el hombre parecía alemán, el detective comenta: "Eran tiempos de guerra, no se olvide, y todos [los alemanes] resultaban sospechosos" (p. 147), pasaje que se convierte en "Eran tiempos de guerra, no se olvide, y los [alemanes] que no estaban concentrados en el Castillo de Perote vivían bajo sospecha" (2ª. ed., p. 125); con ello aporta un dato tangencial: la más bien desconocida o escondida segregación de algunos alemanes en México durante la denominada Segunda Guerra Mundial. Este amor minucioso del autor por nuestra historia se confirma en los documentos y estudios sobre el período. En efecto, por presiones del gobierno de Estados Unidos, temeroso de la paulatina infiltración de los agentes nacionalsocialistas en su vecino México, este último país abandonó su neutralidad y rompió relaciones con el Tercer Reich en diciembre de 1941, luego de lo cual, como describe Verena Radkau:

> Se abrieron listas negras para los extranjeros enemigos. Las personas que no pudieran comprobar su estancia legal en el país serían internadas. Entre febrero y mayo de 1942 se realizaron detenciones de ciudadanos alemanes [...] En abril de ese año 270 alemanes estaban internados en Perote. Otros les seguirán en los próximos meses. Los internos tardarían entre dos y tres años en recuperar su libertad, pero después de todo no la pasaban tan mal en el campo veracruzano. Las autoridades mexicanas les dejaban bastante margen para organizar su vida según sus propios gustos, y con los espectáculos teatrales y musicales realizados por los presos, aquello más que un campo de migración parecía un campamento vacacional.[50]

Ignoro si la estancia de los alemanes en Perote fue tan placentera como Radkau señala, pero luego del hundimiento de dos buques mexicanos (el "Potrero del Llano" y el "Faja de Oro", el 13 y el 20 de mayo, respectivamente), el gobierno mexicano declaró la guerra a las potencias del Eje el 2 de junio de 1942. En el texto de Pacheco, la cronología de la ficción coincide con la histórica, ya que se indica con certeza que la desaparición del niño sucedió en agosto de 1943, o sea en pleno período de reclusión de los alemanes en Perote.

En la última vertiente de este proceso de cambios, el autor elimina elementos que podrían provocar cierta distancia respecto de su probable receptor actual. Por ello, modificó el arranque de su cuento, pues la carta del detective previa al informe confidencial se redujo sustancialmente; uno de los pasajes de la

---

[50] Verena Radkau, "La actitud mexicana ante los nacionalsocialistas", en *Los empresarios alemanes, el Tercer Reich y la oposición de derecha a Cárdenas*, CIESAS, México, 1988, v. 2, p. 177.

versión original decía: "Incluyo recibo timbrado por $1 200.00 (un mil doscientos pesos moneda nacional) que le ruego se sirva cubrir por cheque, giro o personalmente en estas oficinas" (p. 133); en la segunda versión, en cambio, se elimina este dato preciso para dejar sólo dos escuetas oraciones: "Incluyo un recibo por mis honorarios. Le ruego se sirva cubrirlo mediante cheque o giro postal" (2ª. ed., p. 115). Un argumento para justificar este cambio es que, debido a las vertiginosas caídas económicas sufridas por el país, la cantidad mencionada podría sonar ajena a los nuevos receptores, acostumbrados, debido a la inflación, a cifras más altas (hoy mismo, pese a que se han eliminado tres ceros del sistema financiero, la cantidad referida sonaría insignificante para un trabajo como el desempeñado por el detective). Señalo, de paso, que al modificar "La fiesta brava", el autor recurrió a otra opción: en lugar de los mil pesos originales pagados por Arbeláez a Quintana, éste recibe doscientos dólares, moneda cuya fortaleza hace más duradera la cifra y que, además, resulta coherente con el financiamiento de origen estadunidense recibido por la revista.

Ahora bien, si se considera la posibilidad de que un texto fantástico contenga datos tan verificables como los de la más pura novela realista, la información primigenia de los mil doscientos pesos podría haber quedado como una verosímil referencia al costo de ciertos servicios, antes de la espiral inflacionaria desatada por la devaluación del peso mexicano en 1976; lo mismo podría decirse sobre la mención del recibo "timbrado", circunstancia que remite a las prácticas fiscales entonces en boga.

Claro está que un proceso de actualización como el descrito sólo expresa una utópica voluntad autoral, ya que resulta imposible cumplirlo a cabalidad. Por ejemplo, el anuncio de tipo periodístico con que abre "La fiesta brava" contiene dos teléfonos de la Ciudad de México con siete dígitos, cifra que debería modificarse a los ocho dígitos actuales. En fin, con ello quiero llegar a la conclusión de que, con base en su parcial codificación realista, es factible que un texto fantástico incluya elementos que eventualmente sirvan como fuente de información más allá del mundo ficticio, tal como puede suceder con cualquier otro tipo de texto; incluso de forma paralela, pongamos por caso, a algunas obras totalmente realistas de Charles Dickens, quien en ocasiones proporciona detalles exactos de la historia social y económica de Inglaterra ausentes en los estudios eruditos sobre esos temas.

Por otra parte, si bien el autor elimina de su texto algunos datos concretos y verificables, a la vez incluye otros inexistentes en la versión original de 1972: la dirección del detective Domínguez Puga ("Palma 10, despacho 52") y la fecha en que éste firma su informe ("sábado 5 de mayo de 1972", la cual coincide con la fecha real de ese año, ya que Pacheco usó un calendario perpetuo para determinarla). En cuanto al primero de estos datos, cabe decir que con él se refuerza un juego verbal presente en el otro cuento aquí estudiado, aunque hasta ahora la crítica no lo ha detectado, pues se trata de una broma personal, apenas comprensible para un muy pequeño número de receptores: la inclusión de cifradas referencias provenientes del entorno literario del autor. Por ejemplo, la dirección de Palma 10, despacho 52, corresponde a la redacción de la revista *El Hijo Pródigo*; asimismo, el domicilio de Gelati número 36, hacia donde se dirigía la señora Andrade, era el de la casa de Alí Chumacero. En cuanto a "La fiesta brava", los números telefónicos incluidos en el anuncio periodístico pertenecían a la editorial Joaquín Mortiz, donde se publicó por vez primera el libro.[51] Se cumple así la famosa estrategia de Borges de contaminar de realidad la ficción, y viceversa.

Al mismo principio obedecen varios de los cambios más fuertes del fragmento de "La fiesta brava" donde se describe la frustración literaria de Andrés Quintana; en la primera edición, se indicaba que su único libro, *Fabulaciones* (¿acaso reminiscencia de *Ficciones* de Borges?), había sido un fracaso comercial y de crítica (sólo Arbeláez le dedicó una elogiosa reseña); en cambio en la segunda versión este pasaje se amplía notablemente, mediante la inclusión de numerosos datos del ambiente literario mexicano, colocados con implacable ironía:

[51] Agradezco a la proverbial generosidad de José Emilio Pacheco el hecho de que, en una de nuestras conversaciones, me haya proporcionado estos datos, pues de otro modo me hubiera sido imposible detectarlos. Por cierto que de seguro por un descuido tipográfico, el primer número telefónico, 511-92-03, aparece en la segunda edición como 511-93-03.

En 1962 Sergio Galindo, en la serie Ficción de la Universidad Veracruzana, publicó *Fabulaciones*, el primer y único libro de Andrés Quintana. *Fabulaciones* tuvo la mala suerte de salir al mismo tiempo y en la misma colección que la segunda obra de Gabriel García Márquez, *Los funerales de la Mamá Grande*, y en los meses de *Aura* y *La muerte de Artemio Cruz*. Se vendieron ciento treinta y cuatro de sus dos mil ejemplares y Andrés compró otros setenta y cinco. Hubo una sola reseña escrita por Ricardo en el nuevo suplemento *La Cultura en México*. Andrés le mandó una carta de agradecimiento. Nunca supo si había llegado a manos de Arbeláez (2ª. ed., p. 85).

Un poco más abajo, el narrador añade los nombres y funciones culturales de Edmundo Valadés, Joaquín Díez-Canedo, Bernardo Giner de los Ríos y Rubén Salazar Mallén. De este modo, la ironía ejercida contra Quintana en la primera versión (el hecho de que Arbeláez prefiriera pedirle un cuento a él y no a Gabo, como se refiere aquél a García Márquez con aparente intimidad), se convierte ahora en una rica información sobre el medio literario mexicano de inicios de la década de 1960, la cual resulta útil para los receptores gracias a su veracidad, más allá de la primordial intención fantástica del texto. Para expandir este párrafo, Pacheco se basó en su familiaridad con los grupos literarios de la época (por ejemplo, en forma oral le gusta contar cómo, pese a haber estado cercano a Sergio Galindo, no quiso que su primer libro saliera en la colección dirigida por éste en la Universidad Veracruzana). Asimismo, él utiliza con habilidad la historia literaria posterior a la edición original de *El principio del placer*, pues cuando decide los cambios de la segunda edición (1997), está hablando ya desde la perspectiva de quien ha visto la confirmación del éxito de García Márquez y Fuentes, más que el de las obras que ellos publicaron en 1962; en efecto, si bien en 1972, fecha de la edición primigenia del libro de Pacheco, García Márquez había lanzado ya su novela *Cien años de soledad* (1967), todavía no alcanzaba los límites de su reconocimiento internacional, el cual incluso culminó con la obtención del premio Nobel (1982); así, mediante las modificaciones de 1997, en realidad el cuento de Pacheco dice, en forma retrospectiva, que Arbeláez tuvo la mala fortuna de competir no con el autor de *Los funerales de la mamá grande*, sino con uno de los más grandes novelistas hispanoamericanos del siglo XX.

En fin, cualesquiera que sean tanto los motivos para estas numerosas modificaciones como sus resultados parciales, me parece fundamental que, en sus dos versiones, *El principio del placer* siga provocando en sus lectores el efecto fantástico visible en los orígenes de su escritura. Una prueba de ello es que gracias al muy atractivo argumento de "Tenga para que se entretenga", este texto se ha propagado entre el público hasta convertirse en un relato oral anónimo, con variantes típicas de ese modo de difusión; esto lo ha podido testimoniar el propio autor, a quien le gusta contar la siguiente anécdota: en una ocasión, un taxista, que obviamente ignoraba el nombre y profesión de su pasajero, le contó una versión oral del cuento como si fuera una crónica de sucesos reales y verificables. De este modo, felizmente el escritor ha podido comprobar que en su obra se cumple ya su profunda ambición literaria, compartida con Borges, de alcanzar un arte anónimo y perdurable,[52] superior a la concepción egoísta de la originalidad que rige nuestra cultura:

> La originalidad en arte, concepto nacido de la burguesía, cumplida su misión, está muriendo históricamente con ella. Quizá en adelante se eviten problemas haciendo que el arte sea, como en sus grandes épocas, anónimo y colectivo; concediendo (sin admitir) a cada obra un solo año de vigencia, pasado el cual sería borrada y olvidada para siempre. Acaso de este modo terminarían las tristes, cíclicas luchas de generaciones, las enemistades, las ofensas, y al suprimir el egoísmo de sus creadores, el arte ganaría en número de artistas.[53]

---

[52] Borges recuerda con un tono autoirónico cómo en la década de 1920 él mismo, su primo Juan Guillermo, Francisco Piñero y González Lanuza pensaron en fundar una revista anónima (sin firmas de director y autores), la cual no obtuvo apoyo, pues no encontraron a nadie que quisiera colaborar sin reconocimiento; pese a la falta de entusiasmo de sus colegas en esa época, el escritor concluye: "Claro está que a la larga todo es anónimo, pero nadie quiere adelantarse a ese porvenir. Lo mejor sería dejar una frase, un verso que fueran parte del idioma y que ya nadie se acordara de quién lo dijo. La máxima ambición es ser anónimo y perdurable" (J. L. Borges *apud* "Coloquio con Borges", en *Literatura fantástica*, Siruela, Madrid, 1985, p. 30).

[53] J. E. Pacheco en *Los narradores ante el público*, p. 255.

Así pues, para un arte anónimo y colectivo, lo esencial es la permanencia de la obra, en un plazo que si bien es imprevisible (no puede asegurarse ni siquiera la eterna vigencia de Shakespeare, Cervantes o Borges), por fortuna resulta mucho más extenso que ese hipotético año de validez mencionado en la cita anterior, como podemos garantizar todos los lectores de Pacheco cada vez que repetimos ese acto maravilloso de tomar entre nuestras manos *El principio del placer*, obra con la cual emprendemos una nueva e infinita aventura en el ámbito fantástico.

CONCLUSIONES

El género fantástico denominado aquí con el adjetivo de "clásico" se definió en Europa a fines del siglo XVIII, como resultado de un cambio de paradigma, que al imponer la lógica racional y causal de la ciencia empírica, expulsó de su seno la creencia en lo sobrenatural. Antes de esa época, lo natural y lo sobrenatural formaban parte de las explicaciones aceptables sobre la realidad, pues el ámbito religioso abarcaba el segundo nivel, el cual no se sentía como algo desconocido y amenazante; es decir, en aquella época un relato en apariencia sobrenatural se refería a un orden ya codificado, por lo que el lector poseía un referente pragmático que coincidía con el literario: el ámbito de sus creencias religiosas. En cambio, con el triunfo de la razón, dominada por la ciencia empírica, los seres humanos dejan de creer en la existencia objetiva de fenómenos sobrenaturales; en este sentido, como sostiene Caillois, lo fantástico no podía surgir sino después del triunfo de la concepción científica de un orden racional y necesario de los fenómenos, o sea, del reconocimiento de un determinismo estricto en el encadenamiento de las causas y los efectos. Pero si por un lado el nuevo paradigma expulsa cualquier fenómeno sobrenatural de su concepto de verosimilitud, por otro tampoco proporciona explicaciones coherentes para algunas experiencias vitales que resultan desconcertantes; sobre esa zona de incomprensión respecto de la realidad se ubicaría por excelencia la literatura fantástica. En síntesis, el género puede entenderse también como una respuesta a los conflictos entre ciencia y religión, entre modernidad y tradición.

De acuerdo con el concepto de lo fantástico expuesto en el capítulo inicial de este trabajo, la vertiente clásica del género está constituida por textos que poseen una codificación realista, donde en principio los personajes viven en un mundo de ficción cotidiano, cognoscible y manipulable para ellos, ámbito en el cual se presenta un suceso extraordinario, en apariencia sobrenatural; ello implica una irrupción que, no obstante, ha sido preparada por medio de una construcción indicial y del suspenso. Al romper con la lógica de la disyunción con la que suelen explicarse los fenómenos de la realidad (A es distinto de B), e imponer más bien una lógica de la conjunción (A puede ser igual a B), los textos fantásticos cumplen una función desestabilizadora, la cual si bien cuestiona en diversos niveles la confiada cosmovisión tanto de los personajes como de los lectores, no propone nunca sustituir de manera plena y absoluta el paradigma previo por uno nuevo. Con base en este concepto de literatura fantástica, descrito a grandes rasgos, emprendí el análisis de los textos literarios seleccionados.

En México, la literatura fantástica se desarrolló a partir del siglo XIX, muy ligada, en cuanto a sus orígenes formales y temáticos, al acervo legendario acumulado en nuestra cultura durante siglos. José María Roa Bárcena es uno de los escritores mexicanos más emblemáticos en la búsqueda de la postulación fantástica a partir de las leyendas, variedad literaria que él ejerció con ahínco en los comienzos de su vasta obra, en la cual retomó argumentos legendarios donde participa lo sobrenatural. Así, aunque en su relato "Lanchitas" (1878) son todavía perceptibles algunas huellas orales de las leyendas, este escritor logró alcanzar una estructura más ágil y dinámica, en lo que representa ya uno de los máximos exponentes del cuento moderno en México. En el lento desarrollo y formación de ese múltiple género que llamamos cuento, la leyenda le proporcionó materiales narrativos, así como formas enunciativas ligadas con lo oral popular.

Como sabemos, las expresiones más logradas y famosas de la postulación fantástica clásica se produjeron en Europa durante el siglo XIX; "Lanchitas" se adscribe dentro de estas coordenadas: a partir de una codificación realista inicial, el cuento construye una trama donde el personaje principal vive en un mundo de ficción familiar y cognoscible, dentro del cual se presenta un aparente hecho sobrenatural que rompe con la lógica racional y causal; este suceso extraordinario está preparado mediante un conjunto de indicios textuales que, por un lado, postergan la confirmación de los hechos mediante el suspenso y, por otro, buscan culminar en un clímax; la lógica de la conjunción en que se basa el texto (un hombre muerto está al mismo tiempo vivo) tiene una función desestabilizadora, pues cuestiona la cosmovisión positivista vigente en el momento de su enunciación —último tercio del siglo XIX—, aunque no se propone el reemplazo de un paradigma previo (el de origen religioso, que podía aceptar sin conflicto la presencia de los muertos en el mundo de los vivos) por otro nuevo.

Con el conocido desfase histórico hispanoamericano respecto del mundo occidental, en 1878 "Lanchitas" encarna una fuerte postura escéptica respecto del positivismo, tendencia entonces dominante en México, por lo menos en el ámbito letrado, como puede apreciarse en los "cuentos de espantos" de Manuel José Othón, quien acude a un narrador escéptico y culto que, en un ámbito rural lleno de ignorancia, se encarga de desmentir lo que califica como meras supersticiones del pueblo: la creencia en los nahuales, el retorno de los muertos, la brujería. De acuerdo con mi propuesta, la importancia de "Lanchitas" para la constitución de lo fantástico reside en ser uno de los textos fundacionales del género en México, en una era en que las tendencias del pensamiento positivista conviven y se contraponen con la fe tradicional; si Roa Bárcena no hubiera superado lo legendario en cuanto paradigma cerrado donde se incluye lo sobrenatural como parte de una explicación religiosa, entonces su cuento no hubiera podido alcanzar las dimensiones fantásticas que lo caracterizan; la suya es, sin duda, una relación productiva con los parciales orígenes legendarios del cuento moderno.

Si con "Lanchitas" y, parcialmente, con otro texto de enorme calidad literaria, "La leyenda de la calle de Olmedo" de Riva Palacio y Peza, la postulación fantástica decimonónica alcanzó un gran valor estético, no sucedió lo mismo con sus epígonos, tanto los finiseculares como los del siglo XX. A fines de la centuria, las versiones del texto que retomaron el argumento de Roa Bárcena o bien el de Riva Palacio-Peza tendieron a encubrir su intención fantástica original, e incluso a regresarlo a sus parciales orígenes legendarios. Ya en pleno siglo XX, la desafortunada versión de Valle-Arizpe, autor excesivamente preocupado por forjar su colonialismo costumbrista, desvirtuó la intención fantástica del texto; por desgracia, en la centuria pasada su adaptación de la trama fue la más difundida, con lo cual se produjo la paradoja de que si bien el argumento global tanto de "Lanchitas" como de "La leyenda de la calle de Olmedo" alcanzó fama, en contraste esto se basó en la propagación de las menos logradas versiones del texto (en adaptaciones populares e incluso televisivas). En este sentido, no ha habido una relación productiva con el fundacional cuento de Roa Bárcena, tanto en lo que respecta a continuar su línea fantástica como a su eventual uso paródico, fenómeno mediante el cual con frecuencia culmina un género.

De entre los textos que he llamado "epígonos" del de Roa Bárcena, quizá convenga destacar el titulado "Sensacional noticia. La confesión de un muerto", incluido en una hoja suelta publicada en 1903 por el conocidísimo impresor Vanegas Arroyo. En el primero de sus contrastantes fragmentos, este texto elabora, dentro de su sección prosificada, un relato 'con visos de horror, y después, en su parte versificada, una irónica burla sobre el suceso en que podría haberse fundado lo fantástico. Si bien, como dije en el segundo capítulo, no puede decirse que se trate en verdad de un texto con una nítida intencionalidad fantástica, su estudio resulta productivo para marcar la distancia que media entre la estética popular del horror y la literatura fantástica en sí, perteneciente esta última más bien al circuito de la cultura letrada. Cuando se habla de la literatura fantástica en conexión estrecha con la cultura letrada, se presupone que, en sentido estricto, el género sólo es posible dentro de las coordenadas del paradigma dominante en una sociedad, el cual proporciona el sistema de creencias respecto del cual se juzga como insólito o extraordinario un fenómeno. Para entender mejor las implicaciones de este punto, acudo a un aspecto tangencial del concepto de paradigma científico que expuse en el primer capítulo; cuando Kuhn explica el proceso de evolución de la ciencia, describe cómo quienes no adoptan el nuevo paradigma, son finalmente expulsados del seno de la comunidad científica:

> En el desarrollo de una ciencia natural, cuando un individuo o grupo produce, por primera vez, una síntesis capaz de atraer a la mayoría

de los profesionales de la generación siguiente, las escuelas más antiguas desaparecen gradualmente. Su desaparición se debe, en parte, a la conversión de sus miembros al nuevo paradigma. Pero hay siempre hombres que se aferran a alguna de las viejas opiniones y, simplemente, se les excluye de la profesión que, a partir de entonces, pasa por alto sus trabajos. El nuevo paradigma implica una definición nueva y más rígida del campo. Quienes no deseen o no sean capaces de ajustar su trabajo a ella deberán continuar en aislamiento o unirse a algún otro grupo.[1]

En el arte (y en general en la cultura) este esquema no funciona de forma tan rígida; si acaso, puede decirse que el riesgo de una tendencia literaria que se queda anquilosada es no tener la más mínima oportunidad de entrar en la literatura canónica de una nación. Como dije, históricamente la existencia de lo fantástico sólo puede concebirse como respuesta al dominio del paradigma de la ciencia empírica basada en la lógica racional y causal; pero esto no implica que ese paradigma se haya impuesto de forma absoluta en todos los estratos de la sociedad y en todas sus prácticas culturales y artísticas. De hecho, en algunos de los textos populares derivados de "Lanchitas", los cuales he agrupado bajo el rubro de "La leyenda de la calle de Olmedo", se puede apreciar que el triunfo de ese paradigma no es total, pues si bien lo sobrenatural se percibe como algo ajeno a la realidad cotidiana de los personajes, éstos pueden acabar por asimilarlo a sus creencias. En síntesis, creo que, por fortuna, la salud y la diversidad de la cultura global han sido preservadas en muchos ámbitos rurales y populares, donde la cosmovisión basada en la lógica racional y excluyente no se ha impuesto en su totalidad: en los pueblos mexicanos todavía suelen contarse, al amparo de la noche y de la oscuridad, sabrosas historias de la aparición de ánimas, fenómeno de raigambre religiosa en el cual la gente cree y que, por tanto, no asume una postulación fantástica en esos relatos orales.

Ya muy entrado el siglo XX, Carlos Fuentes logró retomar, con *Los días enmascarados* (1954), ese antiguo fondo legendario para

---

[1] Thomas S. Kuhn, *La estructura de las revoluciones científicas*, pp. 45-46.

construir cuentos fantásticos muy modernos, que también abrevan de las abundantes lecturas anglosajonas del género realizadas por el escritor. En pleno auge de los discursos ensayísticos sobre la identidad nacional surgidos durante la década de 1950, un texto como "Chac Mool" participa implícitamente de esas reflexiones para plantear el gran interrogante de cómo puede asumir el México moderno sus ineludibles nexos con el pasado prehispánico; más que una respuesta, Fuentes enuncia una duda cuyo punto de partida es negativo: en México la modernidad no ha sabido cómo retomar su pasado, por lo cual suele asumir una distanciada actitud de cancelación o negación; pero ese pasado está ahí, latente para resurgir en cualquier momento, como sucede con la vivificada estatua de Chac Mool en el cuento del mismo nombre.

A mi juicio, "Chac Mool" es uno de los más emblemáticos cuentos del género fantástico clásico. En primer lugar, debe decirse que la codificación realista propia de lo fantástico no sólo se produce en este texto, sino que incluso asume matices costumbristas: los personajes viven dentro de una realidad familiar y cognoscible para ellos, cuya descripción se efectúa con una abundancia de rasgos que remite con precisión al México posrevolucionario. El suceso extraordinario primordial para el relato, es decir, la vivificación de la estatua de "Chac Mool", rompe con la cosmovisión inicial y está preparado con muchos indicios que el narrador oculta con sabiduría, con lo cual se imprime un gran suspenso al texto. Al basarse en diversas infracciones a la lógica de la disyunción (una escultura que se humaniza, un hombre que es al mismo tiempo dios, etcétera), el cuento se funda más bien en una lógica de la conjunción que sirve para desestabilizar nuestra creencia en los postulados causales y racionales de la vida de los personajes y, en última instancia, de la nuestra. Además, al concluir con la incertidumbre plena respecto de las causas profundas de los sucesos (al final se confirma que el dios prehispánico denominado Chac Mool ha reencarnado, pero no se dice por qué y para qué), el texto cuestiona el paradigma vigente en esa época pero no proporciona uno nuevo.

La publicación del primer libro de Fuentes fue el principal elemento catalítico para condensar una polémica sobre la pertinencia del género dentro de la cultura mexicana. Adscritos de forma consciente o no a un realismo a ultranza, algunos críticos no sólo dudaron de la pertinencia de esta vertiente, sino que incluso la rechazaron con energía. En la no velada restricción que se deseaba imponer al autor para que abandonase la veta literaria fantástica, estaba implícita la convicción de que la literatura tenía que ser trascendental; esta restricción había sido generada, en gran medida, por los cambios socioculturales propiciados por la Revolución Mexicana, en particular por su paulatina pero ascendente presión para limitar el arte a temas ligados con los más graves y atingentes problemas históricos y sociales del país (como sucedió con el muralismo pictórico impulsado desde el gobierno). La polémica suscitada por la exitosa aparición de *Los días enmascarados* se disolvió con la difusión de *Aura* (1962), novela breve de Fuentes ubicada a plenitud en la vertiente fantástica, respecto de la cual, sin embargo, no se cuestionó su modelo literario; parecería entonces que en la década de 1960 el género ha alcanzado ya una legitimidad absoluta, no sólo en su nivel literario sino también en cuanto a sus repercusiones sociales y culturales; desde esa época, en México los escritores ejercen el género con la certeza de que no se cuestionará la corriente literaria elegida: la crítica se centrará más bien en el examen de los parámetros internos con que ha sido construido el texto, así como en la asociación de éste con una historia literaria donde lo fantástico se entiende ya como una tradición propia.

Debido al prejuicio inicial con que se recibió *Los días enmascarados*, la mayoría de sus primeros lectores y críticos no supieron (o no pudieron) ver el profundo enlace de la literatura fantástica de Fuentes con la historia y la cultura mexicanas. Mediante el análisis de "Chac Mool", se ha comprobado aquí que éste y otros cuentos acudieron al género para codificar, desde una intención literaria, algunos de los problemas más acuciantes del México de mediados de siglo. Por ello, durante la pasada centuria, esta modalidad literaria arraigó en México muy asociada a las preocupaciones de carácter histórico; así, si bien no puede aventurarse que sea un rasgo exclusivo de la literatura fantástica mexicana, sin duda resulta singular que en ella se acuda a la historia mexicana más precisa para codificar el texto; en este sentido, incluso podría concluirse que en algunos casos no hay diferencias tan radicales entre lo fantástico y la literatura testimonial del más puro corte realista: ambas tendencias pueden "discutir" los más inmediatos problemas de la realidad histórica, con lo cual se refuta la absurda acusación endilgada al género, cuya supuesta naturaleza evasiva se esgrimía como un criterio de valor ético y estético. En fin, para no incurrir en el riesgo de emitir juicios rotundos, quizá podría afirmarse que los nexos de la literatura fantástica con la historia resultan esporádicos en otras latitudes (por ejemplo, en la zona del Río de la Plata) y casi habituales en México. Esta relación es de tal magnitud, que los textos fantásticos mexicanos pueden asumir, por ejemplo en la obra de Fuentes, rasgos del más exacerbado costumbrismo, sin que ello implique desvirtuar su intención fantástica, como por desgracia sí sucede con Valle-Arizpe (quizá la poca eficiencia de su costumbrismo se deba a dos causas: tanto porque lo impone sobre las intenciones fantásticas originales del texto, como porque se trata de un costumbrismo pasatista que desea forjar una imagen idílica y ahistórica de la Colonia).

Con *El principio del placer* (1972), de José Emilio Pacheco, el género se arraiga más en nuestra literatura y a la vez se renueva. En primer lugar, este escritor acentúa algunos de los rasgos presentes en la obra de Fuentes, como por ejemplo el uso minucioso de los datos históricos para la construcción de un texto fantástico; eterno apasionado de nuestra historia, Pacheco llena sus textos con el más preciso y precioso detalle histórico, con lo cual, sorprendentemente, su literatura puede incluso convertirse en una provechosa fuente de información. Este enorme trabajo se entrecruza con otro no menos arduo: la revisión y corrección permanente de sus textos, propia de un escritor muy moderno preocupado por encontrar el mejor estilo literario; en este caso hablo de "entrecruzamiento" y no sólo de suma, porque este afán textual perfeccionista puede implicar la supresión de datos que, en la primera versión del texto, aportaban referencias concretas sobre un período o una época (un ejemplo de ello es la segunda edición de "Tenga para que se entretenga", donde se suprime el dato de la probable cantidad que habría cobrado un detective privado por efectuar una investigación a principios de la década de 1970).

Cabe señalar, asimismo, que Fuentes y Pacheco coinciden en su uso de elementos irónicos dentro del texto fantástico; empero, su ironía no socava el efecto desestabilizador que puede producir un relato fantástico, pues se aplica contra elementos secundarios para esta codificación; es decir, el hecho extraordinario o insólito en que se funda lo fantástico no aparece nunca cuestionado o ironizado (como sí acontece, según recuerda Freud, con el famoso fantasma de Canterville de Wilde).

Ahora bien, es obvio que, en contraste con los textos fantásticos de Roa Bárcena y de Fuentes estudiados, en un cuento de Pacheco como "Tenga para que se entretenga" el hecho insólito es de naturaleza distinta: mientras en los primeros hay una clara confirmación de que ha sucedido algo sobrenatural (el regreso momentáneo de un muerto al mundo de los vivos o la vivificación de una estatua identificada con una deidad prehispánica), aquí tenemos más bien un hecho inexplicable que si bien rompe con la normalidad del mundo de los personajes, por otra parte no es estrictamente sobrenatural. Desde esta perspectiva, es claro que "Tenga para que se entretenga" presenta ya rasgos de la postulación fantástica más moderna, a la cual algunos críticos se han referido como lo neofantástico, según expuse en el primer capítulo. Aunque no utiliza esta última terminología, Campra describe de forma apropiada una de las diferencias fundamentales entre la tendencia fantástica clásica y la moderna, en una cita que me permito repetir por su importancia:

> La estética del contraste predominante en el siglo pasado ofrecía, de todos modos, un margen de seguridad. El nivel semántico podía proponer contradicciones insolubles, pero proponía también un significado reconocible. Al vampiro, si es que existe, se lo puede combatir [...] En el cuento fantástico contemporáneo, esa mínima seguridad ha sido, o tiende a ser, suplantada por el silencio. No ya la lucha, sino la imposibilidad de explicación de algo que, a menudo, ni siquiera se sabe si ha ocurrido o no. En un mundo enteramente natural, inscrito en un sistema de realidad identificable, se abre el abismo de la no significación. Que para la actividad del lector, hoy, resulta mucho más estimulante —mucho más fantástica— que una legión de fantasmas. Referido a su destinatario, ese silencio significa una programación de la ilegibilidad. La lectura oscila entonces entre la suposición de la nada y la sospecha de algo insondable, entre

la reconstrucción de una causalidad oculta y la aceptación del sin sentido: en ese vacío acecha la plenitud semántica del peligro.[2]

En efecto, en el caso del cuento de Pacheco no sabemos siquiera qué ocurre, más allá de la confirmación de que el niño ha desaparecido. Así, se puede decir que el fenómeno extraño alrededor del cual se construye lo fantástico es poco diáfano; no obstante, esto puede generar inquietud extrema en el receptor, quien carece de ese contraste que era parte de la formulación del género en el siglo XIX. Como las viejas historias de fantasmas no dicen nada al lector moderno, el cual ya las conoce hasta la saciedad, entonces lo fantástico se renueva recurriendo a un grado todavía mayor de indeterminación: antes sabíamos qué había sucedido, sin embargo no teníamos la racionalidad y causalidad de los hechos; ahora los acontecimientos, si bien alejados de la normalidad natural, son poco identificables.

Además, "Tenga para que se entretenga" efectúa un giro innovador dentro de la literatura fantástica, pues combina este modelo literario con una codificación que de entrada parecería inconciliable con el género: la novela policial, variante cuyo objetivo central consiste siempre en resolver el misterio o crimen en que se basa. Con un fino matiz irónico, en el texto de Pacheco el detective encargado de realizar la investigación para desvanecer el misterio, es quien acaba confirmando que ha sucedido algo extraordinario e inexplicable.

En cuanto a este aspecto renovador, la literatura de Pacheco da otro paso hacia delante en los procesos de la creación literaria. Con una técnica de escritura cuyos efectos e intenciones lo asimilarían en parte a lo neofantástico más que a lo fantástico clásico, el autor juega con la estructura de sus cuentos para cambiar el énfasis de su argumento del narrador y los personajes al receptor mismo. Así, por ejemplo, la superposición de los niveles de realidad y ficción presente en "La fiesta brava", es mucho más perceptible e impactante para el lector que para el protagonista (al final, el personaje Andrés Quintana apenas alcanza a reconocer

---

[2] Rosalba Campra, "Los silencios del texto en la literatura fantástica", p. 57.

que el hombre al que atrapan en una estación del metro, es el mismo capitán Keller del cuento que él ha escrito); es decir, en cierta medida, en este texto se aprecia el cambio de lo fantástico como fenómeno de percepción de los personajes, rasgo típico del siglo XIX, a lo fantástico como fenómeno de escritura perceptible para los lectores.

Según algunos teóricos del género, este aspecto es un elemento sustancial de la tendencia neofantástica surgida en el siglo XX, como sucede en cuentos como "Continuidad de los parques", de Cortázar, donde el mundo de la ficción y el de la realidad dentro del texto se entrelazan de forma total: el hombre rico que se sienta plácidamente en un sillón de terciopelo verde para leer una novela sobre un triángulo amoroso, es el mismo que al final del cuento (y de la novela que lee) está a punto de ser asesinado por el amante de su esposa; este ejemplo emblemático sirve también para marcar cómo la postulación neofantástica cortazariana difiere un tanto de la de Pacheco, pues el protagonista de "Continuidad de los parques" no percibe que está a punto de ser asesinado (lo cual implica que realidad y ficción se confunden), mientras que el de "La fiesta brava" sí detecta que el hombre que ve en su entorno concreto es el mismo Keller que ha inventado en su ficción. Cabe añadir que como en los cuentos de Pacheco se construye un mundo de ficción acorde con los códigos realistas, para después socavarlo con un hecho extraordinario preparado por medio de indicios, no puede decirse que su obra pertenezca plenamente a lo neofantástico, variante donde no hay esta diferencia entre dos planos. En fin, como señalé desde el capítulo inicial, resulta imposible resolver esta polémica teórica sobre el género en cuanto a sus denominaciones específicas de fantástico o neofantástico, rubro este último que rebasa la gama de textos aquí analizados, y sobre el cual la crítica especializada no se ha puesto de acuerdo.

Si no me equivoco, se trata de un terreno de arenas movedizas porque implica el complejo problema de la relación y los límites de un género respecto de su múltiple contexto histórico y cultural. Así, en cuanto a la sugerencia de Caillois de que la literatura fantástica podría caducar junto con la desaparición misma del racionalismo al cual se ha contrapuesto, Fernández plantea otra hipótesis, cuyo punto de partida es obviamente la idea de lo *Unheimlich* en la literatura postulada por Freud:

> Lo discutible es considerar a ésta [la literatura fantástica] como su consecuencia o su efecto, que desaparecerían en cuanto desapareciese la causa [el racionalismo]. Entiendo que esa propuesta no es menos arriesgada que esta otra, que desde luego prefiero: lo fantástico habla de las zonas oscuras e inciertas que están más allá de lo familiar y lo conocido. El movimiento de esas fronteras no implica su desaparición: los avances científicos no terminan con los misterios, como el desarrollo de la teología no anuló lo insólito de los milagros, ni el psicoanálisis (contra lo que aparentaba creer Todorov) ha puesto fin al horror de las pesadillas. La literatura fantástica del siglo XIX habló de territorios que la razón y la ciencia de la época no alcanzaban a explicar.[3]

En efecto, como él mismo menciona, en este campo sólo es posible lucubrar; ya que no tenemos aún la perspectiva histórica útil para distinguir con certeza las fronteras del género, por el momento debemos contentarnos con intentar esbozar el tema desde una perspectiva interna a los textos. En este sentido, cabe recordar que, como práctica cultural con relativa autonomía, la literatura no está siempre ligada de forma absoluta a la evolución de la historia, es decir, el surgimiento de un nuevo paradigma y su eventual desaparición no implican necesariamente un proceso paralelo en lo que concierne al desarrollo de los géneros. Desde la perspectiva interna que por el momento me parece más asible, convendría plantear la evolución (en su acepción de cambio y no de progreso) del género fantástico desde dos puntos complementarios, que de ningún modo presupongo que sean los únicos posibles.

En primer lugar, cabe recordar que, como nos enseñaron muy bien los formalistas rusos, todos los géneros tienden a sufrir un proceso de "automatización",[4] o sea, un desgaste lógico causado

---

[3] Teodosio Fernández, "Lo real maravilloso de América y la literatura fantástica", pp. 44-45.

[4] Véase la primera y original descripción de este concepto en uno de los ensayos breves más trascendentales para la crítica literaria del siglo XX: Juri Tinianov,

por el hecho de que los lectores acaban por conocer los artificios de un género específico, con lo cual éstos pierden su capacidad de provocar la reacción estética original para la que fueron concebidos. Sin embargo, como no todos los elementos en que el género se fundaba desaparecen, algunos de ellos asumen una nueva función. Un ejemplo muy ilustrativo de esto es el desarrollo de la literatura de vampiros, cuya máxima expresión es la excelente novela de Bram Stoker: *Drácula* (1897), obra construida con base en las codificaciones propias de lo fantástico. Sin embargo, en el siglo XX la enorme difusión del tema vampiresco y de su personaje más emblemático, el conde Drácula, causaron la pérdida de eficacia de los mecanismos de sorpresa y de choque entre lo natural y lo sobrenatural en que se funda el texto. Por ello, en la segunda mitad del pasado siglo la literatura vampiresca se convirtió, *grosso modo*, en una parodia del tema y del personaje; es decir, los escritores decidieron trabajar con las convenciones literarias vampirescas, ya muy conocidas por el lector, para darles un sesgo irónico y humorístico más que fantástico; *The Dracula Tape* (1975), de Fred Saberhagen, por ejemplo, simula reproducir las grabaciones dejadas por el inocente conde Drácula para desmentir los supuestos infundios lanzados contra él por Stoker; claro está que para develar las intenciones paródicas de este texto, o sea, para comprender a cabalidad la novela de Saberhagen, es imprescindible el conocimiento previo de la obra de Stoker por parte del lector.

En segundo lugar, el proceso descrito no depende tan sólo de la automatización de los mecanismos literarios, y de la consecuente nueva función de algunos elementos del género, pues en el amplio contexto histórico-cultural se producen también importantes cambios que propician el surgimiento de la parodia vampiresca. Uno de los rasgos más notables de esta reciente literatura es que el vampiro deja de ser personaje narrado para convertirse en narrador directo. Como explica con acierto Campra, en gran medida esto ha sido propiciado por un cambio histórico visible en nuestra actitud hacia la otredad:

"Sobre la evolución literaria", en *Teoría de la literatura de los formalistas rusos*, ed. Tzvetan Todorov, tr. Ana María Nethol, Siglo XXI Eds., México, 1970, pp. 89-101.

Los intentos de renovación en el género, desde esta perspectiva, se pueden conectar con la variación de actitud frente al problema más general de la otredad. Hemos asistido, sobre todo a partir de los años sesenta, a una revisión de las posiciones etnocéntricas que impedían aceptar —y hasta simplemente tomar en consideración— los valores y los sistemas del otro. Hoy, en cambio, la única actitud concebible parecería ser la opuesta: escuchar las razones del otro, comprenderlas y dado el caso, enarbolar su bandera. Dado que la criatura fantástica ha sido definida tradicionalmente por su condición de otredad, no es difícil imaginar la inversión de perspectiva que se ha ido produciendo en los últimos años, por lo menos como tendencia.[5]

Sería absurdo ejercer la riesgosa labor de profeta para aventurar a qué resultados literarios pueda llevar todavía, en cuanto al género fantástico, este cambio de actitud frente a la otredad.[6] En lo que respecta al objetivo central de este trabajo, por el momento basta concluir que aquí se ha demostrado, mediante el análisis de los textos escogidos, que la esencia de la postulación fantástica mexicana del siglo XX no se diferencia en forma radical de la que la precedió, pues sólo asumió nuevos rasgos específicos. Las semejanzas entre la literatura fantástica mexicana del siglo XX y la del XIX no se limitan al acceso común a un acervo cultural (o sea, a las llamadas "historias de espantos" o de aparecidos), sino que implican también un modelo equivalente de escritura del género; dentro de este modelo, cuya abstracción he realizado, se ubican los textos narrativos de Roa Bárcena, Fuentes y Pacheco, que sin duda comprueban que lo fantástico es ya una rica tradición literaria dentro de nuestra cultura.

[5] R. Campra, *op. cit.*, p. 60.
[6] Por cierto que en las más recientes postulaciones cinematográficas de corte fantástico, se aprecia otro cambio paralelo: en las películas clásicas, el protagonista se enfrentaba a fenómenos incomprensibles cuyo resultado último era la comprobación de que algunos seres (fantasmas, vampiros, etcétera) no pertenecían a la realidad cognoscible; ahora, en cambio, en filmes como "Los otros" o "Sexto sentido", se engaña a los espectadores construyendo la historia desde la perspectiva de supuestos seres humanos que al final descubren que en verdad son fantasmas, aunque en principio ellos se creían seres normales de carne y hueso.

APÉNDICE

EL CALLEJÓN DEL PADRE LECUONA

Where the dead man confessed.
Lugar donde el muerto se confesó.

Las dos imágenes anteriores acompañan la versión de Thomas A. Janvier, "Legend of the Callejón del Padre Lecuona".

SENSACIONAL NOTICIA
LA CONFESIÓN DE UN ESQUELETO
Una alma en pena
dentro del Templo del Carmen

El suceso extraordinario que vamos a narrar tuvo verificativo el lunes 21 del mes de Septiembre de 1903 a las seis de la tarde. Es el caso que el sacristán del Templo del Carmen José Reyes se proveyó según costumbre diaria para cerrar la Iglesia de un gran manojo de llaves, y después de sonarlas con muchísimo estrépito para indicar que iba a cerrar, registró minuciosamente uno por uno todos los rincones del mencionado templo, dirigiendo indagadoras miradas al interior de los confesionarios para convencerse de esta manera que no quedaba alma viviente en aquel recinto. Dirijíase ya Reyes a la sacristía, cuando divisó a los amortiguados rayos de una lámpara a una viejecilla especie de momia, con las facciones muy vagas, la cual andaba con paso menudo y casi deslizándose en dirección de la puerta principal. Mientras andaba se iba persignando y rezando entre dientes. El sacristán díjole a la viejecilla: "Voy ya a cerrar". Está muy bien hermanito, ya salgo contestó la beata. Nuevamente abrió el sacristán las puertas, pues ya las había cerrado y aquella extraña mujer a gran prisa se fue perdiéndose luego entre las sombras nocturnas. Vuelve otra vez Reyes a atravesar la nave de la Iglesia, arrodíllase frente a un altar y reza unas oraciones, tomando después rumbo a la sacristía. Terminaba de cerrar las puertas de este segundo departamento, cuando escuchó clara y distintamente un congojoso gemido que venía del interior del Templo. Figurándose que aquel ruido extraño se producía por alguna corriente de aire al tamizarse por las rendijas no hizo aprecio y ya se iba cuando vuelve a oír más cerca y más claramente otro gemido o lamento tristísimo el que repitióse dos, tres, cuatro, cinco seis y siete veces; a tales manifestaciones el Sacristán tiembla de pies a cabeza como un azogado, siente que sus cabellos se le erizan y que un calosfrío horrible recorre todos sus nervios. Como pudo encendió una linternita y con ella, penetró al Templo, dominando cuanto le fue posible el gran pánico de que era poseído. Con la linterna en la mano, marchaba por la anchurosa nave central del Carmen, y luego que la recorrió en todo su largo y nada miró regresaba ya a la sacristía por una de las naves laterales, cuando he aquí que deja escapar un inexplicable grito de pavor y cae al suelo soltando la linterna la cual se apagó quedando en consecuencia rodeado todo el templo de la obscuridad más grande. Reyes casi arrastrándose, pues no podía andar del terrible susto, pudo llegar a las puertas de la sacristía donde pidió socorro. A sus voces llegaron otros individuos a los que el asustado Sacristán solo podía mal articular esta palabra: ¡¡Allí!!… Allí!! ¿Qué cosa había sucedido? Un caso extrañísimo, sin precedente, en verdad. En uno de los confesionarios a cuyo pie cayó el sacristán se encontraba, ¡Oh pavor inaudito! un esqueleto humano real y verdadero con las canillas en cruz y apoyado sobre sus rodillas semejando el estar hincado. El cráneo o calavera del esqueleto se hallaba junto a la rejilla del confesionario en actitud idéntica a la que usan las penitentes al confesarse. Con muchísima facilidad, explícase el gran espanto de Reyes al presenciar aquella horrorosa visión. Los individuos que acudieron al llamamiento y auxilio suyo, también se asustaron visiblemente y sólo calmáronse un poco a la llegada de la policía y autoridad que fue avisada por otra persona que vio el caso asimismo. Como la oficina de la Comisaría está tan próxima al Templo, no tardó en acudir oportunamente. La autoridad recogió aquellos despojos de la vida terrestre o sea el referido esqueleto, trabajando en seguida con muchísima actividad para averiguar quién colocó allí al muerto y con qué fin. Reyes el sacristán ha manifestado que no entrará ya nunca a una Iglesia al obscurecer, pues el susto fue mayúsculo. El esqueleto, como se suponen, pudiera muy bien haber sido llevado allí por algún travieso con el objeto de espantar, ¿pero los gemidos que oyó Reyes y aquella señora con apariencias de momia que salió del templo y que luego desapareció, puede decirse, al hallarse en el atrio?

Todo esto viene indicando misteriosamente que se trata de alguna alma en pena, de algún caso de esos que parecen sobrenaturales y que no lo son, según la moderna y lógica Teoría del Espiritismo Científico.

El esqueleto es material enteramente y muy bien pudo haberlo llevado a la Iglesia su dueño, el espíritu en persona, y ponerlo ante el confesionario para indicar que había muerto sin el sacramento de la penitencia y con el objeto de que algún clérigo o fraile oyese su confesión cuando se le presentase después. El gemido pudo haber sido del mismo espíritu que sufre por no haberse podido confesar en vida, antes de morir, y la señora que salió del templo es probable que sea el mismo espíritu en pena, puesto que sus facciones encontrábanse vagas y casi no tocaba el pavimento al andar. También puede haber sido todo simulado con el fin único de espantar al sacristán. El tiempo y el estudio en este caso vendrán a esclarecer la verdad del macabro acontecimiento.

¡Oh que susto tan tremendo
El sacristán se llevó!
Ver un muerto confesarse
No tiene comparación.

El templo estaba bien solo
Y Reyes lo revisó,
Cuando un lúgubre quejido
Distintamente se oyó

Creyó el sacristán que fuese
Provenido por el aire
Pero luego convencióse
Que era cierto aquel detalle.

Con una buena linterna
Y temblando de pavor,
Volvió a revisar el templo
Con bastante detención.

Y entonces pudo mirar
A la macabra visión:
Un esqueleto postrado
simulando confesión!

El susto fue cual ninguno,
Al suelo Reyes cayó,
Y con el golpe violento,
La linterna se apagó.

Como pudo, fue a llamar
Para que dieran socorro,
Y llegaron varios hombres
Viendo aquel cuadro horroroso.

Dieron parte en el momento
A la activa policía
Y se llevaron los huesos
Pronto a la Comisaría.

El sacristán se ha enfermado
Por aquel sustazo atroz;
El caso fue para ello
Aunque se tenga valor.

Si todo fue fingiñata,
La broma fue magistral,
Pues pudo traer consecuencias
Más graves al Sacristán.

Siglo XX. Año de 1903, *México, Imprenta de Antonio Vanegas Arroyo*
5ª de Lecumberri 2597

BIBLIOGRAFÍA GENERAL

A. Bibliografía directa

ARELLANO, Ángel R. de, "El callejón del Padre Lecuona", en *Leyendas y tradiciones relativas a las calles de México*. J. J. Terrazas e Hijo Impresores, México, 1894, pp. 21-31.
"El misterio de la calle de Olmedo", en *Leyendas mexicanas*, eds. Genevieve Barlow y William N. Stivers. National Textbook Company, Chicago, 1996, pp. 93-95.
"El Padre Lanchitas", en *Crónicas y leyendas de esta noble, leal y mefítica Ciudad de México*, tomo sexto, enero de 1997, pp. 38-40. [Firmado bajo el seudónimo jocoso de Luvia Luviana de Cascos y Luenga]
FUENTES, Carlos, *Aura*. Era, México, 1962.
——————, Los días enmascarados (1954). Era, México, 1993.
——————, "Pantera en jazz", *Ideas de México*, enero-febrero de 1954, pp. 119-124.
——————, Texto sin título incluido en la colección *Los narradores ante el público*. INBA-Joaquín Mortiz, México, 1966, pp. 135-155.
GONZÁLEZ OBREGÓN, Luis, "La calle de Olmedo", en *Las calles de México* (1922). Porrúa, México, 2000, pp. 69-72.
HORTA, Aurelio, "El Callejón del Padre Lecuona" [en "Tradiciones fúnebres. Los difuntos que hablan"], *El Universal*, 22 de mayo de 1892, p.1.
JANVIER, Thomas A., "Legend of the Callejón del Padre Lecuona", en *Legends of the City of Mexico*. Appleton, Nueva York, 1910, pp. 84-95.
"La calle de Olmedo", incluida en *Dos calles siniestras*, Historia ilustrada de la serie *Leyendas de América*. Ed. Novaro, México, ca. 1970, pp. 1-18.

"La confesión", Programa televisivo de la serie "Historias de Leyenda", Producción y Dirección Carlos Prieto, Adaptación Olga Cáceres, Canal Once, México, 2001.

PACHECO, José Emilio, *El principio del placer*. Joaquín Mortiz, México, 1972.

————, *El principio del placer*, 2ª. ed. Era, México, 1997.

————, Texto sin título incluido en *Los narradores ante el público*, ed. cit., pp. 241-263.

RIVA PALACIO, Vicente y Juan de Dios Peza, "La leyenda de la calle de Olmedo", en *Tradiciones y leyendas mexicanas*, coord. José Ortiz Monasterio, pról. Jorge Ruedas de la Serna. Conaculta-UNAM-Instituto Mora-Instituto Mexiquense de Cultura, México, 1996, pp. 251-262.

ROA BÁRCENA, "El hombre del caballo rucio" y "Lanchitas", en *Noche al raso* [y otros textos], pról. Jorge Ruffinelli. Universidad Veracruzana, Xalapa, 1981, pp. 198-207 y 226-234.

————, *Leyendas mexicanas, cuentos y baladas del norte de Europa*. Ed. Agustín Masse-Librería Mexicana, México, 1862.

"Sensacional noticia. La confesión de un esqueleto", Hoja suelta publicada por la Imprenta de Antonio Vanegas Arroyo, México, 1903.

VALLE-ARIZPE, Artemio de, "La confesión de una muerta", en *Historia, tradiciones y leyendas de calles de México*. Diana, México, 1978, pp. 113-122.

B. CRÍTICA Y TEÓRICA

ALAZRAKI, Jaime, "¿Qué es lo neofantástico?", en *Teorías de lo fantástico*, pp. 265-282.

ALTAMIRANO, Ignacio Manuel, *Revistas literarias de México* en *Obras completas, XII: Escritos de literatura y arte, 1*, sel. y notas José Luis Martínez. Secretaría de Educación Pública, México, 1988.

BARRENECHEA, Ana María, "Ensayo de una tipología de la literatura fantástica", *Revista Iberoamericana*, 1972, núm. 80, pp. 391-403.

BARTHES, Roland, "Introducción al análisis estructural del relato", en *Análisis estructural del relato*, tr. Beatriz Dorriots. Premiá, México, 1988, pp. 7-38.

BELLEMIN-NOËL, Jean, "Lo fantástico y el inconsciente", *Quimera*, 2002, núm. 218-219, pp. 51-56.

BERMÚDEZ, María Elvira, "«Los Presentes» en su segunda serie", *Revista Mexicana de Cultura*, supl. de *El Nacional*, 12 de diciembre de 1954, pp. 12, 10.

―――――, "Otro libro en la serie «Los Presentes»", *Revista Mexicana de Cultura*, supl. de *El Nacional*, 26 de diciembre de 1954, p. 12.

BESSIÈRE, Irène, *Le récit fantastique. La poétique de l'incertain*. Larousse, París, 1974.

BIOY CASARES, Adolfo, "Prólogo" a la *Antología de la literatura fantástica*, eds. J. L. Borges, S. Ocampo y A. Bioy Casares. Sudamericana, Buenos Aires, 1940, pp. 5-12.

BOCKUS APONTE, Barbara, "José Emilio Pacheco, cuentista", en *La hoguera y el viento. José Emilio Pacheco ante la crítica*, pp. 185-199.

BORGES, Jorge Luis, *La literatura fantástica*. Eds. Culturales Olivetti, Buenos Aires, 1967.

BOTTON BURLÁ, Flora, *Los juegos fantásticos. Estudio de los elementos fantásticos en cuentos de tres narradores hispanoamericanos*. Universidad Nacional Autónoma de México, México, 1983.

BOZZETTO, Roger, "El sentimiento de lo fantástico y sus efectos", *Quimera*, 2002, núm. 218-219, pp. 35-40.

BRAVO, Víctor Antonio, *La irrupción y el límite. Hacia una reflexión sobre la narrativa fantástica y la naturaleza de la ficción*. Universidad Nacional Autónoma de México, México, 1988.

BRUSHWOOD, John S., "*Los días enmascarados* and *Cantar de ciegos*: Reading the stories and reading the books", en *Carlos Fuentes. A critical view*, eds. Robert Brody y Charles Rossman. University of Texas Press, Austin, 1982, pp. 18-33.

―――――, "Aspects of the supernatural in the recent Mexican fiction", en *Perfiles. Ensayos sobre literatura mexicana reciente*, ed. Federico Patán. Society of Spanish and Spanish-American Studies, Colorado, 1992, pp. 127-139.

―――――, *México en su novela*, tr. Francisco González Aramburu. Fondo de Cultura Económica, México, 1973.

CAILLOIS, Roger, *Anthologie du fantastique*, v. 1. Gallimard, París, 1966

―――――, *Au cœur du fantastique*. Gallimard, París, 1965.

———, *Imágenes, imágenes*. Sudamericana, Buenos Aires, 1970.

CAMPRA, Rosalba, "Lo fantástico: una isotopía de la transgresión", en *Teorías de lo fantástico*, pp. 153-191.

———, "Los silencios del texto en la literatura fantástica", en *El relato fantástico en España e Hispanoamérica*, pp. 49-78.

———, *Territori della finzione. Il fantastico in letteratura*, tr. Barbara Fiorellino. Carocci Editore, Roma, 2000.

CARBALLO, Emmanuel, "Carlos Fuentes", en *Protagonistas de la literatura mexicana*. Eds. del Ermitaño-SEP, México, 1986, pp. 534-576.

———, "*Los días enmascarados*", *Universidad de México*, 1955, núm. 7, p. 4.

———, "La novela", *La Cultura en México*, supl. de *Siempre!*, 2 de enero de 1963, núm. 46, pp. ii-iii.

Carlos Fuentes. Relectura de su obra: "Los días enmascarados" y "Cantar de ciegos", comp. G. García Gutiérrez. Universidad de Guanajuato-El Colegio Nacional-INBA, México, 1995.

CESERANI, Remo, *Lo fantástico*, tr. Juan Díaz de Atauri. Visor, Madrid, 1999.

CLUFF, Russell M., "La inmutabilidad del hombre y el transcurso del tiempo: dos cuentos de José Emilio Pacheco", en *Siete acercamientos al relato mexicano actual*. Universidad Nacional Autónoma de México, México, 1987, pp. 59-80.

———, *Panorama crítico-bibliográfico del cuento mexicano (1950-1995)*. Universidad Autónoma de Tlaxcala-Brigham Young University, México, 1997.

"Coloquio con Borges", en *Literatura fantástica*. Siruela, Madrid, 1985, pp. 17-36. [Diálogo del escritor con el público efectuado en septiembre de 1984 en Sevilla.]

CORTÁZAR, Julio, "Del sentimiento de lo fantástico", en *La vuelta al día en ochenta mundos*. Siglo XXI Eds., México, 1967, pp. 43-47.

———, "El estado actual de la narrativa en Hispanoamérica", en *Obra crítica*, ed. Saúl Sosnowski, Alfaguara, Madrid, 1994, v. 3, pp. 89-101.

CHANADY, Amaryll Beatrice, *Magical realism and the fantastic*. Garland, Nueva York, 1985.

CHUMACERO, Alí, "Las letras mexicanas en 1954", *Universidad de México,* enero-feb. 1955, núm. 5-6, pp. 8-13.

DAUSTER, Frank, "La transposición de la realidad en las obras cortas de Carlos Fuentes", *Kentucky Romance Quarterly,* 19 (1979), pp. 301-315.

DÍEZ, Luis A., "La narrativa fantasmática de José Emilio Pacheco", *Texto Crítico,* 1976, núm. 5, pp. 103-114.

DUNCAN, Cynthia, "Carlos Fuentes' «Chac Mool» and Todorov's theory of the fantastic: a case for the twentieth century", *Hispanic Journal,* 8:1 (1986), pp. 125-133.

——————, "Detecting the fantastic in José Emilio Pacheco's «Tenga para que se entretenga»", *Inti. Revista de Literatura Hispánica,* otoño 1990-primavera 1991, núms. 32-33, pp. 41-52.

——————, "Roa Bárcena y la tradición fantástica mexicana", *Escritura. Revista de Teoría y Crítica Literarias,* 15 (1990), pp. 95-110.

EDWARDS, Alicia Betsy, "Reseña de *El principio del placer*", *Books Abroad,* verano de 1973, vol. 47, núm. 3, pp. 531-532.

El cuento hispanoamericano ante la crítica, dir. y pról. Enrique Pupo-Walker. Castalia, Madrid, 1973.

El relato fantástico en España e Hispanoamérica, ed. Enriqueta Morillas Ventura. Sociedad Estatal Quinto Centenario, Madrid, 1991.

ERDAL JORDAN, Mery, *La narrativa fantástica. Evolución del género y su relación con las concepciones del lenguaje.* Iberoamericana, Madrid, 1998.

FAIVRE, Antoine, "Genèse d'un genre narratif, le fantastique (essai de périodisation)", en *La littérature fantastique.* Albin Michel Ed., París, 1991, pp. 15-43.

FEIJOO, Gladys, *Lo fantástico en los relatos de Carlos Fuentes: aproximación teórica.* Senda Nueva de Ediciones, Nueva York, 1985.

FERNÁNDEZ, Teodosio, "Lo real maravilloso de América y la literatura fantástica", en *El relato fantástico en España e Hispanoamérica,* pp. 37-47.

FRAIRE, Isabel, "La otra cara de Carlos Fuentes", *Revista Mexicana de Literatura,* sept.-oct. 1962, núms. 9-10, p. 57.

GARCÍA FLORES, Margarita, "Siete respuestas de Julio Cortázar", *Revista de la Universidad,* 1967, núm. 21, pp. 10-11.

García Gutiérrez, Georgina, "Apuntes para una biografía literaria", en *Carlos Fuentes. Relectura de su obra*, pp. 51-71.

——————, *Los disfraces: la obra mestiza de Carlos Fuentes*, 2ª. ed. El Colegio de México, México, 2000.

González, José Luis, "Cuatro cuestiones: literatura realista y literatura fantástica", *México en la Cultura*, supl. de *Novedades*, 28 de agosto de 1955, núm. 336, p. 3.

González, Manuel Pedro, "Leopoldo Marechal y la novela fantástica", *Cuadernos Americanos*, marzo-abril de 1967, núm. 151, pp. 200-211.

González Casanova, Henrique, "*Aura*: día enmascarado", *La Cultura en México*, supl. de *Siempre!*, 27 de junio de 1962, núm. 19, p. xvi.

Graniela-Rodríguez, Magda, *El papel del lector en la novela mexicana contemporánea: José Emilio Pacheco y Salvador Elizondo*. Scripta Humanistica, Potomac, Maryland, 1991.

Gray Díaz, Nancy, "El mexicano naufragado y la literatura «pop»: «La fiesta brava» de José Emilio Pacheco", *Hispanic Journal*, otoño de 1984, núm. 1, pp. 131-139.

Gutiérrez Girardot, Rafael, "Literatura fantástica y modernidad en Hispanoamérica", en *El relato fantástico en España e Hispanoamérica*, pp. 27-36.

Gyurko, Lanin A., "Social satire and the ancient Mexican gods in the narrative of Fuentes", *Ibero-Amerikanisches Archiv*, 1 (1975), pp. 113-150.

Hahn, Óscar, "José María Roa Bárcena y el espectro de la leyenda", en *El cuento fantástico hispanoamericano en el siglo XIX*. Premiá, México, 1982, pp. 62-67.

Harss, Luis [en colaboración con Barbara Dohmann], *Los nuestros*. Sudamericana, Buenos Aires, 1966.

Hurtado, Alfredo, "Los Presentes", *Estaciones*, otoño de 1956, núm. 3, p. 396.

Hutcheon, Linda, "Ironía, sátira, parodia. Una aproximación pragmática a la ironía", en *De la ironía a lo grotesco*, tr. Pilar Hernández Cobos. uam-Iztapalapa, México, 1992, pp. 173-193.

Jackson, Rosemary, *Fantasy: the literature of subversion*. Routledge, Londres, 1981.

Jiménez de Báez, Yvette, Diana Morán y Edith Negrín, *Ficción e historia. La narrativa de José Emilio Pacheco*. El Colegio de México, México, 1979.

KELLERMAN, Owen L., *Estudios de la voz narrativa en el relato latinoamericano contemporáneo*. Tesis Doctoral, Arizona State University, 1975.

KETTON-CREMER, Robert Wyndham, *Horace Walpole. A biography*. Longmans, Green and Co., Londres, 1940.

La hoguera y el viento. José Emilio Pacheco ante la crítica, sel. y pról. Hugo Verani. Era-UNAM, México, 1993.

LARSON, Ross, *Fantasy and imagination in the Mexican narrative*. Arizona State University, Tempe, 1977.

LASARTE, Pedro, "José María Roa Bárcena y la narración fantástica", *Chasqui. Revista de Literatura Latinoamericana*, 20.1 (1991), pp. 10-16.

LEAL, Luis, *Breve historia del cuento mexicano*. Eds. De Andrea, México, 1956.

―――, "El nuevo cuento mexicano", en *El cuento hispanoamericano ante la crítica*, pp. 280-295.

LÓPEZ APARICIO, Elvira, *José María Roa Bárcena*. Ed. Metáfora, México, 1957.

LOUIS, Annick, "Definiendo un género. La *Antología de la literatura fantástica* de Silvina Ocampo, Adolfo Bioy Casares y Jorge Luis Borges", *Nueva Revista de Filología Hispánica*, 49 (2001), pp. 409-437.

MACGREGOR, Joaquín, "En torno a un folleto", *Revista Mexicana de Cultura*, supl. de *El Nacional*, 19 de diciembre de 1954, p. 12.

MARTÍNEZ, Juana, "El cuento hispanoamericano del siglo XIX", en *A propósito del cuento hispanoamericano. Siglo XIX*. Ed. Norma, Bogotá, 1997, pp. 25-68.

MEAD, Robert G., Jr., "Carlos Fuentes, Mexico's angry novelist", *Books Abroad*, otoño de 1964, vol. 38, pp. 380-382.

MENDOZA María Luisa, "Largo viaje de un día a Carlos Fuentes", *El Día*, 5 de noviembre de 1967, p. 8.

MONTERROSO, Augusto, "La literatura fantástica en México", en *El relato fantástico en España e Hispanoamérica*, pp. 179-187.

MONTES DE OCA, Ignacio, "Introducción" a las *Obras poéticas* de J. M. Roa Bárcena. Imprenta de Ignacio Escalante, México, 1913, t. 1, pp. 5-169.

Munguía Zatarain, Martha Elena, "*Cuentos del general* y *Noche al raso*. La fundación de una poética del cuento mexicano", en *Literatura mexicana del otro fin de siglo*, ed. Rafael Olea Franco. El Colegio de México, México, 2001, pp. 145-155.

——————, *Elementos de poética histórica. El cuento hispanoamericano*. El Colegio de México, México, 2002.

Núñez, Estuardo, "Prólogo" a *Tradiciones hispanoamericanas*. Biblioteca Ayacucho, Caracas, 1979, pp. ix-xli.

Ordiz, Francisco Javier, *El mito en la obra narrativa de Carlos Fuentes*. Universidad de León, León, 1987.

Oviedo, José Miguel, "Muerte y realidad en Carlos Fuentes", *La Cultura en México*, supl. de *Siempre!*, 10 de octubre de 1962, núm. 34, p. xiv.

Pacheco, José Emilio, "Vieja modernidad, nuevos fantasmas. Nota sobre *Los días enmascarados*", en *Carlos Fuentes. Relectura de su obra*, pp. 39-47.

Paley Francescato, Martha, "Acción y reflexión en cuentos de Fuentes, Garro y Pacheco", *Kentucky Romance Quarterly*, 33 (1986), pp. 99-112.

——————, "Reseña de *El principio del placer*", *Revista Iberoamericana*, enero-marzo de 1974, núm. 40, pp. 193-194.

Palma, Ricardo, *Epistolario*, t. 1. Cultura Antártica, Lima, 1949.

Parodi, Cristina, "Borges y la subversión del modelo policial", en *Borges: desesperaciones aparentes y consuelos secretos*, ed. Rafael Olea Franco. El Colegio de México, México, 1999, pp. 77-97.

Penzoldt, Peter, *The supernatural fiction*. Peter Nevill, Londres, 1952.

Poniatowska, Elena, "Carlos Fuentes", en *¡Ay vida, no me mereces!* Joaquín Mortiz, México, 1985, pp. 1-41.

Punter, David, *The literature of terror. A history of Gothic fictions from 1765 to the present day*, 2a. ed., v. 1. Longman, Nueva York, 1996.

Quiñónez, Isabel, "Prólogo" a Juan de Dios Peza, *Leyendas históricas, tradicionales y fantásticas de las calles de la ciudad de México*. Porrúa, México, 1988, pp. ix-xlii.

Rabkin, Eric S., *The fantastic in literature*. Princeton University Press, Princeton, 1976.

REEVE, Richard M, "Carlos Fuentes", en *Narrativa y crítica de nuestra América*. Castalia, Madrid, 1978, pp. 287-316.

―――――, "Los cuentos de Carlos Fuentes: de la fantasía al neorrealismo", en *El cuento hispanoamericano ante la crítica*, pp. 249-263.

REVILLA, Manuel G., "El historiador y novelista D. José M. Roa Bárcena" (Discurso leído en la Academia Mexicana de la Lengua el 30 de marzo de 1909), en *En pro del casticismo*. Andrés Botas e Hijo Eds., México, 1917, pp. 227-249.

REYES NEVARES, Salvador, "Una obra maestra", *La Cultura en México*, supl. de *Siempre!*, 22 de julio de 1964, núm. 127, p. xix.

ROAS, David, "El género fantástico y el miedo", *Quimera*, 2002, núm. 218-219, pp. 41-45.

―――――, "La amenaza de lo fantástico", en *Teorías de lo fantástico*, pp. 7-44.

―――――, "Lo fantástico: literatura y subversión", *Quimera*, 2002, núm. 218-219, pp. 14-15.

RODRÍGUEZ MONEGAL, Emir, "La temprana madurez de Carlos Fuentes", *El País* (Montevideo), 3 de diciembre de 1962.

RUFFINELLI, Jorge, "Al encuentro de la voz común. Notas sobre el itinerario narrativo de José Emilio Pacheco", en *La hoguera y el viento. José Emilio Pacheco ante la crítica*, pp. 170-184.

RUIZ ABREU, Álvaro, "Carlos Fuentes, del mito a la profecía", en *Carlos Fuentes. Relectura de su obra*, pp. 75-88.

SIEBERS, Tobin, *Lo fantástico romántico*, tr. Juan José Utrilla. Fondo de Cultura Económica, México, 1989.

SILHOL, Robert, "Qu'est-ce qu'est le fantastique?", en *Du fantastique en littérature: figures et figurations*. Université de Provence, Aix-en-Provence, 1990, pp. 25-34.

SOUCHERE, Elena de la, "La nueva novela mexicana" [entrevista a Fernando Benítez y Carlos Fuentes], *La Cultura en México*, supl. de *Siempre!*, 18 de septiembre de 1963, núm. 23, pp. xvi-xvii.

Teorías de lo fantástico, intr., comp. y bibl. D. Roas. Arco/Libros, Madrid, 2001.

TODOROV, Tzvetan, *Introducción a la literatura fantástica*, tr. Silvia Delpy. Eds. Coyoacán, México, 1994.

VALDÉS, Carlos, "Reseña de *Aura*", *Revista de la Universidad de México*, julio de 1962, núm. 11, p. 30.
VAX, Louis, *Arte y literatura fantástica*. EUDEBA, Buenos Aires, 1963.
WILLIAMS, Raymond Leslie, *Los escritos de Carlos Fuentes*, tr. Marco Antonio Pulido Rull. Fondo de Cultura Económica, México, 1998.
WILLIAMS, Shirley A., "Prisoners of the past: three Fuentes short stories from *Los días enmascarados*", *Journal of Spanish Studies. Twentieth Century*, 6.1 (1978), pp. 39-52.
XIRAU, Ramón, "Review of *Aura*", *Books Abroad*, invierno de 1963, vol. 37, núm. 1, p. 61.

C. AUXILIAR

ARCIPRESTE DE HITA, *Libro de buen amor*, ed. Alberto Blecua. Cátedra, Madrid, 1992.
BAQUERO GOYANES, Mariano, "Cuento y leyenda", en *El cuento español en el siglo XIX*. CSIC, Madrid, 1949, pp. 88-95.
BÉCQUER, Gustavo Adolfo, *Leyendas*, 4ª. ed., ed. Pascual Izquierdo. Cátedra, Madrid, 1988.
BERCEO, Gonzalo de, *Milagros de Nuestra Señora*, 2ª. ed., ed. Michel Gerli. Cátedra, Madrid, 1987.
BLOOM, Harold, *The anxiety of influence. A theory of poetry*, 2ª. ed. Oxford University Press, Nueva York, 1997.
BORGES, Jorge Luis, *Obras completas*, v. 2. Emecé, Barcelona, 1996.
CALDERÓN DE LA BARCA, Pedro, *La devoción de la cruz*, en *Obras completas*, 3ª. ed., ed. Luis Astrana Marín. Aguilar, Madrid, 1945.
CARPENTIER, Alejo, "De lo real maravilloso americano", *Ensayos*, en *Obras completas*. Siglo XXI Eds., México, 1990, v. 3, pp. 100-117.
CORTÁZAR, Julio, *Final del juego*, en *Cuentos completos*, v. 2. Alfaguara, Madrid, 1994.
CHEVALIER, Jean, *Diccionario de los símbolos*. Herder, Barcelona, 1986.
DARÍO, Rubén, "Huitzilopoxtli", en *Cuentos completos*, ed. Mayra Hernández Menéndez, est. preliminar Raimundo Lida, notas

Ernesto Mejía Sánchez y Julio Valle-Castillo. Arte y Literatura, La Habana, 1990, pp. 412-416.

Enciclopedia de México, edición especial para *Enciclopaedia Británica de México*, México, 1993.

Enciclopedia yucatanense, 2ª. ed. Gobierno de Yucatán, México, 1977.

FREUD, Sigmund, "Lo siniestro" (1919), en *Obras completas*, ordenación y revisión de Jacobo Numhauser Tognola, tr. Luis López-Ballesteros y de Torres. Biblioteca Nueva, Madrid, 1973, v. 3 pp. 2483-2505.

FUENTES, Carlos, *Nuevo tiempo mexicano*. Joaquín Mortiz, México, 1973.

GONZÁLEZ OBREGÓN, Luis, *México viejo* (1895), pról. Flor de Ma. Hurtado. Promexa, México, 1979.

GLAUERT, Earl T., "Ricardo Rojas and the emergence of Argentine cultural nationalism", *Hispanic American Historical Review*, 43 (1963), pp. 1-13.

GREIMAS, A. J., "El contrato de veridicción", en el libro colectivo *Lingüística y literatura*, sel., pról. y tr. Renato Prada Oropeza. Universidad Veracruzana, Xalapa, 1978, pp. 27-36.

HUDSON, William Henry, *La tierra purpúrea* (1885), pról. y cronología Jean Franco. Biblioteca Ayacucho, Caracas, 1980.

JANVIER, Thomas A., *Stories of Old New Spain*. Appleton, Nueva York, 1891.

KUHN, Thomas S., *La estructura de las revoluciones científicas*, tr. Agustín Contín. Fondo de Cultura Económica, México, 1971.

LAWRENCE, David Herbert, *La serpiente emplumada*, tr. Carmen Gallardo de Mesa. Losada, Buenos Aires, 1940.

Leyenda y sucedidos del México Colonial. Gómez Gómez Hnos. Impresores, México, 2000.

LUDMER, Josefina, *El género gauchesco. Un tratado sobre la patria*. Sudamericana, Buenos Aires, 1988.

LUGONES, Leopoldo, *Las fuerzas extrañas* (1906). M. Gleizer, Buenos Aires, 1926.

MONTERROSO, Augusto, *"Obras completas" (y otros cuentos)*. Era, México, 1999.

OTHÓN, Manuel José, *Cuentos de espantos y novelas rústicas* (1903). Eds. Coyoacán, México, 1997.

OVIEDO, José Miguel, "Palma entre ayer y hoy", en *Ricardo Palma, Tradiciones peruanas*. Ayacucho, Caracas, 1977, pp. ix-xli.

PACHECO, José Emilio, *"El viento distante" y otros relatos*, 2ª. ed. Era, México, 1963.

———, *"La sangre de Medusa" y otros cuentos marginales*. Era, México, 1990.

———, *Tarde o temprano (Poemas 1958-200)*, ed. Ana Clavel. Fondo de Cultura Económica, México, 2000.

POE, Edgar Allan, *Cuentos*, pról., tr. y notas Julio Cortázar, v. 1. Alianza, Madrid, 1970.

RADKAU, Verena, "México y el Tercer Reich durante la guerra (1940 a 1942)" y "La actitud mexicana ante los nacionalsocialistas", en *Los empresarios alemanes, el Tercer Reich y la oposición de derecha a Cárdenas*. CIESAS, México, 1988, v. 2, pp. 100-119 y 170-182.

RIVA PALACIO, Vicente y Juan de Dios Peza, "El callejón del muerto" y "La Llorona", en *Tradiciones y leyendas mexicanas* ed. cit., pp. 60-81 y 111-130.

SAMÓSATA, Luciano de, *Relatos fantásticos*, intr. Carlos García Gual. Mondadori, Madrid, 1991.

STILLINGER, *Multiple authorship and the myth of the solitary genius*. Oxford University Press, Nueva York, 1991.

TABLADA, José Juan, "El ídolo en el atrio", en *Obras. I. Poesía*, pról., ed. y notas Héctor Valdés. Universidad Nacional Autónoma de México, México, 1971, pp. 482-484.

THORPE, James, *Principles of textual criticism*. The Huntington Library, San Marino, California, 1972.

TINIANOV, Juri, "Sobre la evolución literaria", en *Teoría de la literatura de los formalistas rusos*, ed. Tzvetan Todorov, tr. Ana María Nethol. Siglo XXI Eds., México, 1970, pp. 89-101.

TODOROV, Tzvetan, "Lo verosímil que no se podía evitar", en *Lo verosímil*. Ed. Tiempo Contemporáneo, Buenos Aires, 1968, pp. 175-178.

USLAR PIETRI, Arturo, *Godos, insurgentes y visionarios*. Seix Barral, Barcelona, 1986.

VARGAS VARGAS, José Ángel, "La verosimilitud", *Revista de Filología y Lingüística*, 19 (1993), pp. 7-16.

En el reino fantástico de los aparecidos:
Roa Bárcena, Fuentes y Pacheco
se terminó de imprimir en agosto de 2004
en los talleres de Editorial Color, S.A. de C.V.
Naranjo 96 bis PB, col. Santa María la Ribera, 06400 México, D.F.
Composición tipográfica y formación: Literal, S. de R.L. Mi.
Portada de Irma Eugenia Alva Valencia. El cuidado de la edición
estuvo a cargo de Rafael Olea Franco, bajo la coordinación
de la Dirección de Publicaciones de
El Colegio de México.